Bringmann

Krise und Ende
der römischen Republik

STUDIENBÜCHER
Geschichte und Kultur
der Alten Welt

Herausgegeben von
Klaus Bringmann (Verantwortlicher Herausgeber dieses Bandes)
Elisabeth Erdmann
Klaus M. Girardet
Gustav Adolf Lehmann
Ulrich Sinn
Karl Strobel

Klaus Bringmann

Krise und Ende der römischen Republik (133–42 v. Chr.)

Akademie Verlag

Abbildung auf dem Einband:
Staatliche Museen zu Berlin – Antikensammlung / bpk. Foto: Jürgen Liepe

ISBN 3-05-003450-5

© Akademie Verlag GmbH, Berlin 2003

Das eingesetzte Papier ist alterungsbeständig nach DIN / ISO 9706.

Alle Rechte, insbesondere die der Übersetzung in andere Sprachen, vorbehalten. Kein Teil dieses Buches darf ohne schriftliche Genehmigung des Verlages in irgendeiner Form – durch Photokopie, Mikroverfilmung oder irgendein anderes Verfahren – reproduziert oder in eine von Maschinen, insbesondere von Datenverarbeitungsmaschinen, verwendbare Sprache übertragen oder übersetzt werden.

Einbandgestaltung: Günter Schorcht, Schildow
Gesamtherstellung: Druckhaus „Thomas Müntzer", Bad Langensalza

Gedruckt in Deutschland

Vorwort der Herausgeber

Es ist paradox, daß auf dem Wege Deutschlands in ein geeintes Europa den gemeinsamen Wurzeln dieses Europas in seinem Bildungssystem immer weniger Aufmerksamkeit geschenkt wird. Dem erklärten politischen Willen, ein geeintes Europa zu schaffen, steht ein zielstrebiger Abbau des tragenden Geschichtsbildes und des Wissens um sein kulturelles Werden gegenüber. Damit werden aber gerade jene Bereiche im allgemeinen Bewußtsein abgebaut, die auf dem Weg der Einigung Europas das notwendige mentale, identitätsstiftende Fundament über die wirtschaftlichen Komponenten und ökonomischen Interessen hinaus zu geben vermögen; denn letztere besitzen durchaus ein Konfliktpotential für das gewollte Zusammenwachsen. Es ist bei der Entwicklung der schulischen Lehrpläne in den verschiedenen Bundesländern festzustellen, daß gerade das Wissen um jene Perioden abgebaut wurde, ja noch weiter reduziert werden soll, aus denen Europa konkret als Einheit zu begreifen ist. Gegenüber der Antike, dem Werden des Abendlandes in der Schwellenphase von Spätantike und Frühmittelalter und schließlich dem Mittelalter selbst wird genau jene Epoche in den Vordergrund gestellt, in der sich Europa durch Nationalismus, Imperialismus und wirtschaftliche Konkurrenz zu einem erbitterten Gegeneinander entwickelt hat. Geschichte in der Schule vermittelt keine europäische Perspektive, sondern wird zur nationalen Nabelschau. Dagegen werden die Phänomene zurückgedrängt, in denen sich eine völker-, sprachen- und kulturübergreifende Symbiose verwirklicht hatte, wie wir dies im Hellenismus, zu dem auch das republikanische Rom und der westliche Mittelmeerraum gehörten, und im Imperium Romanum vor Augen haben. Gerade hier sind Multikulturalität und Kulturationsprozesse, Innovation und Beharren sowie wirtschaftliche, kulturelle und soziale Interferenzen beispielhaft zu verfolgen, also die Sinnhaftigkeit des Phänomens, das wir mit dem Schlagwort Europa meist nur vage ansprechen, nachzuvollziehen. Daß es für diese Vergangenheiten unserer Gegenwart eine breite Nachfrage nach Information gibt, das zeigt nicht nur die umfangreiche Produktion von Sachbüchern, sondern auch das Interesse an Medienproduktionen zu Themen von Archäologie und Antike. Die

Folgen der skizzierten Entwicklung auf dem Feld der Schulbildung werden noch dadurch verstärkt, daß sich der Zugang zu den Zeugnissen des Altertums über die Quellensprachen immer mehr verengt. Dabei darf nicht übersehen werden, daß das Griechische für die „römische Welt" als allgemein verbreitete und den Osten des Imperium Romanum prägende Sprache zu dem Gesamtphänomen gehört, ja den Zugang zu den Quellen für die aktuellsten Fragestellungen nach dem sozialen und wirtschaftlichen Alltag eröffnet, von seiner prägenden Kraft als Kirchensprache ganz abgesehen. Der nur auf die Gegenwart hin funktionalisierte schulische Unterricht kann die Bedürfnisse nach stabiler Orientierung und Identität nicht befriedigen, er macht gerade anfällig für Ideologien und ‚einfache Lösungen'. Die Verengung im schulischen Unterricht wirkt in komplexer Weise auf die akademische Ausbildung zurück, in den fehlenden Vorkenntnissen der Studierenden ebenso wie in der Strukturierung des Studiums oder einer ‚Verschlankung' der Lehrerausbildung. Fördernder schulischer Unterricht sowie qualifizierte, problemorientierte Medientätigkeit setzen aber Kompetenz voraus. Aus der fachlichen und methodischen Qualifikation erwachsen Autorität, eigenes Einsichtsvermögen und damit die Voraussetzungen für kreative Vermittlung von Inhalten. Die Fähigkeit zur Erklärung von komplexen, übergreifenden Phänomenen bedarf des eigenen vertieften Zuganges.

Die Reihe „Studienbücher Geschichte und Kultur der Alten Welt" möchte zu einer Antwort auf die angesprochenen Probleme beitragen. Die einzelnen Bände sollen in der Breite wie in der Konzentration der gebotenen Inhalte ein fundiertes Informationsmedium und ein in die Vertiefung von Fragestellungen wie Methoden führendes Arbeitsinstrument darstellen. Sie sollen nicht nur auf den akademischen Unterricht und das Studium ausgerichtet sein, auch wenn dies eine wesentliche Zielsetzung bildet, sondern ebenso auf die Bereiche von Lehrerfortbildung, Unterrichtsvorbereitung oder Projektunterricht, auf die Nachbarwissenschaften und auf den breiten Kreis interessierter Leser. Die Bände der Reihe werden zum einen in einer chronologischen Gliederung einzelne Abschnitte der geschichtlichen Entwicklungen zum Gegenstand haben, zum anderen thematisch aufgebaut sein. Dabei soll besonders auf die Überwindung traditioneller Schematismen hingewiesen werden. Das inhaltliche Spektrum und die Vertiefung der Darstellung sind gegenüber bisherigen Quellensammlungen, auch solchen des angelsächsischen Raumes, entscheidend erweitert. Nicht die Vielzahl der vorgelegten Quellen, sondern deren exemplarischer Charakter und beispielhafte Erschließung stehen im Mittelpunkt. Darstellung, Kommentierung, Glossar und Bibliographie sollen die einzelnen Bände zu Arbeitsinstrumenten machen, die den Zugang zu Diskussionsstand und Verständnis der behandelten Phänomene bieten. Dabei sollen literarische wie nichtliterarische Textquellen, antike Bildmedien und archäologische Befunde gleichberechtigt nebeneinandertreten. Abbildungen dienen nicht der Illustration, sondern stellen Quellen dar, die in Aussage wie Problematik erschlossen werden. Die Herausgeber hoffen, durch die neue Reihe eine Lücke in den Instrumenten zur Vermittlung vertieften Wissens und Verständnisses für das Altertum als Grundlage unserer europäisch geprägten Welt zu schließen und zu einem breiten, nicht auf die Zeitgeschichte verengten Geschichtsbild beizutragen. Daß die Textquellen dabei in einer auf ihre Begrifflichkeit hin geprüften Übersetzung geboten werden, soll nicht als Zugeständnis an den „Zeitgeist" mißverstanden werden; die Kenntnis der Quellensprachen bleibt unverzichtbar. Es ist vielmehr das Ziel, den Zugang zu den Textquellen für die breiten Kreise zu öffnen, die in der universitären, schulischen und gesellschaftlichen Allgemeinheit nicht über Kenntnisse der klassischen europäischen oder gar der altorientalischen Sprachen verfügen, ebenso für jene Studierenden, die sich ihre Kenntnisse erst an der Universität aneignen und nicht mehr über eine breite schulische Textlektüre verfügen. Die antike Begrifflichkeit soll durch die Übersetzung nicht ausgeklammert, sondern als quellensprachlicher Schlüssel herausgestellt werden. So sind zugleich die begriffsgeschichtlichen Vorgaben der Terminologien zu erhellen, die wir in allen Bereichen benutzen und die sich auch in Neuschöpfungen aus der antiken Sprachlichkeit ableiten. Die Tatsache, daß die lateinische Begrifflichkeit den gesamten romanischen Raum prägt, ist dabei sicher eher im Bewußtsein als ihre Präsenz auch im Englischen. Daß Sprache und Begriffe unser Denken wie die mentalen Strukturen unserer Wahrnehmung formen, ist dabei ins Gedächtnis zu rufen. Die Herausgeber hoffen, daß die Reihe „Studienbücher Geschichte und Kultur der Alten Welt" durch die Breite der Themen und die Vielfalt der vorgestellten Quellen die antike Welt in dem Reichtum ihrer Aspekte, in der Pluralität ihrer Lebenswelten und in der Modernität vieler Fragestellungen bewußt werden läßt. Die Welt der Antike ist in der Gegenwart stets präsent; sie hat aus der griechischen Welt den Gedanken einer politischen Partizipation des Bürgers, die von einem Gemeinwesen der Bürger getragene politische und soziale Ordnung eingebracht, aus dem Imperium Romanum die Ordnung auf der Grundlage des Bürgerrechts und der in den größeren politischen Verband integrierten kommunalen und regionalen Selbstverwaltungseinheiten. Ohne sie hätte der mehr als ‚schlanke Staat' des Imperium Romanum nie funktioniert, nie die tragende Akzeptanz gewonnen, ja nie in seiner Multi-Ethnizität und Multikulturalität so dauerhaft existiert. Dabei ist gerade diese Existenz des Imperium Romanum die Voraussetzung für die Ausbreitung des Christentums, für die Ausbildung des Abendlandes und der Moderne, ja für die Formung des Begriffes „Europa" gewesen.

Im Frühjahr 1998   Die Herausgeber

Vorwort

Im Mittelpunkt dieses Studienbuches stehen die strukturellen Ursachen der Krise der Republik und die kontingenten Umstände, die zu ihrem Untergang führten. Unter diesem Gesichtspunkt ist eine auf das Wesentliche konzentrierte Darstellung der Geschichte der Zeit von 133 bis 42 v. Chr. der Auswahl aussagekräftiger Quellen vorangestellt. Die damit gegebene Schwerpunktsetzung impliziert, daß auf die Schilderung der Kriege verzichtet ist und sie nur insoweit berücksichtigt sind, als sie ein wesentliches Moment der Krise der Republik darstellen. Das Thema der Außenpolitik und Reichsbildung in der Zeit vom dritten bis zum ersten Jahrhundert v. Chr. ist ohnehin zwei weiteren geplanten Bänden dieser Reihe vorbehalten.

Dem Verfasser bleibt die angenehme Pflicht, denen zu danken, ohne deren Hilfe dieses Buch nicht zustande gekommen wäre, in erster Linie Herrn stud. phil. Dirk Wiegandt, dann Frau Petra Vitz M.A., die bei der Übersetzung von Sallust- und Cicerostellen mitgewirkt hat, sowie Herrn Dr. Helmut Schubert von der Abteilung II des Seminars für Griechische und Römische Geschichte der J. W. Goethe-Universität Frankfurt, der die Münzabbildungen und -legenden beigesteuert hat. Die beigegebenen Karten sind von Herrn Dr. Peter Scholz gezeichnet worden. Ihnen allen gilt mein aufrichtiger Dank.

Frankfurt am Main Klaus Bringmann
im November 2002

Inhaltsverzeichnis

Abkürzungsverzeichnis. 13

I. Darstellung
Einleitung: Krise und Untergang der römischen Republik in antiker und moderner Sicht 17

Die Weltherrschaft und ihre Folgen 25
    Geldwirtschaft und Agrarverfassung 25
    Die Krise der Heeresverfassung 33
    Die Überforderung des politischen Systems 38

Die Reformversuche und ihr Scheitern. 45
    Die Gracchen. 45
    Marius und Appuleius Saturninus 51
    Livius Drusus und Sulpicius Rufus 55

Bürgerkrieg und Diktatur 63
    Sulla oder die gescheiterte Restauration 63
    Der Erste Triumvirat. Vom Machtkartell zum Bürgerkrieg. 70
    Der Staat des Diktators Caesar. 77
    Der letzte Kampf für die Republik 84
Schlußbetrachtung: Der Untergang der Republik – Kontingenz oder Notwendigkeit?. 91

II. Quellen
Einleitung: Krise und Untergang der römischen Republik in antiker und moderner Sicht 99
    Q1: Die Geschichte der späten Republik in der Deutung Sallusts. . 99
    Q2: Sallust über den Kampf zwischen Popularen und Optimaten . . 101
    Q3: Cicero über die Krise der Republik. 103
    Q4: Tacitus über die Verfassungsentwicklung Roms 104

Die Weltherrschaft und ihre Folgen ... 105
Geldwirtschaft und Agrarverfassung ... 105
- Q5: Vom Aes rude zum Denar ... 105
- Q6: Geldgewinnung durch Ausbeutung der spanischen Edelmetallvorkommen ... 111
- Q7: Die Rolle der publicani und die Entwicklung der Geldwirtschaft ... 112
- Q8: Cicero über die Verflechtung von provinzialer Herrschaft und Kapitalinteressen ... 116
- Q9: Cato über die Korruption in der regierenden Klasse ... 118
- Q10: Cato über marktorientierte Landwirtschaft ... 119
- Q11: Die Abfindung von Staatsgläubigern und die Belohnung von Bundesgenossen durch Zuweisung von Staatsland ... 121
- Q12: Appian über die Vorgeschichte des gracchischen Agrargesetzes ... 123
- Q13: Römische Kolonisation zwischen 218/200 bis 174/157 v. Chr. ... 125

Die Krise der Heeresverfassung ... 128
- Q14: Polybios über die Heeresverfassung des zweiten Jahrhunderts ... 128
- Q15: Die Karriere eines Berufssoldaten: Der Fall des Sp. Ligustinus ... 130
- Q16: Wehrdienstverweigerung und Zusammenbruch des alten Rekrutierungssystems ... 131
- Q17: Politische Konflikte um die Aushebungspraxis ... 134

Die Überforderung des politischen Systems ... 135
- Q18: Polybios über die politische Verfassung Roms ... 135
- Q19: Die Rolle des Volkstribunats in der Krise der Republik ... 140
- Q20: Cicero über die Einbindung des Konsulats in das Regierungssystem ... 143

Die Reformversuche und ihr Scheitern ... 145
Die Gracchen ... 145
- Q21: Die Hintermänner der gracchischen Agrarreform ... 145
- Q22: Der Konflikt mit den Altbesitzern ... 146
- Q23: Die Motive des Tib. Gracchus und der Einfluß griechischer Intellektueller ... 148
- Q24: Die Mancinus-Affäre ... 148
- Q25: Tib. Gracchus' Agitation für die Agrarreform ... 149
- Q26: Verteilungskarte der Steine der gracchischen Landverteilungskommission ... 151

Inhalt   11

Q27: Der politische Konflikt um die Agrarreform 152
Q28: Das Scheitern der Agrarreform des Tib. Gracchus 154
Q29: Die Versorgungsgesetze des C. Gracchus 156
Q30: Die Organisation der politischen Gerichtsbarkeit und die Entstehung des Ritterstandes.................. 157
Q31: Die Liquidierung der gracchischen Agrarreform 162

Marius und Appuleius Saturninus 164
Q32: Das Agrargesetz des Appuleius Saturninus (100 v. Chr.) 164
Q33: Ansiedlung und Kolonisation unter optimatischem Vorzeichen..................................... 166

Livius Drusus und Sulpicius Rufus 167
Q34: Die Aushöhlung des römischen Bundesgenossensystems in Italien................................ 167
Q35: Das Scheitern der Reform des Livius Drusus 169
Q36: Die Organisation der Bundesgenossen im Krieg gegen Rom... 170

Bürgerkrieg und Diktatur 173
Sulla oder die gescheiterte Restauration 173
Q37: Die sullanischen Proskriptionen 173
Q38: Das Urteil über Sulla 174

Der Erste Triumvirat. Vom Machtkartell zum Bürgerkrieg....... 175
Q39: Das außerordentliche Kommando des Pompeius gegen die Seeräuber 175
Q40: Pompeius über die Erfolge seines Ostfeldzugs 176
Q41: Ciceros Furcht vor den Herrschaftsplänen des Pompeius 177
Q42: Clodius' Agitation gegen Pompeius 178
Q43: Catilina über die Motive seiner Verschwörung........ 179
Q44: Cicero über seine politische Rolle in der Zeit des Ersten Triumvirats 180
Q45: Die Ausplünderung Galliens und Caesars Politik zur Gewinnung von Anhängern 180
Q46: Eine Weichenstellung auf dem Weg in den Bürgerkrieg: die Senatsbeschlüsse vom 29. September 51 v. Chr. 182
Q47: Das Dilemma am Vorabend des Bürgerkriegs......... 185

Der Staat des Diktators Caesar............................. 190
Q48: Caesars innere Reformen.......................... 190
Q49: Caesars Regierungsstil und die Folgen 193

  Q50: Caesar und der goldene Kranz des altrömischen Königtums 196
  Q51: Das Totengericht über Caesar 196

 Der letzte Kampf für die Republik 198
  Q52: D. Brutus über die Lage nach Caesars Leichenfeier 198
  Q53: Cicero über den Konflikt zwischen Freundschaft und politischer Loyalitätspflicht 199
  Q54: Ciceros Bündnis mit Octavian 206
  Q55: Die Gefährdung des Bündnisses zwischen Cicero und Octavian 208
  Q56: Ciceros Eingeständnis des Scheiterns 210

III. Anhang

Zeittafel 215

Quellenverzeichnis 219
 Literarische Quellen 219
 Inschriften 222
 Münzen 222

Arbeitsbibliographie 225

Glossar 227

Personenverzeichnis 231

Abkürzungsverzeichnis

A&A	Antike und Abendland
AKG	Archiv für Kulturgeschichte
ANRW	Aufstieg und Niedergang der römischen Welt
CAH	Cambridge Ancient History
CIL	Corpus Inscriptionum Latinarum
Crawford	M. H. Crawford, Roman Republican Coinage, 2 Bde. Cambridge 1974
GGA	Göttingische Gelehrte Anzeigen
GWU	Geschichte in Wissenschaft und Unterricht
Haeberlin	E. J. Haeberlin, Aes grave. Das Schwergeld Roms und Mittelitaliens, einschließlich der ihm vorausgehenden Bronzewährung Mittelitaliens, Frankfurt 1910
HdAW	Handbuch der Altertumswissenschaft
HRR I^2	H. Peter, Historicorum Romanorum Reliquiae I, Leipzig 1914^2; ND Stuttgart 1967
HZ	Historische Zeitschrift
IG	Inscriptiones Graecae
ILLRP I^2	A. Degrassi, Inscriptiones Latinae Liberae Rei Publicae I, Florenz 1965^2
ILS	Inscriptiones Latinae Selectae
JRS	Journal of Roman Studies
MEFRA	Mélanges de l'École Francaise de Rome. Antiquité
MH	Museum Helveticum
MMAG	Münzen und Medaillen AG (Auktionskataloge)
ND	Nachdruck
ORF	H. Malcovati, Oratorum Romanorum Fragmenta Liberae Rei Publicae, 3 Bde., Turin 1930; 1976^4
PBSR	Papers of the British School at Rome
PCPhS	Proceedings of the Cambridge Philological Society
RE	Paulys Realencyklopädie der classischen Altertumswissenschaft
RM	Rheinisches Museum

SB   Sitzungsberichte
Sydenham   E. A. Sydenham, The Coinage of the Roman Republic, London 1952
ZRG   Zeitschrift für Rechtsgeschichte. Romanistische Abteilung

I. Darstellung

Einleitung:
Krise und Untergang der römischen Republik in antiker und moderner Sicht

Zwischen den Jahren 133 und 42, die den offenen Ausbruch der Krise und das Ende der Republik markieren, schritt der Ausbau des mediterranen Provinzialreiches unaufhaltsam fort. Zu den bereits bestehenden Provinzen – Sizilien, Sardinien mit Korsika, den beiden spanischen Provinzen Hispania citerior und ulterior, Africa und Macedonia (einschließlich von Teilen Griechenlands) – traten sukzessive das ehemalige Reich der Attaliden im westlichen Kleinasien (133), die Kyrenaika und Bithynien im nordwestlichen Kleinasien (74), Kreta (66), Syrien und Kilikien (63), dem 58 noch die Insel Zypern zugeschlagen wurde. Im Westen entwickelten sich aus militärischen Operationsgebieten im Keltenland diesseits und jenseits der Alpen seit 200 bzw. 125 die Provinzen Gallia cisalpina und transalpina (Narbonensis). Nachdem Caesar zwischen 58 und 50 auch das mittlere und nördliche Gallien bis zum Rhein der römischen Herrschaft unterworfen hatte, trat noch eine dritte gallische Provinz, Gallia comata, zu den älteren hinzu. Schließlich konstituierte Caesar 46 aus dem östlichen Teil des Königreichs Numidien unter dem Namen Africa nova eine zweite römische Provinz in Nordafrika. Als selbständige Großmacht trat Rom nur das Reich der iranischen Parther am Euphrat gegenüber. Alle übrigen Staaten der Mittelmeerwelt, ob Stadtstaaten oder Monarchien, waren von Rom abhängig, selbst das auf Ägypten beschränkte Reich der Ptolemäer: Nachdem Ptolemaios X. Alexander I. im Jahre 88 ein umstrittenes Testament zugunsten Roms gemacht hatte, schwebte auch über diesem letzten der großen Nachfolgereiche Alexanders d. Gr. das Damoklesschwert der Provinzialisierung.

Der Prozeß der Expansion war keineswegs frei von krisenhaften Momenten, aber soviel ist deutlich, daß die Republik in der Epoche ihrer inneren Krise die Phase existentieller äußerer Bedrohungen längst hinter sich gelassen hatte. Schon im zweiten Jahrhundert sprach der griechische Historiker Polybios von Roms Weltherrschaft,[1] und der ältere Cato hatte in seiner Senatsrede für die Rhodier es ausdrücklich für legitim erklärt, daß andere griechische

---

1 Polyb. 1,3,3-6.

18 Darstellung / Krise und Untergang der römischen Republik

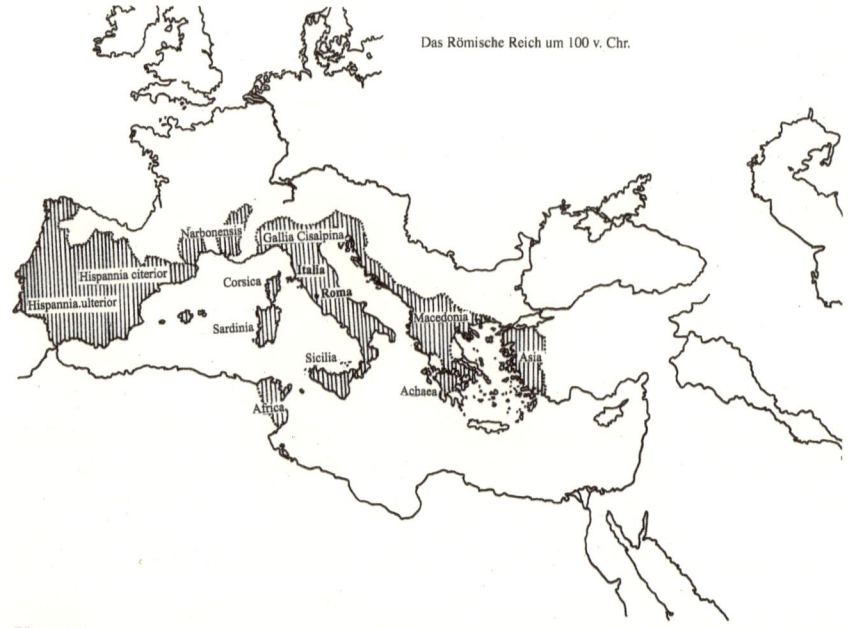

Karte 1

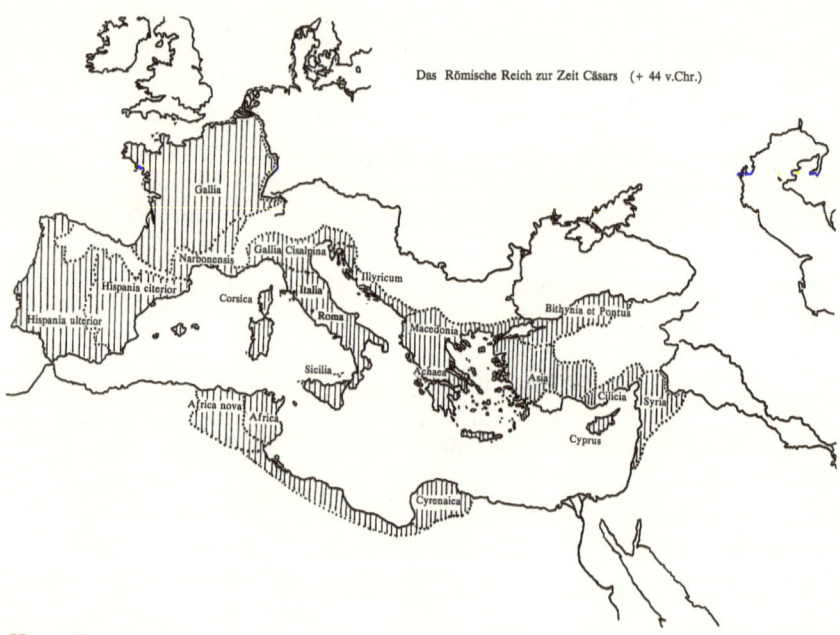

Karte 2

Mächte im Dritten Makedonischen Krieg (170–168) keinen totalen römischen Sieg gewünscht hätten. Denn um ihrer Freiheit willen seien sie so gesinnt gewesen: „...sie fürchteten, daß, wenn wir keinen Menschen mehr zu fürchten hätten und wir ganz nach unserem Belieben handeln könnten, sie dann unter unserer Herrschaft, in unserer Knechtschaft sein würden."[2] Umso schockierender war die Erfahrung, daß die Republik nach Überwindung aller äußeren Bedrohungen mit der im Jahre 133 einsetzenden Dauerkrise im Inneren nicht fertig werden konnte. An diesem Paradox setzten die zeitgenössischen Erklärungsversuche an, und sie brachten den äußeren Erfolg und den inneren Niedergang in das Verhältnis von Ursache und Wirkung. Diese Erklärungsversuche kreisen um zwei Hauptgesichtspunkte. Der erste bezieht sich auf den Zustrom von Geld, Edelmetallen und Luxusgütern, der in der Folge der siegreichen Kriege gegen die hellenistischen Mächte nach Rom floß, und sieht dessen Wirkung in der Untergrabung der Werte und Verhaltensnormen, die Rom groß gemacht hatten – des *mos maiorum*, der Sitte der Vorfahren, an deren Stelle die Habgier und in deren Gefolge die Korruption als eine das öffentliche und private Leben bestimmende Potenz getreten sei. Derartige Erklärungen wurden im Laufe der Zeit an mehrere der Feldzüge im Osten geknüpft, und dementsprechend reichen die Fixdaten von 197 bis 60.[3] Der zweite Gesichtspunkt knüpft an die Beseitigung der Furcht vor gefährlichen Gegnern an: Die Befreiung von Furcht habe den Zwang zu innerer Eintracht aufgehoben, und so habe die in der Senatsaristokratie verbreitete Tugend des Wetteifers um das Wohl des Staates ihren Fixpunkt verloren und sei in das absolut gesetzte Streben nach Macht und Vorrang umgeschlagen. Unmittelbar nach dem Ende der Republik hat der Historiker Sallust Bürgerkriege, Ächtung von Bürgern und die Brutalisierung der römischen Herrschaft auf den Verfall der moralischen Werte der Vorfahren, auf das Vorherrschen von Habgier (*avaritia*) und persönlichem Machtstreben (*ambitio*) in der regierenden Klasse zurückgeführt (**Q 1**).

---

2 Cat. Origines F 95b = HRR I², 86 Z. 7–11.
3 Vgl. dazu K. Bringmann, Weltherrschaft und innere Krise Roms im Spiegel der Geschichtsschreibung des zweiten und ersten Jahrhunderts, A&A 23, 1977, 28–49 = Ausgewählte Schriften, hrsg. von J. Kobes und P. Scholz, Frankfurter Althistorische Beiträge 6, Frankfurt a. M. 2001, 143–164 sowie A. W. Lintott, Imperial Expansion and Moral Decline, Historia 21, 1972, 626–638. Zum folgenden vgl. auch die ausführliche Vorstellung der einschlägigen modernen Literatur im ersten Abschnitt des Beitrags von K. Christ, Der Untergang der römischen Republik in moderner Sicht, in: ders., Römische Geschichte und Wissenschaftsgeschichte I, Darmstadt 1982, 136–141. Der Frage, inwieweit die spätrepublikanische Vorstellung vom *mos maiorum* von der philosophischen Ethik der Griechen beeinflußt ist, ist neuerdings H.-J. Gehrke nachgegangen: Römischer mos und griechische Ethik, HZ 258, 1994, 593–622.

Auf diese Wurzeln führte Sallust auch die mit dem Konflikt um die gracchischen Reformen einsetzenden Kämpfe zwischen Popularen und Optimaten zurück, zwischen den Politikern also, die gestützt auf die Volksversammlung der Senatsmehrheit ihren politischen Willen aufzwingen wollten, und denen, die mit allen Mitteln die Vorrangstellung des Senats im römischen Staat aufrecht zu erhalten suchten. Diese Auseinandersetzung gewann besondere Schärfe durch die Spaltung der Gesellschaft in die Reichen und Mächtigen und in die Masse des Volkes, die die Lasten des Kriegsdienstes trug und zu verarmen drohte. Der Konflikt brach, so stellt Sallust fest, in dem Augenblick offen aus, als eine Minderheit der Aristokratie unter Führung der Gracchen sich dieser verhängnisvollen Entwicklung entgegenstemmte und damit den Anstoß zu einer Kette von Gewalt und Gegengewalt gab (**Q 2**). Sallust läßt keinen Zweifel daran, daß er die Reformpolitik der Gracchen für gerechtfertigt hielt, aber er kritisierte ihren unbedingten Siegeswillen, der jedes Nachgeben ausschloß, und damit die gewalttätige Gegenwehr der Optimaten auslöste. Im übrigen neigte er in der Manier des Thukydides dazu, die Parolen, unter denen der Kampf zwischen Popularen und Optimaten ausgetragen wurde, als schönen Schein zu entlarven: Die einen, so stellt er es dar, führten die Sache des Volkes, die anderen den Vorrang des Senats im Munde, aber in Wahrheit sei es beiden Seiten nur um persönliche Macht gegangen (Sall. Cat. 38,1–3).

Die Krise der Republik auf einen moralischen Verfall der Bürgerschaft, insbesondere ihrer führenden Klasse, zurückzuführen, entsprach der alteingewurzelten Überzeugung, daß Roms Größe auf der Vätersitte (*mos maiorum*) und den von ihr geprägten Männern beruhe. Diese Überzeugung hatte schon im frühen zweiten Jahrhundert Ennius, der erste Nationaldichter der Römer, in einem berühmten Merkvers gefaßt, den Cicero in seinem Werk *Über den römischen Staat* zum Ausgangspunkt einer pessimistischen Betrachtung über die Preisgabe dieser Vätersitte gemacht hat (**Q 3**). Dort wird es der letzten Generation der römischen Republik geradezu zum Vorwurf gemacht, daß sie den *mos maiorum* und damit zugleich die vorbildliche *res publica* schuldhaft preisgegeben habe. Das Schlagwort von der preisgegebenen oder verlorenen *res publica* bezeichnet bei Cicero jede gravierende Abweichung von der Norm der idealisierten Staatlichkeit der Vorfahren, sei es nun, daß er einen Abfall von der Vätersitte oder von Recht und Gesetz feststellen zu müssen glaubte. Diese Orientierung an einer idealisierten Tradition fixierte das Reformdenken der späten Republik auf das in Wahrheit unerreichbare Ziel der Wiederherstellung einer alten Ordnung, die mehr der ideellen Vorstellung als der Realität der Vergangenheit angehörte, und dies ist der Grund, warum Christian Meiers Formel von der Krise ohne Alternative einen wesentlichen Aspekt des Problems trifft.[4] Doch gab es zu der Zeit, als

---

4 Chr. Meier, Res publica amissa, 201 ff.

die Republik zusammenbrach, auch andere Stimmen. Cicero Schwiegersohn, P. Cornelius Dolabella, forderte seinen Schwiegervater im Jahre 48 dazu auf, vom Ideal der alten *res publica* abzulassen und die Realitäten der neuen Zeit anzuerkennen,[5] und Caesar wird gar das Wort zugeschrieben, die alte *res publica* sei nichts als ein Wort ohne jegliche Substanz.[6] Damals wurde als Alternative zum kollektiven Senatsregiment eine auf das Militär gestützte Alleinherrschaft erkennbar. Aber es ist bezeichnend und will bedacht sein, daß ihre endgültige Etablierung erst unter Rückgriff auf Traditionselemente der Republik möglich wurde, als Augustus, der Erbe Caesars, zu Beginn der neuen Monarchie die Rückkehr zu Recht und Gesetz proklamierte, die Senatsaristokratie ausdrücklich am Reichsregiment beteiligte und wenigstens den Versuch unternahm, zum Ideal des *mos maiorum* zurückzukehren. Auf diese Weise gelang ihm, was Caesar versagt geblieben war: Er brachte die Militärdespotie, die in den letzten 40 Jahren der Republik von einem zum andern gewandert war, in einen Ausgleich mit der Tradition und verlieh der Alleinherrschaft auf diese Weise Dauer. Dies war die *res publica restituta*, der wiederhergestellte Staat, von der in den Zeugnissen der neuen Zeit gelegentlich die Rede ist. Doch unverkennbar war das neue Machtzentrum nicht mehr der Senat, sondern der Princeps Augustus. Dies war also die Alternative, die der Krise ein definitives Ende setzte. Im Rückblick hat der Historiker Tacitus das Entscheidende in monumentaler Kürze zu Beginn seiner Annalen gesagt (**Q 4**).

Die moderne Beschäftigung mit der Krise der Republik beginnt mit einem herausragenden Werk der politisch-historischen Reflexion des 18. Jahrhunderts, mit den *Betrachtungen über die Ursachen von Größe und Niedergang der Römer* von Montesquieu.[7] Er knüpfte an die antike Sichtweise an und ging in einem entscheidenden Punkt über sie hinaus, indem er geltend machte, daß innere Konflikte nicht erst mit dem Ende der äußeren Bedrohungen aufgekommen seien, und indem er darauf hinwies, daß die Größe des römischen Weltreichs und der Stadt Rom es war, die der Republik die Überlebensfähigkeit nahm. Denn die Heere und Feldherren Roms, so argumentierte er, blieben nicht länger die Werkzeuge der Republik, sondern verfolgten

---

5 Cic. Fam. 9,2-3, geschrieben im Mai/Juni 48.
6 Suet. Caes. 77 (Gewährsmann dieses Wortes war freilich ein dezidierter Gegner Caesars).
7 Originaltitel: Considerations sur les causes de la grandeur des Romains et leur décadence, Amsterdam 1734. Die deutsche Übersetzung mit den Randbemerkungen Friedrichs d. Gr. von L. Schuckert (1958) ist in überarbeiteter und stilistisch verbesserter Fassung als Fischer Taschenbuch Nr. 3432, Frankfurt a. M. 1980 neu ediert worden. Montesquieus Überlegungen zum Thema Krise und Untergang der Republik finden sich in Kapitel IX unter der Überschrift „Zwei Ursachen für den Verfall Roms".

eigene Interessen und entwickelten sich zu eigenständigen Mächten, die der Republik die Grundbedingung ihrer Existenz, die Unterordnung des Einzelnen unter das Prinzip des Gemeinwohls, entzogen. Dieser Einschätzung lag der Erfahrungshorizont des 18. Jahrhunderts zugrunde, das als Republiken nur kleine Gemeinwesen wie die Schweizer Kantone und Stadtstaaten wie Genf oder die freien Städte des Heiligen Römischen Reiches kannte. Doch wenn auch der aus diesem Erfahrungshorizont abgeleitete Satz, daß geringe Größe und Überschaubarkeit der Verhältnisse die Lebensbedingung von Republiken seien, seit Gründung der Vereinigten Staaten keine allgemeine Gültigkeit mehr beanspruchen kann, so steckt doch in dem Raisonnement Montesquieus die richtige Erkenntnis, daß das römische Weltreich die römische Republik zu Fall gebracht hat.

Dies ist bis heute die Hauptperspektive der modernen Deutung, aber damit ist noch keineswegs geklärt, auf welche Weise die Größe des Weltreichs und der Stadt Rom die Krise und den Untergang der Republik bedingte.[8] Sicherlich folgten Krise und Untergang nicht einfach einem Strukturgesetz im Sinne Otto Hintzes, daß alle großen Reiche des Altertums nur in monarchischen bzw. despotischen Verfassungsformen existieren konnten;[9] und jedenfalls kommt man um die Notwendigkeit nicht herum, den langwierigen und verschlüsselten Prozeß zu analysieren, in dem die römische Weltpolitik zur Krise und zum Untergang der aristokratischen Republik führte. Augenfällig ist, daß die Krise sich in der Unfähigkeit der regierenden Klasse äußerte, zu einvernehmlichen Regelungen der Probleme zu gelangen, die sich aus den Folgen der Weltpolitik ergaben. Diese Unfähigkeit führte zu einer Kette von Konflikten, die sich vom Regelverstoß zur Gewaltanwendung und von der Gewaltanwendung zum Bürgerkrieg steigerten. Nicht zu Unrecht hat Alfred Heuß deshalb den Kern der Krise in einem Desintegrationsprozeß der Aristokratie dingfest gemacht und festgestellt, daß diese schließlich die Regierungsgewalt nicht mehr festhalten konnte und sie Augustus, dem siegreichen Erben Caesars, überlassen mußte. Heuß hat diesen Prozeß freilich nicht unter den Begriff der Krise, sondern der Revolution gestellt. Dieser Versuch, den Revolutionsbegriff aus dem an der Französischen Revolution orientierten Verständnis zu lösen und auf das letzte Jahrhundert der Republik anzuwenden, hat seinerzeit zu einer intensiven Debatte geführt. Im Endergebnis hat er sich jedoch nicht durchsetzen können.[10]

---

8 Eine umfassende Übersicht über die neuere Literatur gibt K. Christ, a.a.O. (s. oben Anm. 3) 141–167.

9 O. Hintze, Staatenbildung und Verfassungsentwicklung, HZ 88, 1902, 1ff. = Gesammelte Abhandlungen zur allgemeinen Verfassungsgeschichte, hrsg. von G. Oestreich, Göttingen 1970³, 34ff., besonders 39.

10 A. Heuß, Der Untergang der römischen Republik und das Problem der Revolution, HZ 182, 1956, 1–28 = Gesammelte Schriften II, hrsg. von J. Bleicken, Stuttgart

Der Desintegration der Senatsaristokratie lief ein sozialer Differenzierungsprozeß parallel, der die Republik mit dem sozialen Problem einer Versorgung besitzloser Massen konfrontierte. Daraus entsprangen die Konflikte über Landverteilung und Kolonisation sowie über eine subventionierte bzw. kostenlose Versorgung der stadtrömischen Bevölkerung mit dem Grundnahrungsmittel Getreide. Diese Konflikte haben erheblich zur Desintegration der regierenden Klasse beigetragen. Unter einem marxistischen Vorzeichen hat dieser Befund zu der Deutung geführt, daß die Republik an ihren antagonistischen Widersprüchen, die in Klassenkämpfen ausgetragen wurden, zugrunde gegangen sei und das römische Kaisertum den politischen Preis darstelle, den die bedrohten besitzenden Klassen für ihre Rettung zu zahlen hatten.[11] Diese These muß freilich dem Einwand begegnen, daß es in Rom keine revolutionäre Klasse gab, die die bestehende gesellschaftliche und politische Ordnung prinzipiell in Frage stellte – auch die Sklaven, deren Zahl im Gefolge der Konzentration des Produktivkapitals sich stark vermehrte, waren es nicht. Vor allem ist zu bedenken, daß die Machtkämpfe, aus denen das römische Kaisertum hervorgegangen ist, unter einem anderen Vorzeichen als dem des Klassenkampfs ausgefochten wurden. Umgekehrt hat Christian Meier die These vertreten, daß das expandierende Weltreich nicht nur die überlieferte Struktur der *res publica* gelockert, sondern zugleich ihr Weiterbestehen gesichert habe: Die militärischen Erfolge hätten das Ansehen der Aristokratie und ihre Machtgrundlagen erweitert, und sie hätten die Möglichkeit geschaffen, die Ansprüche und Forderungen aller Schichten zu befriedigen. Rom habe sich zu einem ‚Gefälligkeitsstaat' entwickelt, der auf Kosten der reichsangehörigen Untertanen die Gegensätze innerhalb der römischen Gesellschaft entschärfte habe.[12] Diese These, die eine gewisse Nähe zu sozialistischen Imperialismusdeutungen der Wende vom 19. zum 20. Jahrhundert

---

1995, 1164–1191; vgl. auch ders., Das Revolutionsproblem im Spiegel der antiken Geschichte, HZ 216, 1973, 1–72, speziell 47 ff. = Gesammelte Schriften I, 500–571, speziell 546 ff. Die sich anschließende Debatte hat K. Christ a.a.O. (s. oben Anm. 3) 164–166 nachgezeichnet. Der Verfasser dieses Buches hat seinerseits in dieser Debatte Stellung bezogen: K. Bringmann, Das Problem einer ‚Römischen Revolution', GWU 31, 1980, 354–377 = ders., Ausgewählte Schriften, 201–223. – Das ältere Buch von R. Syme, The Roman Revolution, setzt andere Akzente: Unter Revolution wird hier der Prozeß der Umformung der republikanischen zur augusteischen Aristokratie verstanden.

11 H. Schneider, Wirtschaft und Politik. Untersuchungen zur Geschichte der römischen Republik, Erlanger Studien 3, Erlangen 1974, 250 ff.; ders., Sozialer Konflikt in der Antike. Die späte römische Republik, GWU 27, 1976, 597 ff. und ders., Die Entstehung der römischen Militärdiktatur, Köln 1977. Weiteres zur marxistischen Interpretation bei K. Christ, a.a.O. (s. oben Anm. 3) 157–161.

12 Chr. Meier, Res publica amissa, 107 ff.

verrät,[13] vermag freilich nicht völlig zu überzeugen. Die Versorgungsproblematik blieb im letzten Jahrhundert der Republik heftig umstritten, und mit Recht ist eingewendet worden, daß die Plebs aus den Ressourcen des Reiches nicht zufrieden gestellt werden konnte. Vielmehr zeigte sich die Republik unfähig, die Versorgung der Veteranen auf eine Grundlage zu stellen, die die endemische Gefahr des periodisch wiederkehrenden Umsturzes der Besitzverhältnisse ausschloß.[14]

Strittig ist neuerdings, ob die Republik aufgrund einer langfristigen Krise oder allein infolge der kontingenten Umstände des Jahres 50/49, d. h. des damals ausgebrochenen Bürgerkriegs zwischen Caesar und dem Senat, untergegangen sei. Die letztgenannte These, die vor allem von Erich S. Gruen[15] vertreten worden ist, kommt den Historikern entgegen, die eine Reformfähigkeit der späten Republik behaupten und Caesar als den Hauptschuldigen der ausgebliebenen Stabilisierung betrachten. Im Schlußteil der folgenden Darstellung wird diese Variante, die die Deutung des Untergangs der Republik erfahren hat, einer Prüfung unterzogen. Doch schon jetzt sei gesagt, daß der Verfasser dieses Buches von ihrer Richtigkeit nicht überzeugt ist. Die Republik ist an strukturellen, langfristigen Mängeln gescheitert. Diesen gilt der erste Abschnitt des Buches, der zweite und dritte sind den kontingenten Umständen gewidmet, unter denen sich Krise und Untergang vollzogen.

---

13 Vgl. hierzu H.-Chr. Schröder, Sozialistische Imperialismusdeutungen, Göttingen 1973, 57 ff.
14 Vgl. die Rezension von P. A. Brunt JRS 58, 1968, 229 ff.
15 E. S. Gruen, Last Generation.

Die Weltherrschaft und ihre Folgen

Geldwirtschaft und Agrarverfassung

Zu den nachhaltigsten Wirkungen, die Roms Begegnung mit der hellenistischen Welt hatte, gehört die Übernahme der entwickelten Münzgeldwirtschaft.[1] Schon im zweiten Jahrhundert schritt die Monetarisierung in Italien rasch voran. Die Standardsilbermünze, der Denar, entwickelte sich zur Leitwährung der antiken Welt, und Rom wurde in der späten Republik zum bedeutendsten Finanzplatz der mediterranen Welt. Der Einbruch der Geldwirtschaft revolutionierte alle Lebensverhältnisse, und nicht ohne Grund klagte der Historiker Sallust, daß die Geldgier die strenge Sitte der älteren Zeit untergraben habe und an ihre Stelle Luxus, Korruption und Ausbeutung getreten sei. Die Macht des Geldes veränderte das Verhalten der Menschen und wurde zum Motor eines sozialen Differenzierungsprozesses, in dem die Reichen reicher und die Armen ärmer wurden.

In den agrarwirtschaftlichen Verhältnissen, wie sie bis zur Wende vom vierten zum dritten Jahrhundert in Mittelitalien herrschten, waren Vieh und Metallbrocken zugleich Rohmaterial und Tausch- bzw. Zahlungsmittel. Rohkupfer wurde für die Fertigung von Geräten und Gefäßen benötigt, und es wurde als Zahlungsmittel abgewogen und gegebenenfalls in Stücke zerhackt, damit die gekaufte Ware mit dem Metallwert in Übereinstimmung gebracht werden konnte. Eine Unterart dieses unhandlichen Metallgeldes waren gegossene Barren, die mit einem Muster wie einem trockenen Zweig versehen waren. Einen Fortschritt stellten dann die in Rom seit 320/300 hergestellten rechteckigen gegossenen Bronzebarren dar, die mit festem Gewichtsstandard ausgebracht wurden. Eine dieser Emissionen war bereits nach

---

1 Eine einführende knappe Darstellung mit Kurzbibliographie gibt H. M. von Kaenel, Römische Numismatik, in: F. Graf (Hrsg.), Einleitung in die lateinische Philologie, Leipzig-Stuttgart 1997, 670–696 (zur Geldgeschichte der römischen Republik: 670–680). Grundlegende Werke sind: M. H. Crawford, Roman Republican Coinage, 2 Bde., Cambridge 1974 und ders., Coinage and Money under the Roman Republic. Italy and the Mediterranean Economy, London 1985. Zur Monetarisierung des Wirtschaftslebens seit dem 2. Jahrhundert vgl. zuletzt K. W. Harl, Coinage in the Roman Economy 300 B.C. to A.D. 700, Baltimore-London 1996.

dem Vorbild griechischer Münzprägungen Unteritaliens mit der Beischrift ROMAN (Abkürzung für Romanorum, d. h. (Emission) der Römer) als offizielles Zahlungsmittel gekennzeichnet. Etwa zur gleichen Zeit wurden im Zusammenhang der römischen Expansion in Süditalien die ersten Serien von Bronze- und Silbermünzen in griechischer Machart für den römischen Heeresbedarf geprägt. Seit der Zeit des Pyrrhoskrieges (280–272) fand Rom Anschluß an die entwickelte Münzgeldwirtschaft der hellenistischen Welt. Zuerst wurden die schweren Bronzebarren durch runde gegossene Bronzemünzen im Gewicht eines römischen Pfundes (*aes grave*) sowie durch Teilstücke gemäß dem Duodezimalsystem ersetzt. Ebenso kamen Silbermünzen nach griechischem Gewichtsstandard in Gebrauch. Der zuletzt emittierte Typ dieser Serie, nach dem auf der Rückseite abgebildeten Viergespann (*quadrigatus*) Quadrigat genannt, gehört bereits in die Frühzeit des Zweiten Punischen Krieges (unmittelbar nach 218). Dieser Krieg stellte so große finanzielle Anforderungen, daß das noch im Entstehen begriffene Währungssystem zusammenbrach und der Staat genötigt war, seinen Kriegsbedarf auf Kredit zu finanzieren und eine neue Währung aufzubauen. Eine neue Standardmünze aus Silber, der Denar (*denarius* heißt Zehnerstück) entsprach dem Wert von zehn Asses, Kupfermünzen im Gewicht von 1/6 des römischen Pfundes (ca. 54 gr.). Daneben wurde für den unteritalischen und illyrisch-makedonischen Kriegsschauplatz der Viktoriat (so genannt nach dem Bild der Siegesgöttin auf der Rückseite) nach einem makedonischen Standard im Gewicht von ca. 3,3 gr. bis tief in das zweite Jahrhundert hinein geprägt. Mit der Ausweitung des umlaufenden Geldvolumens sank das Gewicht des Denars (und entsprechend auch das des Viktoriats) von 1/72 Pfund (ca. 4,5 gr.) auf 1/84 (ca. 3,86 gr.), und um 140 erfolgte die Angleichung der Wertrelation von Silber- und Kupfermünzen. Das Gewicht des As wurde auf 1/12 Pfund gesenkt (ca. 27 gr., sogenannter Unzialstandard), so daß anstelle von zehn Asses sechzehn dem Wert des Silberdenars entsprachen. In dieser Form bestand das römische Währungssystem, ergänzt durch die verhältnismäßig selten ausgeprägten Goldmünzen, bis tief in die Kaiserzeit (**Q 5**).

Im dritten Jahrhundert verfügte der römische Staat noch nicht über genügend Zahlungsmittel, um die großen überseeischen Kriege gegen Karthager, Illyrer und Makedonen finanzieren zu können. Er war darauf angewiesen, daß Privatleute Schiffe, Kriegsmaterial und Nachschub stifteten oder auf Kredit zur Verfügung stellten oder daß Offiziere auf ihren Sold verzichteten. Aber die aufgelaufenen Zahlungsverpflichtungen mußten irgendwann bedient werden, und dies war wohl der Grund, daß Rom zu einer Neuerung beim Abschluß von Friedensverträgen schritt und den besiegten Großmächten die Zahlung von Kriegsentschädigungen auferlegte. So kam Edelmetall, der Stoff, aus dem das Geld gemacht war, in großen Mengen in die Verfügungsgewalt des römischen Staates, der so die Möglichkeit gewann, Geld auszuprägen und seinen Zahlungsverpflichtungen nachzukommen. Nach dem Ersten Punischen Krieg (263–241) kamen insgesamt 3.200 Talente in die Staatskasse, das ist der Gegenwert von rund 19,2 Mio. Denaren. In dem halben Jahrhundert zwischen 201 und 151 gingen an Kriegsentschädigungen insgesamt 27.000 Talente ein, das sind etwa 162 Mio. Denare.[2] Die zweite Hauptquelle des Zustroms von Edelmetall waren die spanischen Erzvorkommen. Die Römer waren im Zweiten Punischen Krieg nach Spanien gegangen, um Karthago die materielle und personelle Basis seiner Kriegführung zu nehmen, aber sie blieben im Lande, um dessen Ressourcen nach dem Vorbild der Karthager mit Hilfe konzessionierter Privatunternehmer auszubeuten. Diese setzten in großem Umfang Sklaven in den Bergwerken ein, deren Arbeit dem römischen Staat einen ständigen Zufluß an Silber und anderen Metallen garantierte. Die Gesamtmenge können wir nicht beziffern. Der Historiker Polybios berichtet, daß allein die in der Nähe von Neukarthago (Cartagena) gelegenen Silberminen dem Staat täglich 25.000 Drachmen einbrachten. Auf einen Zeitraum von 50 Jahren hochgerechnet wären das insgesamt 437,5 Mio. Denare (**Q 6**). Der Zufluß von Silber im zweiten Jahrhundert ermöglichte die Ausprägung so großer Geldmengen, daß damals der Grundstock der in der späten Republik umlaufenden Zahlungsmittel geschaffen worden ist.

Wegen der hohen Kosten der Kriegführung zog sich die Entschuldung der Staatskasse über einen längeren Zeitraum hin. Der größte Teil der Schulden wurde aus der Kriegsbeute, die Cn. Manlius Vulso bei seinem Plünderungsfeldzug in Kleinasien (187) gemacht hatte, getilgt. Nach der Vernichtung der makedonischen Monarchie im Jahre 168 konnte darauf verzichtet werden, von vermögenden Bürgern Umlagen zur Bestreitung der Staatsausgaben zu erheben.

Die entwickelte Geldwirtschaft erlaubte dem römischen Staat nicht nur, Schulden zu tilgen, Rüstungsgüter und Soldzahlungen zu finanzieren, sondern auch große Summen in die Infrastruktur zu investieren, den Straßenbau in Italien sowie die Kanalisation und Wasserversorgung der sich vergrößernden Hauptstadt. Im Jahre 184 konnten die Zensoren für den Ausbau des Kanalsystems in Rom 6 Mio. Denare ausgeben und ähnliches geschah in den folgenden Zensusperioden. Die kostspieligste Investition galt der Sicherung des steigenden Wasserbedarfs der Stadt. Der Bau der *aqua Marcia* verschlang in den Jahren zwischen 144 und 140 insgesamt 45 Mio. Denare, und in dieselbe Zeit fällt der Bau der ersten steinernen Brücke über den Tiber. Zu den staatlichen Baumaßnahmen kamen noch die Aufwendungen, die Roms

---

2 Vgl. die Zusammenstellung der eingenommenen Kriegsentschädigungen bei T. S. Frank, An Economic Survey of Ancient Rome I. Rome and Italy of the Republic, Baltimore 1933 = ND 1959, 127–138.

siegreiche Feldherren aus der Kriegsbeute für private und öffentliche Bauten machten.³

Bautätigkeit und Rüstungsausgaben setzten viele Menschen, Freie und Unfreie, in Lohn und Arbeit und bereicherten eine breite Schicht von Unternehmern und Subunternehmern. Ohne sie konnte der Staat seine Aufgaben weder im Krieg noch im Frieden erfüllen. Das von den sogenannten Staatspächtern, den *publicani*, betriebene Geschäft mit dem Staat wuchs mit den größeren Verhältnissen der Weltmacht Rom.⁴ Die *publicani* bewirtschafteten Salinen und Minen, zogen Pachten und Abgaben ein, übernahmen die Lieferung und den Transport von Kriegsmaterial und Nachschubgütern, organisierten und erbrachten Bauleistungen und richteten Feste und öffentliche Spiele im Auftrag der Magistrate aus. Der Umfang der dabei ins Spiel kommenden Kapitalien überforderte den einzelnen Unternehmer, und so kam es in steigendem Maße zum Zusammenschluß von Gesellschaften, die sich erboten, die ausgeschriebenen Leistungen zu erbringen, und die notwendigen Sicherheiten hinterlegen konnten. Das Geschäft mit dem Staat ließ ein Unternehmertum entstehen, das durch das System der Subunternehmer, Bürgen und stillen Teilhaber über eine breite Verwurzelung in der römischen Gesellschaft verfügte. Es versteht sich von selbst, daß das Motiv des Gewinnstrebens damals wie zu allen Zeiten auch kriminelle Praktiken wie Betrug, Unterschlagung und Bestechung bewirkte (**Q 7**). Daß angesichts der Konjunktur des Rüstungs- und Nachschubgeschäfts auch die Gefahr von, wie wir sagen würden, Insidergeschäften bestand, zeigt ein tribunizisches Gesetz von 218, die *lex Claudia de nave senatoris*, das den Angehörigen der regierenden Klasse nur den Besitz eines kleinen Schiffes gestattete, sie also von dem Seetransportgeschäft ausschloß, das angesichts der weiträumigen militärischen Operationen zu Beginn des Zweiten Punischen Krieges große Gewinne versprach.⁵

---

3 Vgl. neben T. S. Frank, a.a.O. (s. oben Anm. 2) 183–187 die ausführliche Darstellung der Bautätigkeit in Rom von F. Kolb, Rom, 198–221 mit Quellenbelegen und Literaturangaben in den Anmerkungen (689–691).

4 Grundlegend ist die Studie von E. Badian, Publicans and Sinners, Dunedin 1972 = dt. Zöllner und Sünder. Unternehmer im Dienst der römischen Republik, Darmstadt 1997.

5 Im allgemeinen wird angenommen, daß das Gesetz den Zweck verfolgte, den Senatorenstand von Handelsgeschäften auszuschließen, und ihm wird die Wirkung zugeschrieben, daß es Senatoren auf den Ausbau ihres Landbesitzes festlegte: vgl. statt anderer J. Bleicken, Republik, 60 f.; 181 f. und 192; (anders zur *lex Claudia de nave senatoris* R. F. Vishnia, State, Society and Popular Leaders in Mid-Republican Rome 241–167 B.C., London 1996, 34 ff.). Dies kann jedoch schwerlich richtig sein. In dem Gesetz ging es nach Liv. 21,63,2 allein um den Ausschluß der Senatoren und ihrer Söhne vom Seetransportgeschäft, und der Sinn dieser Maßnahme erschließt sich von den Zeitumständen her, in die das Gesetz gehört. Im Jahre 218, zu Beginn des Zweiten Punischen Krieges, wurden zwei große für Spanien und Nordafrika bestimmte Expeditionsheere aufgestellt, und dafür wurden große Transportkapa-

Ausgeschlossen waren damit Insidergeschäfte aber keineswegs. Zur Aufstockung ihres Eigenkapitals gaben die Gesellschaften Anteilsscheine aus, und Senatoren konnten durch deren Erwerb zu stillen Teilhabern am Geschäft mit dem Staat werden. Besonders nachdem C. Gracchus den *publicani* die Steuer- und Abgabenpacht der Provinz Asia zugeschanzt hatte (123), kamen riesige Kapitalien ins Spiel. Die Pachtgesellschaften erwarben im Auktionsverfahren den Zuschlag und hatten dann die Summe, für den sie den Zuschlag erhalten hatten, dem Staat auszuzahlen. Die vorgestreckten Gelder und die Unkosten der Einziehung von Steuern und Abgaben mußten sie dann erwirtschaften und dabei auf die Erzielung einer Rendite für das eingesetzte Kapital achten. Das Interesse an einem möglichst hohen Gewinn konnte zu Konflikten mit den senatorischen Statthaltern bzw. dem Senat führen, aber auch zu einer Kooperation, die zu Lasten der Untertanen ging. Jedenfalls entwickelte sich die Steuerpacht der Provinz Asia zum El Dorado der römischen Kapitalinteressen (**Q 8**). Es gehörte ein ungewöhnliches Maß von Selbständigkeit und materieller Uninteressiertheit dazu, wenn der dem Ritterstand angehörende Dichter Lucilius erklärte:

„Nein, Staatspächter Asiens werden, Weidegelder einkassier'n
Statt Lucil zu sein, das will ich nicht um alles Geld der Welt."[6]

Welche Möglichkeiten der Gewinnbeteiligung die Angehörigen der regierenden Klasse hatten, geht aus dem folgenden Fall hervor. Als Caesar in seinem ersten Konsulat (59) den Steuerpächtern eine Ermäßigung der Pacht erwirkte, wurde er am Gewinn der Gesellschafter beteiligt. Er erhielt kostenlos Anteilsscheine und profitierte zudem davon, daß nach der Verbesserung der Gewinnaussichten die Kurse der Papiere stiegen.[7]

Die Angehörigen der regierenden Klasse hatten noch andere Möglichkeiten des Profits. Der Krieg konnte zur persönlichen Bereicherung mißbraucht werden: Beute- und Kontributionsgelder wurden unterschlagen, und auch die zivile Administration bot den senatorischen Statthaltern Gelegenheit zu

---

zitäten benötigt. Von diesem lukrativen Geschäft sollten die Angehörigen der regierenden Klasse ausgeschlossen werden, weil sie unter den gegebenen Umständen auf ihre politischen und militärischen Funktionen festgelegt werden sollten. Im übrigen kann keine Rede davon sein, daß der Senatorenstand in Handelsgeschäften nicht tätig war: vgl. dazu das Buch von J. H. D'Arms, Commerce and Social Standing in Ancient Rome, Cambridge/Mass. 1981. Die von Bleicken und anderen vertretende Meinung, durch das Gesetz seien Senatoren von Handelsgeschäften ausgeschlossen, gehört wohl in das Reich der wissenschaftlichen Legendenbildung. Das Gesetz des Jahres 218 war situationsbedingt: Näheres dazu K. Bringmann, Zum Entstehungsgrund und Zweck der *lex Claudia de nave senatoris* von 218 v. Chr., in: Klio 85, 2003, 312–321.

6 Lucil. F 671 f. Marx.
7 Vgl. M. Gelzer, Caesar. Der Politiker und Staatsmann, Wiesbaden 1960[6], 569 f. mit Anm. 29 und W. Will, Iulius Caesar. Eine Bilanz, Stuttgart 1992, 55.

Erpressung und finanziellen Manipulationen. Schon im Jahre 171 kam es an den Tag, daß Statthalter in Spanien das ihnen eingeräumte Recht, für den eigenen und den Bedarf ihrer Verwaltung einen Zuschlag von 5% auf den Getreidetribut zu erheben und ihn nach eigener Schätzung durch einen Geldbetrag ablösen zu lassen, zu gewinnbringenden Manipulationen mißbraucht hatten.[8] Wirkliche Abhilfe konnte nicht geschaffen werden. Als Cicero im Jahre 70 den Statthalter Siziliens C. Verres wegen Erpressung der Untertanen vor Gericht zog, ging es unter anderem wieder um das gleiche Delikt, das zuerst in Spanien manifest geworden war. Bereits im zweiten Jahrhundert breitete sich ein Korruptionssumpf aus, den der ältere Cato in einer seiner Reden mit Sarkasmus schilderte (**Q 9**).

Eine Reaktion blieb nicht aus. Schon die oben erwähnte *lex Claudia de nave senatoris* hatte den Versuch unternommen, der Verflechtung von Politik und Geschäft mit dem Staat einen Riegel vorzuschieben. Dann entwickelte sich im zweiten Jahrhundert eine ebenso umfangreiche wie im ganzen wirkungslose Gesetzgebung, die das Ziel verfolgte, kriminelle Auswüchse des Erwerbsstrebens zu verhindern und die allgegenwärtige Macht des Geldes zu begrenzen.[9] Es kam wiederholt darüber zu Verhandlungen im Senat und zu spektakulären Prozessen, unter anderem auch gegen den Überwinder Hannibals, P. Cornelius Scipio Africanus, und seinen Bruder Lucius, denen vorgeworfen wurde, Beute- und Entschädigungsgelder von König Antiochos III. unterschlagen zu haben.[10] Im Jahre 149 wurde, nachdem ein besonders schwerer, aus Habgier unternommener Verstoß gegen das Völkerrecht ungeahndet geblieben war, auf Antrag des Volkstribunen L. Calpurnius Piso der erste ständige Gerichtshof in Rom geschaffen, der Provinzialen die Möglichkeit einer Schadenersatzklage gegen römische Amtsträger eröffnete.[11] Ein besonderes Anliegen des Gesetzgebers bestand in der Absicht, die Gefahren zu minimieren, die sich aus der zunehmenden Differenzierung des Reichtums für die innere Geschlossenheit und die politische Chancengleichheit der regierenden Klasse ergaben. Diesem Ziel dienten die Gesetze über Aufwandbegrenzung bei öffentlichen Banketten und gegen Wahlbestechung. Aber Gesetze, zensorische Rügen und Strafen sowie Gerichtsverfahren hatten keinen

---

8 Liv. 43,2,1-12.

9 Eine Zusammenstellung der in der Überlieferung genannten Gesetze aus dieser Zeit gibt G. Rotondi, Leges publicae, 267–298. Zu der einschlägigen Gesetzgebung vgl. J. Bleicken, Lex publica, 168 ff. und 371 ff. sowie K. Bringmann, Römische Republik, 182–185.

10 Zu den sogenannten Scipionenprozessen vgl. H. H. Scullard, Roman Politics 220–150 B.C., Oxford 1973²; 290–303 und E. S. Gruen, The „Fall" of the Scipios, in: I. Malkin/Z. W. Rubinsohn (Hrsg.), Leaders and Masses in the Roman World. Studies in Honor of Zwi Yavetz, Leiden 1995, 59–90.

11 Vgl. W. Eder, Das vorsullanische Repetundenverfahren, München 1969, 51 ff. und J. S. Richardson, The Purpose of the lex Calpurnia de repetundis, JRS 77, 1987, 1–12.

durchschlagenden Erfolg. Eher wirkten sie dahin, daß im politischen Konkurrenzkampf um Ämter und Ehren diese Mittel dazu mißbraucht wurden, politische Gegner und Konkurrenten zu Fall zu bringen.

Auch die Vorkämpfer für die gute alte Vätersitte waren, wie das Beispiel des älteren Cato lehrt, vom Geist einer marktorientierten, auf Gewinnmaximierung bedachten Wirtschaftsgesinnung erfaßt.[12] Cato verlieh Geld und investierte einen Teil seiner flüssigen Mittel in das risikoreiche, aber gewinnträchtige Seedarlehensgeschäft. Er ließ Sklaven in verschiedenen Berufen ausbilden, um sie mit Gewinn zu verkaufen oder gegen Gewinnbeteiligung auf eigene Rechnung arbeiten zu lassen. Er sah darauf, daß gekaufte Immobilien in Stadtnähe und verkehrsgünstig lagen und somit einen guten Ertrag abwarfen. Er kaufte Fischteiche, warme Quellen, Plätze für Walker und für die Erzeugung von Pech sowie natürliches Weideland, das die Investition niedrig hielt. Seine Schrift über den Landbau ist das eindrucksvolle Zeugnis dieser neuen Wirtschaftsgesinnung (**Q 10**). Der von ihm beschriebene Gutshof mittlerer Größe (etwa 100–240 Morgen), der sogenannte Villatypus, breitete sich nach Ausweis der archäologischen Befunde im zweiten Jahrhundert in Mittelitalien aus, weniger in Konkurrenz als in Symbiose mit der kleinbäuerlichen Wirtschaftsweise.[13] Die Gutswirtschaft benötigte Sklaven als Stammpersonal und freie Arbeiter in Zeiten erhöhten Arbeitsanfalls, der Aussaat und der Ernte, und diese freien Arbeiter kamen aus den kleinbäuerlichen Betrieben der Nachbarschaft.

Die Geldwirtschaft und die Verfügbarkeit von unfreier Arbeit – die Kriege und der berufsmäßig von Piraten betriebene Menschenraub sorgten für einen ständigen Zustrom versklavter Menschen – begünstigten die Konzentration von Grund und Boden in der Hand der Wohlhabenden. Grund und Boden waren die wirtschaftliche Grundlage der Senatsaristokratie, und sie waren auch eine unerläßliche Bedingung für das Geschäft mit dem Staat, denn dieser forderte als Haftung für die großen Summen, um die es bei diesen Geschäften ging, Sicherheiten in Form von Immobilien. Unmittelbar nach dem Ende des Zweiten Punischen Krieges forderten die Zeichner einer Kriegsanleihe mit der Begründung, daß sie Land kaufen wollten, die Rückzahlung einer fälligen Rate. Da die Staatskasse nicht über flüssige Mittel verfügte, überließ der Senat den Gläubigern Staatsland (*ager publicus*) im Umkreis von 75 km um Rom (**Q 11**). Etwa 20 Jahre später wurde Süditalien das Gelobte Land des Groß-

---

12 Hauptquelle: Plut. Cato Cens. 22; vgl. I. Shatzman, Senatorial Wealth and Roman Politics, Brüssel 1975, 256–260.
13 D. W. Rathbone, The Development of Agriculture in the ‚Ager Cosanus‘ during the Roman Republic. Problems of Evidence and Interpretation, JRS 71, 1981, 11 ff. Weitere Hinweise auf neuere Literatur gibt K. Bringmann, Die Agrarreform des Tib. Gracchus. Legende und Wirklichkeit, Frankfurter Althistorische Vorträge 10, Stuttgart 1985, 16 f. mit Anm. 46–50 = Ausgewählte Schriften, 174 f.

grundbesitzes. Hier waren infolge des Zweiten Punischen Krieges große Areale, nach der Schätzung von Beloch etwa 10.000 km², annektiert worden.[14] Der römische Staat sicherte sich eine große kampanische Domäne als Pachtobjekt, belohnte etwa 43.000 Veteranen mit Landzuweisungen und ließ zur Sicherung des Landes einige Kolonien anlegen. Im Zweiten Punischen Krieg treu gebliebene Bundesgenossen wurden ebenfalls mit römischem Staatsland belohnt, das ihnen zur Nutzung überlassen wurde. Offenbar war jedoch viel mehr Land vorhanden, als für die genannten Zwecke benötigt wurde, und so wurde um das Jahr 180 das ungenutzte Staatsland wohlhabenden Interessenten gegen Zahlung einer Nutzungsgebühr zur Okkupation, d. h. zur erblichen Nutzung, freigegeben. Ein tribunizisches Gesetz, dessen Urheber wir nicht kennen, legte zur Wahrung der Chancengleichheit unter den wohlhabenden Interessenten für das zu okkupierende Staatsland eine Obergrenze von 500 Morgen Ackerland fest, und es gestattete die Haltung von 100 Stück Großvieh und 500 Stück Kleinvieh (gemeint sind Schafe) auf staatlichem Weideland. Nach moderner Berechnung entsprach die für die Haltung der Tiere benötigte Fläche 1.800 Morgen (**Q 12**).[15] Auf diesem Okkupationsbesitz, der rechtlich gesehen im staatlichen Obereigentum blieb, entwickelten sich im Laufe der Jahre eigentumsähnliche Strukturen, und es trat unter Mißachtung der festgesetzten Okkupations- und Nutzungsgrenzen eine erhebliche Besitzkonzentration ein. Für Kolonisation und für Landzuweisungen als Belohnung für geleisteten Kriegsdienst stand somit frei verfügbares Land in Süditalien nicht mehr zur Verfügung. Die tiefgreifenden Veränderungen in der Agrarverfassung gingen zu Lasten der kleinbäuerlichen Bevölkerung, die einerseits die Last des Kriegsdienstes an vielen Fronten trug und andererseits nicht mehr in den Genuß der traditionellen Kompensation in Gestalt von Landzuweisungen und Koloniegründungen kam. Es war ein Menetekel, das um das Jahr 170 die Kolonisation in Italien an ihr definitives Ende gelangte (**Q 13**). Angesichts dieser Problemlage geriet die römische Heeresverfassung um die Mitte des zweiten Jahrhunderts in eine schwere Krise. Von ihr muß im folgenden die Rede sein.

---

14 K. J. Beloch, Der italische Bund unter Roms Hegemonie, Leipzig 1880, 61–65; 73.
15 G. Tibiletti, Il possesso dell'ager publicus e le norme de modo agrarum sino ai Gracchi, Athenaeum 27, 1949, 70ff. und ders., Ricerche di storia agraria romana, Athenaeum 28, 1950, 247ff. Zur Datierung der von der Überlieferung in das Jahr 367 gesetzten *lex agraria* in die Zeit um 180 vgl. B. Niese, Das sogenannte Licinisch-Sextische Ackergesetz, Hermes 23, 1888, 410–423 und K. Bringmann, Das ‚Licinisch-Sextische' Ackergesetz und die gracchische Agrarreform, in: Symposium für Alfred Heuß, hrsg. von J. Bleicken, Frankfurter Althistorische Studien 12, Kallmünz 1986, 51–66 = Ausgewählte Schriften, 187–200.

Die Krise der Heeresverfassung

Auf der Stärke und der Kampferfahrung des Heeres beruhte die Weltmachtstellung Roms. Die Stärke beruhte auf einem Milizsystem, das ganz Italien, das römische Bürgergebiet und das der Bundesgenossen, umfaßte und Rom ein allen anderen Mächten überlegenes Wehrpotential sicherte.[16] Das römische, in Legionen zu 4–5.000 Mann gegliederte Heer war durch ständige Kriegführung kampferprobt und kriegserfahren. Auch die Senatsaristokratie, die die Feldherren und hohen Offiziere stellte, kannte von der Pike auf den Dienst im Felde. Niemand konnte sich um ein Staatsamt bewerben, der nicht zehn Jahre gedient hatte. Jedes Jahr fanden Aushebungen zum aktiven Heer statt. Den komplizierten Vorgang der Aufstellung eines Vierlegionenheeres, zu dem die Kontingente der italischen Bundesgenossen in entsprechender Stärke hinzutraten, hat der Historiker Polybios im einzelnen beschrieben (**Q 14**). Dienstpflichtig waren alle Angehörigen der fünf Vermögensklassen der Zensusordnung sowie diejenigen, die vermögend genug waren, um sich Pferde halten zu können und in der Reiterei zu dienen. Vom 17. bis zum 46. Lebensjahr konnten die Dienstpflichtigen sechzehnmal für einen Jahresfeldzug zu den Waffen gerufen werden, unter Umständen, wenn Not am Manne war, bis zu zwanzigmal. Dieses System war in einer Zeit entwickelt worden, als Kriege in der Umgebung Roms geführt wurden, und zwar in aller Regel in einem Sommerhalbjahr. Spätestens im Zweiten Punischen Krieg (218–201) wurde dieses System auf eine harte Probe gestellt. Der Krieg fand nicht nur in Italien, sondern auch in Übersee auf mehreren Schauplätzen statt, und man hat berechnet, daß zeitweise bis zu 10% der Gesamtbevölkerung Italiens unter Waffen standen und damit ein Mobilisierungsgrad erreicht war, der dem deutschen in der Zeit des Ersten Weltkrieges in etwa entsprach.[17] Für die Flotte sind damals selbst Sklaven mobilisiert worden, und das Heer umfaßte zeitweise bis zu 25 Legionen. Zur Erhöhung des Potentials an Dienstpflichtigen wurde damals der Mindestzensus der fünften Vermögensklasse von 11.000 auf 4.000 Asse herabgesetzt.[18] Auch nach dem Sieg

---

16 Hauptquelle ist Polyb. 2,24,1–17. Den statistischen Angaben liegt die Erhebung des gesamten Wehrpotentials zugrunde, die anläßlich der Generalmobilisierung bei Ausbruch des Keltenkrieges im Jahre 225 vorgenommen wurde. Zu den Einzelheiten s. F. A. Walbank, Commentary on Polybius I, 196–203 und die weitläufige Erörterung des angegebenen Zahlenmaterials bei P. A. Brunt, Italian Manpower, 44 ff. Vgl. auch K. Bringmann, Römische Republik, 52–54.
17 P. A. Brunt, a.a.O. (s. vorige Anm.) 67 mit den Literaturangaben in Anm. 1 und 417 ff.
18 Hauptquellen sind Liv. 1,4,3,7 (die Stelle setzt die Verhältnisse vor dem Jahr 212 voraus) und Polyb. 6,19,2, wo die Senkung des Mindestzensus auf 1.500 Asse berücksichtigt ist: s. E. Gabba, Republican Rome, the Army and the Allies, Oxford 1976, 1 ff.

über Hannibal blieb die Belastung der bäuerlichen Bevölkerung mit Kriegsdienst hoch. Im ersten Drittel des zweiten Jahrhunderts standen zwischen sechs und 13 Legionen jährlich unter Waffen, im Durchschnitt acht bis neun.[19] Diese Belastung ergab sich nicht so sehr aus den Feldzügen gegen die hellenistischen Großmächte und ihre Verbündeten. Diese Kriege waren auf wenige Jahre beschränkt und wurden mit begrenzten Kräften, die zwischen zwei und vier Legionen variierten, ausgefochten. Hingegen erforderten die beiden spanischen und die gallische Provinz in Norditalien eine starke militärische Dauerpräsenz. In Spanien wurde fast ständig eine Armee von drei bis vier Legionen unterhalten, und der Überlieferung ist zu entnehmen, daß in knapp 30 Jahren insgesamt rund 215.000 Mann in Spanien dienten.[20] Womöglich noch stärker war die Belastung, die der bäuerlichen Bevölkerung für die Unterwerfung der Kelten und Ligurer in Norditalien auferlegt wurde. Hier operierten Jahr für Jahr mindestens vier Legionen, in den Jahren 192, 182 und 176 sogar sechs.

Der Kriegsdienst mußte von Milizsoldaten weit entfernt von der Heimat geleistet werden. Damals begann eine Entwicklung, die anstelle des Jahresfeldzugs den ununterbrochenen Dienst von sechs Jahren zur Regel machte.[21] Damit war die Geschäftsgrundlage des Milizsystems außer Kraft gesetzt, und es liegt auf der Hand, daß eine sechsjährige Dienstzeit von einem Bauern ohne Gefährdung seiner wirtschaftlichen Existenz nicht getragen werden konnte. In letzter Konsequenz erforderte also das römische Weltreich eine Berufsarmee. Sie zu schaffen gelang der Republik nicht, und sie ist nicht zuletzt an diesem Problem gescheitert. Sie ist über Aushilfen, die das Problem nicht an der Wurzel packten, nicht hinausgekommen. So wurde nach Möglichkeit Rücksicht auf Unabkömmliche genommen. Zur Schonung des Bauernstandes wurden vor allem die ganz jungen Dienstpflichtigen einberufen, die noch der väterlichen Gewalt unterstanden, sowie Freiwillige mit Kriegserfahrung. Für den Dritten Makedonischen Krieg (171–168) meldeten sich wegen der Aussicht auf reiche Beute viele Veteranen freiwillig. Unter ihnen gab es Männer, die das Kriegshandwerk fast schon berufsmäßig betrieben. Wahrscheinlich ist der von dem Historiker Livius überlieferte Fall eines Sp. Ligustinus nur ein besonders augenfälliges Beispiel für ein verbreitetes Phänomen (**Q 15**). In 22 Dienstjahren, die zum größten Teil freiwillig abge-

---

[19] Zu den Einzelheiten s. P. A. Brunt, a.a.O. (s. oben Anm. 16) 422 ff.
[20] Vgl. H. Simon, Roms Kriege in Spanien 154–133 v. Chr., Frankfurt 1962, s. v. Heeresstärke.
[21] In den Jahren 145 und 140 wurden die in Spanien stehenden Einheiten nach sechsjähriger Dienstzeit abgelöst: App. Ib. 273 f. und 334. In der *lex Iulia municipalis* wurde festgelegt, daß Bewerber um die städtischen Magistraturen des Duum- bzw. Quattuorvirats mindestens sechs Jahre Dienst in den Legionen abgeleistet haben müssen, sofern sie jünger als 30 Jahre waren: CIL I^2,206,89 ff.

leistet wurden, war dieser Mann vom einfachen Rekruten zum ranghöchsten Zenturio einer Legion aufgerückt und hatte zahlreiche Auszeichnungen erhalten. Dennoch konnte auf das Prinzip der Aushebung nicht verzichtet werden, aber es wurde wohl flexibler gehandhabt, als die Beschreibung des Prinzips durch Polybios suggeriert. Unter Umständen konnte es sogar ganz außer Kraft gesetzt werden. Dem älteren Scipio Africanus verbot der Senat, für den letzten Akt des Zweiten Punischen Krieges in Afrika frische Truppen auszuheben, und gleiches geschah, als der jüngere Scipio Africanus im Jahre 134 den Oberbefehl in Spanien übernahm.[22] Infolge der Überbeanspruchung der Wehrkraft Italiens wurde die Einberufung zum Kriegsdienst auch nicht mehr widerspruchslos in allen Fällen hingenommen. Als der Senat im Jahre 200 von der Volksversammlung die Ermächtigung zum Krieg gegen Philipp V. von Makedonien forderte, wurde sie ihm zunächst verweigert.[23] Im Jahre 193 appellierten die für den norditalischen Kriegsschauplatz bestimmten Soldaten an die Volkstribune und forderten die Entlassung der Kranken und aller derjenigen, die bereits die reguläre Zeit oder noch länger gedient hatten.[24] Es stand den Konsuln frei, Entschuldigungsgründe zu akzeptieren oder abzulehnen. Eine einheitliche Linie ist nicht verfolgt worden. Immerhin sind die im Jahre 169 vom Senat für den Feldzug gegen König Perseus angeordneten Aushebungen beinahe an der großzügigen Gewährung von Dienstbefreiungen gescheitert.[25]

Die Rekrutierungsschwierigkeiten erfuhren eine dramatische Steigerung durch den langwierigen Krieg in Spanien von 154 bis 133.[26] Er wurde von beiden Seiten mit äußerster Brutalität geführt, von den Lusitanern und Keltiberern auch mit den Mitteln des Partisanenkrieges und von seiten Roms unter häufigem Bruch von Verträgen und Völkerrecht. Die Römer mußten zahlreiche Niederlagen hinnehmen und erlitten hohe Verluste in einem Krieg, dessen Sinn der einfache Mann nicht verstehen konnte und der ihn auch nicht für die Leiden und Gefahren mit Beute und der Aussicht auf eine Landzuweisung entschädigte. In den 20 Kriegsjahren waren jeweils drei bis vier Legionen sowie bundesgenössische Kontingente in entsprechender Stärke eingesetzt, und die hohen Verluste erzwangen häufig Verstärkungen durch neu ausgehobene Mannschaften. Schon im ersten Kriegsjahr betrugen die Verluste nicht weniger als ein Drittel der 30.000 Mann, die damals in Spanien eingesetzt waren, und der Konsul, der im folgenden Jahr den Oberbefehl über-

---

22 Liv. 28,45,13 (Africanus d. Ä.); App. Ib. 363-366: Text unter **Q 16** (Africanus d. J.).
23 Liv. 31,6,3-6: Der Volkstribun Q. Baebius machte sich bei dieser Gelegenheit zum Sprecher der verbreiteten Kriegsmüdigkeit.
24 Liv. 34,56,9.
25 Liv. 43,14,2-10.
26 Zu diesem Krieg s. das oben in Anm. 20 genannte Buch von H. Simon.

nahm, mußte 8.500 Neuausgehobene als Ersatz mitnehmen.[27] Wieder ein Jahr später konnten die erneut erforderlichen Aushebungen erst nach Überwindung der bis in das senatorische Führungskorps hinein verbreiteten Verweigerungshaltung durchgeführt werden (**Q 16**). Das gelang am Ende nur dadurch, daß zum ersten Mal, wie es heißt, eine Auslosung derjenigen vorgenommen wurde, die nach Spanien gehen mußten.[28] Schon wenige Jahre später, 148 und 146, gingen wieder Verstärkungen nach Spanien.[29] Dann veranlaßten die verlustreichen Kämpfe gegen den lusitanischen Freiheitshelden Viriathus schon im Jahre 145 die Entsendung einer neuen Armee. Da nicht gewagt werden konnte, die aus Makedonien, Griechenland und Nordafrika gerade zurückgekehrten kriegserfahrenen Einheiten nach Spanien zu schicken, wurden zwei neue Legionen ausgehoben, die aus völlig unerfahrenen Rekruten bestanden.[30] Im Jahre 140 mußte allen Soldaten, die mindestens sechs Jahre Kriegsdienst in Spanien geleistet hatten, die Entlassung gewährt werden, und als Ersatz konnten wiederum nur Rekruten geschickt werden.[31] Das alte Rekrutierungssystem, das eine Durchmischung von erstmalig Einberufenen und Kriegserfahrenen vorsah, brach unter den Belastungen des spanischen Krieges zusammen. Als der jüngere Scipio Africanus den Oberbefehl in Spanien übernahm, wurden ihm neue Aushebungen untersagt.[32]

Zu der Krise der römischen Heeresverfassung trug auch bei, daß den jungen Soldaten nicht einsichtig sein konnte, wofür sie in Spanien Leben und Gesundheit aufs Spiel setzten. Und während früher demobilisierte Soldaten die Aussicht auf eine Landzuweisung gehabt hatten, erschien es nunmehr unmöglich, diese Form der Kompensation für geleisteten Kriegsdienst fortzusetzen. Nach dem Zweiten Punischen Krieg hatten weit mehr als 32.000 Familien neue Siedlerstellen in neugegründeten und in alten Kolonien erhalten,[33] und unmittelbar nach diesem Krieg waren 42–43.000 Veteranen mit annektiertem Land in Süditalien belohnt worden (für jedes Jahr geleisteten Kriegsdienstes wurden zwei Morgen ausgegeben).[34] Ebenso wurde verfahren, als die unterworfenen Kelten und Ligurer in Norditalien Land abtreten mußten.[35] Aber nachdem Italien befriedet war und es somit keine Möglichkeit mehr gab, Land zu annektieren, war die traditionelle Methode der Landverteilung an ihr Ende gelangt.

---

27 App. Ib. 184 und 198.
28 App. Ib. 209.
29 App. Ib. 257 und 269.
30 App. Ib. 273–275: Text unter **Q 16**.
31 App. Ib. 334: Text unter **Q 16**.
32 App. Ib. 363–366: Text unter **Q 16**.
33 Vgl. K. Bringmann, Das ‚Licinisch-Sextische' Ackergesetz, a.a.O. (s. oben Anm. 15) 58–60 = Ausgewählte Schriften, 193–195.
34 Vgl. P. A. Brunt a.a.O. (s. oben Anm. 16) 292.
35 Liv. 42,4,3 f.

Die Krise der Heeresverfassung löste in der regierenden Klasse Ratlosigkeit und Konflikte aus (**Q 17**). Als es bei den Aushebungen des Jahres 151 zu Massenverweigerungen kam, wußte der Senat sich nicht zu helfen. Die Volkstribune intervenierten zugunsten von Verweigerern, und als die Konsuln es ablehnten, die verlangten Dienstbefreiungen auszusprechen, wurden sie in Beugehaft genommen. Einige Zeit später versuchte der Volkstribun Tib. Claudius Asellus den Konsul daran zu hindern, mit den ausgehobenen Ersatzmannschaften nach Spanien auszuziehen. Er mußte sich unter Mißachtung des tribunizischen Vetos den Weg bahnen. Desertion und Befehlsverweigerung nahmen überhand. Im Jahre 138 statuierten die Konsuln ein Exempel an Deserteuren und wurden von zwei Volkstribunen gefangen gesetzt, als sie sich weigerten, die vorgebrachten Entschuldigungsgründe der Einberufenen zu akzeptieren. Als die Schwierigkeiten sich häuften, kam der Plan auf, im staatlichen Eigentum stehendes Land (*ager publicus*) zur Wiederaufnahme von Landzuweisungen in Anspruch zu nehmen. Die Besitzkonzentration in Süditalien, die sich nach der Freigabe großer Areale zur Okkupation eingestellt hatte, schien dazu die Möglichkeit zu eröffnen. Dort gab es bereits Latifundien, deren Areal die seinerzeit für die Okkupation festgesetzte Höchstgrenze von 500 Morgen Ackerland weit überstieg. Es wird kein Zufall sein, daß der Plan, unter Rückgriff auf das alte Okkupationsgesetz Land einzuziehen und in kleinen Parzellen an Kleinsiedler zu verteilen, konkrete Gestalt annahm, als den Massen demobilisierter Soldaten, die aus Spanien, Nordafrika, Makedonien und Griechenland zurückkamen, buchstäblich kein Quadratmeter Landes in Italien zugeteilt werden konnte.

Entwickelt wurde der Plan im Kreis einer einflußreichen Gruppierung des Senats, die unter Führung des jüngeren Scipio Africanus stand. Auf die politische Tagesordnung wurde er von dessen engstem Freund, C. Laelius, gesetzt,[36] als er im Jahre 140 den Konsulat bekleidete und ihm die Leitung des Staates zufiel. Doch das Projekt traf auf starken Widerstand. Die Gruppe um Scipio Africanus war im Senat mächtig, aber sie besaß auch mächtige Gegner, und deren Ohr gewannen die von partieller Enteignung bedrohten Großgrundbesitzer auf Staatsland. Nun wurde manifest, daß die Freigabe großer Areale zur Okkupation seinerzeit unbedacht gewesen war, und es rächte sich das bequeme Laissez-faire, womit zugelassen worden war, daß sich auf dem *ager occupatorius* eine eigentumsähnliche Struktur mit Verkehrsfreiheit von Grund und Boden gebildet hatte.[37] Das betreffende Land war vererbt, verkauft oder gekauft worden, und so hatte sich hier ein Großgrundbesitz fest etabliert, der noch zusätzlich von der freien Zugänglichkeit zu den in Süditalien ausgedehnten Weideflächen in staatlichem Eigentum profitierte.

---

36 Plut. Tib. Gracch. 8,4f.
37 Vgl. hierzu App. b. c. 1,39: Text unter **Q 22**.

Außerdem waren Teile des *ager publicus* Staatsgläubigern und bundesgenössischen Gemeinden überlassen worden. Niemand hatte wohl ernsthaft damit gerechnet, daß der Staat einmal seine Eigentumsrechte geltend machen würde, und offenbar gab es auch keine zuverlässigen Kataster, die es erlaubt hätten, zweifelsfrei festzustellen, welcher Landkategorie, ob Staats- oder Privatland, strittige Areale angehörten. Vor dem Protest der betroffenen Großgrundbesitzer und dem Widerstand im Senat kapitulierte Laelius und wurde für sein Zurückweichen mit dem ambivalenten Ehrentitel eines Weisen (*sapiens*) ausgezeichnet.

Aber es vergingen keine sechs Jahre, bis das fallengelassene Projekt von einer mit Scipio verfeindeten Gruppierung des Senats erneut auf die politische Tagesordnung gesetzt wurde. Der Streit um das Sempronische Agrargesetz des Jahres 133 sollte zur Initialzündung eines unheilbaren politischen Konflikts werden.[38]

Die Überforderung des politischen Systems

Einem an griechischer Staatstheorie geschulten Beobachter wie dem Historiker Polybios schien die römische Vefassung keiner der drei reinen Verfassungsformen Monarchie, Aristokratie oder Demokratie zu gleichen (**Q 18**). Er stellte fest, daß die durch den Konsulat repräsentierte Magistratur eine große, in seiner Sicht eine monarchische Machtfülle besaß, der Senat als regierendes Gremium die Vorstellung einer reinen Aristokratie aufkommen lasse und andererseits auch die Volksversammlung eine Machtstellung besitze, wie sie für demokratische Staaten charakteristisch war. Da aber offenbar keines der drei Organe allein und für sich genommen dem römischen Staat sein Gepräge gab, war es nach Polybios' Meinung nicht möglich, von einer reinen Monarchie, Aristokratie oder Demokratie zu sprechen. Unter Rückgriff auf die in der Schule des Aristoteles geübte politische Analyse sprach Polybios von einer Mischverfassung, und er sah in ihr, dem Zusammenwirken und der gegenseitigen Abhängigkeit von Magistratur, Senat und Volk, zugleich die Garantie der die Überlegenheit des römischen Staates begründenden Stabilität.[39] Es verging kein Menschenalter, und die Wirklichkeit hatte die Theorie Lügen gestraft. Die Verfassung war nicht in der Lage, mit der aufkommenden Krise der Republik fertig zu werden. Als Cicero in seinem Werk *Über den Staat* in Anknüpfung an die polybianischen Theorie die römischen *res publica* der Vorfahren mit dem Idealstaat der Philosophen in eins setzte, stand er vor

---

38 Das Nähere dazu unten in dem den Gracchen gewidmeten Kapitel mit **Q 21–31**.
39 Die beste Analyse der polybianischen Theorie und ihrer Voraussetzungen gibt K. von Fritz, The Theory of the Mixed Constitution in Antiquity, New York 1954.

dem Problem, erklären zu müssen, warum in seiner Zeit der Zustand dieser *res publica* dem idealisierten Staat der Vorfahren so wenig entsprach. Er griff auf die Vorstellung zurück, daß die Preisgabe der alten Vätersitte den Verlust der alten *res publica* bewirkt habe.[40] Sieht man jedoch auf den Mechanismus des Zusammenspiels der drei Hauptinstitutionen, so läßt sich die Krise der politischen Ordnung am ehesten als Folge einer Emanzipation der Magistratur aus der Einbindung in das Verfassungssystem begreifen.[41]

An der Spitze des römischen Staates standen zwei Konsuln, die Inhaber der höchsten zivilen und militärischen Amtsgewalt, und, gegebenenfalls in ihrer Vertretung, die Praetoren, von denen zwei als oberste Gerichtsherren in Rom und vier als reguläre Statthalter der Provinzen Sizilien, Sardinien, Hispania citerior und ulterior fungierten. Von den niederen Magistraten, Quaestoren, Volkstribunen und Aedilen, war allein das aus zehn Mitgliedern bestehende Kollegium der Volkstribunen von politischer Bedeutung. Das Amt war im Zusammenhang der Ständekämpfe als die Interessenvertretung der Plebejer entstanden. Als Ergebnis der Ständekämpfe hatte sich eine neue, aus Plebejern und Patriziern bestehende Aristokratie gebildet, der Amtsadel der sogenannten Nobilität,[42] und als notarielle Beglaubigung der Beendigung der Ständekämpfe war der unter der Leitung der Volkstribune stehenden Sonderversammlung der Plebejer durch das Hortensische Gesetz des Jahres 287 das Recht förmlich zuerkannt worden, den Gesamtstaat bindende Beschlüsse zu fassen.[43] Die Volkstribune waren seitdem aufstiegsorientierte Angehörige der neuen politischen Klasse, und solange sie sich in deren Standessolidarität einbinden ließen, nahmen sie innerhalb des politischen Systems die Funktion war, die Masse des Volkes in den aristokratisch regierten Staat einzubinden und als Werkzeuge der politischen Führung der Volksversammlung Gesetzesvorschläge vorzulegen. Im zweiten Jahrhundert sollten diese vor allem dazu dienen, die Auflösung der alten Vätersitte, den Verlust der Chancengleichheit innerhalb der Aristokratie und den politischen Mißbrauch der Macht des Geldes zu bekämpfen.[44] Aber schon im zweiten Drittel des

---

40 Cic. De re publ. 5,1 f. = **Q 3**.
41 Zum Verhältnis von Magistratur und Senatsherrschaft vgl. W. Kunkel, Magistratische Gewalt und Senatsherrschaft, in: ANRW I. 2 (1972), 3–22.
42 Zur Nobilität und ihrer Entstehung s. M. Gelzer, Die Nobilität der römischen Republik, Leipzig – Berlin 1912 = Kleine Schriften I, Wiesbaden 1962, 17–135 (grundlegend) und K.-J. Hölkeskamp, Die Enstehung der Nobilität. Studien zur sozialen und politischen Geschichte der römischen Republik im 4. Jahrhundert v. Chr., Stuttgart 1987; vgl. J. Bleicken, Die Nobilität der römischen Republik, Gymnasium 88, 1981, 236–253 = Gesammelte Schriften I, Stuttgart 1998, 466–483.
43 K.-J. Hölkeskamp, Die Entstehung der Nobilität und der Funktionswandel des Volkstribunats: Die historische Bedetung der *lex Hortensia de plebiscitis*, AKG 70, 1988, 271–312.
44 Vgl. oben Anm. 9.

zweiten Jahrhunderts zeichnete sich eine gegenläufige Entwicklung ab: Der Volkstribunat wurde angesichts des Problemstaus, der sich aus der Weltpolitik Roms ergab, zum Träger einer alternativen Reformpolitik und löste sich aus der Einbindung in das politische System. Vom optimatischen Standpunkt, d. h. vom Standpunkt derjenigen aus betrachtet, die dem Senat um jeden Preis die Führung der aristokratischen Republik erhalten wollten, wurde der Volkstribunat spätestens mit dem Auftreten der Gracchen und der Ausbildung der popularen Methode, d. h. einer auf die Mehrheit der Volksversammlung gestützten, gegen den Senat gerichteten Politik, zu einer die überlieferte politische Ordnung sprengenden Potenz (**Q 19**).

Der Senat wurde zwar allgemein als das legitime Zentrum der politischen Willensbildung angesehen, aber er war ebenso wie die Volksversammlung, um tätig werden zu können, von der Initiative der Konsuln, Praetoren oder Volkstribune abhängig. Sie beriefen den Senat oder das Volk ein und leiteten die Versammlungen. Im Gegensatz zu den Mitgliedern der Volksversammlung hatten die Senatoren nicht nur ein Rederecht, sondern auch ein Vorschlagsrecht für die Beschlußfassung. Im Senat war der Sachverstand einer Klasse professioneller Politiker versammelt, und obwohl seine Beschlüsse nominell nur Ratschläge an die Adresse des sitzungsleitenden Magistrats waren, galten sie doch als richtungsweisende Direktiven. Bei der starken Stellung, die die Konsuln oder in ihrer Vertretung die Praetoren hatten, hing das Funktionieren des politischen Systems entscheidend davon ab, ob es gelang, die Magistratur in den Gesamtwillen der vom Senat repräsentierten Aristokratie einzubinden. Dafür waren auf gesellschaftlicher und politischer Ebene vielfache Vorkehrungen getroffen, wie Polybios ganz richtig gesehen hat. Der Magistrat, der gegen den dezidierten Willen seiner Klasse Politik zu machen versuchte, drohte zu scheitern und handelte sich auf jeden Fall die Gefahr eines Karrierebruchs ein. Als letztes Mittel zur Verhinderung unliebsamer magistratischer Initiativen konnte der Senat das Mittel des kollegialen oder des tribunizischen Vetos mobilisieren. Cicero erklärte in Hinblick auf den Volkstribunat mit entwaffnender Offenheit: „Welches Kollegium von zehn Tribunen wäre so verrückt, daß sich nicht ein Vernünftiger unter ihnen fände?"[45] Und gesetzt den Fall, daß das Mittel des magistratischen Vetos nicht angewendet werden konnte, gab es noch immer die religiösen Vorzeichen, die politische Akte verboten und über die der Senat mittels der großen religiösen Sachverständigengremien indirekt die Interpretationshoheit ausübte.[46] Darüber hinaus waren auf verschiedenen Ebenen Präventivvorkeh-

---

45 Cic. De legg. 3,24.
46 Vgl. dazu C. Bergemann, Politik und Religion im spätrepublikanischen Rom, Stuttgart 1992 und zum gesamten Spektrum der politischen Obstruktionsmöglichkeiten L. de Libero, Obstruktion. Politische Praktiken im Senat und in der Volksversammlung der ausgehenden Republik (70–49 v. Chr.), Stuttgart 1992.

rungen gegen drohende Eigenmächtigkeiten der Magistrate getroffen. Senatssitzungen sollten die Konsuln oder Praetoren im Kreis der einflußreichsten Senatoren, in der Regel der ehemaligen Konsuln, und im Benehmen mit ihnen vorbereiten (**Q 20**), und von den Volkstribunen wurde erwartet, daß sie sich vom Senat die Gesetzesanträge autorisieren ließen, mit denen sie vor das Volk traten. Entscheidungen der Magistrate wurden nach Möglichkeit an die Zustimmung und Kontrolle des Senats gebunden. Der älteste in einem magistratischen Brief erhaltene und im Wortlaut auf uns gekommene Senatsbeschluß, das *senatus consultum de Bacchanalibus* aus dem Jahre 186, machte im Einzelfall die Genehmigung des umstrittenen Bacchuskultes durch den Stadtpraetor von einem zustimmenden Votum des Senats abhängig und band die Gültigkeit dieses Votums zusätzlich an ein Quorum von 100 im Senat anwesenden Mitgliedern.[47] Die Praetoren als Gerichtsherren beriefen rechtskundige Standesgenossen in ihren Beirat und die Feldherren hohe Offiziere aus dem Senatorenstand in den Kriegsrat. Wenn Friedensverträge in Kraft gesetzt oder Provinzialordnungen gegeben werden mußten, wurden sogenannte Senatsgesandte, Legaten, dem Magistrat beigeordnet, der vor Ort mit der Ausführung beauftragt war.[48] Mit dem weltpolitischen Engagement Roms ging eine Intensivierung des diplomatischen Verkehrs Hand in Hand, und auch auf die häufigen Gesandtschaftsreisen wurden Angehörige des Senats geschickt. Der aus etwa 300 Mitgliedern bestehende, sich aus den Jahresmagistraten ergänzende Senat war mit dieser Explosion der ihm obliegenden Aufgaben, wie leicht zu begreifen ist, überfordert. Zu allem Überfluß fungierten die Senatoren auch als Einzelrichter und Geschworene von Sondergerichten, die zur Bestrafung politischer Vergehen eingesetzt wurden.[49]

Die auf die Größenordnung eines Stadtstaats zugeschnittene Magistratur war ebenfalls den Anforderungen eines expandierenden Weltreichs nicht gewachsen. Bis zur Errichtung der beiden spanischen Provinzen im Jahre 197 hatte sich der Senat mit der Erhöhung der Praetorenstellen von zwei auf letztlich sechs geholfen, um die Statthalterposten mit ordentlichen Inhabern der höchsten Gewalt besetzen zu können. Aber die Zahl der ordentlichen Jahresmagistrate hielt seit dem Jahr 146 mit dem Wachsen des Provinzialreiches nicht mehr Schritt. Der Hauptgrund war, daß im Jahre 180 ein tribunizisches Gesetz die Ämterlaufbahn insoweit normiert hatte, als für die Bekleidung der Praetur ein Mindestalter von 40 Jahren vorgeschrieben wurde (und für die Konsuln von 43). In dem auf eine Sollstärke von 300 Mitgliedern fixierten Senat war es nicht mehr möglich, die Zahl der Praetoren unter Be-

---

47 CIL I 2²,581 = ILLRP I² 511, 15–18; Text mit dt. Übersetzung: L. Schumacher, Römische Inschriften, lat.-dt., Reclam 8512, Stuttgart 1988, 79–83.
48 Zu den Senatsgesandten s. B. Schleußner, Die Legaten der römischen Republik. Decemlegati und ständige Hilfsgesandte, Vestigia 26, München 1978.
49 Vgl. dazu Polyb. 6,17,7 f.: Text unter **Q 18**.

achtung der Vorschrift für das Mindestalter zu erhöhen. Der Senat behalf sich mit Verlängerung der Amtszeit von Obermagistraten, die dann mit prorogiertem, d. h. verlängertem *imperium* als Statthalter fungierten. Dies ist der Ursprung von Prokonsulat und Propraetur.[50] Die Provinzen waren allerdings so groß, daß trotz des geringen Verwaltungsaufwandes einem Statthalter Senatoren mit weisungsgebundenem *imperium* unterstellt werden mußten. Diese Unterstatthalter, ebenfalls Legaten genannt, gingen mit ihren Vorgesetzten in deren Provinz, und es ist leicht zu begreifen, daß diese Männer ihres Vertrauens auswählten.[51] Nimmt man die für das Finanz- und Kassenwesen zuständigen Quaestoren hinzu, die den Statthaltern als Helfer beigegeben wurden, sowie die in den Legionen dienenden hohen Offiziere aus dem Senatorenstand, so ergibt sich eine zunehmende Zahl von Angehörigen des Senats, die an der zentralen Willensbildung des Gremiums nicht teilnehmen konnten. Ebensowenig war der Senat noch in der Lage, eine effektive Kontrolle über die zunehmende Zahl von Amtsträgern in den Provinzen auszuüben.

Die militärischen Herausforderungen waren die Voraussetzung für die Entstehung außerordentlicher, von der regulären Ämterlaufbahn losgelöster Kommandos, und dies leistete der Emanzipation der von Einzelnen ausgeübten Kommandogewalt von den Regularien des politischen Systems weiteren Vorschub. Ein Vorgriff auf diese Entwicklung war die Laufbahn des älteren Scipio Africanus.[52] Im Jahre 210 wurde ihm, nachdem sein Vater und sein Onkel gefallen waren, mangels geeigneter Kandidaten der Oberbefehl in Spanien in Gestalt eines außerordentlichen Kommandos übertragen, dann wurde er im Jahre 205 außer der Reihe im Alter von 31 Jahren zum Konsul gewählt und mit dem Oberkommando gegen Hannibal betraut. Anschließend wurde sein Kommando mehrfach verlängert, bis er den Krieg in Nordafrika zu einem siegreichen Ende geführt hatte. Eine solche außerordentliche Karriere weckte Ressentiments und erregte Bedenken bei denen, die in einer solchen Akkumulierung von Macht und Ansehen eine Gefährdung der Chancengleichheit innerhalb der Aristokratie sahen. In seinem zweiten Konsulat (194) verweigerte ihm der Senat deshalb den Oberbefehl gegen König Antiochos III. Im Jahre 189 begleitete er jedoch den Konsul, seinen Bruder

---

50 H. Kloft, Prorogation und außerordentliche Imperien 326–180 v. Chr. Untersuchungen zur Verfassung der römischen Republik, Meisenheim/Glan 1977.

51 Vgl. hierzu J. Spielvogel, Die institutionelle Entwicklung der ständigen Legatur im Übergang von der Republik zum Prinzipat, in: ders. (Hrsg.), Res publica reperta. Zur Verfassung und Gesellschaft der römischen Republik und des frühen Prinzipats. Festschrift f. J. Bleicken zum 75. Geburtstag, Sonderband zur Zeitschrift Hermes und den Einzelschriften, Stuttgart 2002, 97–112.

52 Zu Scipios Karriere s. die Monographie von H. H. Scullard, Scipio Africanus: Soldier and Politician, London 1970.

Lucius, nach Kleinasien, nominell als Berater des Oberkommandierenden, tatsächlich als Leiter des Feldzugs. Er war es auch, der mit dem König den Vorfrieden aushandelte. Bei der Rückkehr der Brüder wurden Vorwürfe laut, sie hätten Teile der Kriegsentschädigung und der Beute unterschlagen, bzw. sie hätten sich von König Antiochos bestechen lassen. Daraufhin folgten jahrelange Auseinandersetzungen, die in den sogenannten Scipionenprozessen endeten. Im Jahre 187 wurde Lucius verurteilt. Doch wurde auf Intervention des Volkstribunen Tib. Sempronius Gracchus die ausgesprochene Geldstrafe nicht vollstreckt. Drei Jahre später wurde dann Scipio Africanus selbst vor Gericht gezogen, doch das Verfahren wurde eingestellt, als er sich auf sein Landgut zurückzog, wo er ein Jahr später starb. Die Machtstellung der beiden Brüder war gebrochen, der Senat hatte über die großen Einzelnen einen Sieg errungen. Aber später, unter den Bedingungen der sich potenzierenden Konflikte, verlief die Entwicklung anders. Es waren die Inhaber der außerordentlichen Kommandos, die, wie Cicero sich im Falle Caesars vernehmen läßt, mit dem Heer des römischen Volkes die Freiheit des römischen Volkes gefährden konnten.[53] Dazu verhalfen ihnen die Verfügungsgewalt über große Heere, deren Soldaten in ihren Feldherren die Garanten ihrer Versorgung mit Land sahen, und der Besitz gewaltiger, aus Kriegsbeute, Erpressung und Verkauf von Privilegien gewonnener Geldmittel. Mit Hilfe der außerordentlichen und der Kontrolle des Senats weitgehend entglittenen Kommandos vollzog sich die private Aneignung von Armeen und materiellen Hilfsquellen. Selbst über Krieg und Frieden mit auswärtigen Gegnern entschied nicht mehr die dafür zuständige Volksversammlung, sondern die Feldherren nach eigenem Ermessen.[54] Am Ende dieser Entwicklung erklärte Cicero, der letzte Verteidiger der Republik, den Bankrott der traditionellen Ordnung. Er schrieb M. Brutus, dem Caesarmörder, im Sommer 43 einen Brief, in dem er sich und dem Adressaten eingestand, daß Senat und Volk der Spielball der Launen der Soldaten und der Zumutungen der Feldherren seien.[55] Er erkann-

---

53 Cic. De off. 3,84.
54 Dieses Problem trat offenbar schon im zweiten Jahrhundert auf. In dem auf Knidos 1970 gefundenen und 1974 publizierten Bruchstück der sogenannten *lex de piratis persequendis* aus der Zeit um 100 wird Bezug genommen auf eine *lex Porcia*, die den Statthaltern unter anderem verbot, eigenmächtig ihre Provinz zu verlassen und Krieg zu führen: M. Hassall, M. Crawford and J. Reynolds, Rome and the Eastern Provinces at the End of the Second Century B.C. The so-called ‚Piracy Law' and a new inscription from Cnidos, JRS 64, 1974, 195 ff., hier 202 Col. III,4–15. Diese Bestimmungen sind später in das Majestätsgesetz Sullas und das Repetundengesetz Caesars aufgenommen worden, wie aus Cic. In Pis. 50 hervorgeht. Gefruchtet hat das Gesetz kaum: Prominente Verstöße sind die vom Zaun gebrochenen Kriege des L. Licinius Murena gegen Mithradates VI. von Pontos im Jahre 83, der gallische Krieg Caesars sowie der Feldzug des M. Licinius Crassus gegen die Parther.
55 Cic. Brut. 1,10,23,3 : Text unter **Q 56**.

te zu spät, daß nicht mehr der Senat, sondern die Inhaber der außerordentlichen Kommandos allein über die Machtmittel des Staates verfügten.[56]

Diese Entwicklung einer Privatisierung staatlicher Macht vollzog sich in einem langwierigen Prozeß. In einer ersten Phase wurde der Volkstribunat zum Motor einer die Senatsherrschaft herausfordernden Reformpolitik, die nicht mehr mit den üblichen Mitteln der legalen Obstruktion, sondern letztlich mit unbedachter Gewaltanwendung vom Senat bekämpft wurde. In einer zweiten Phase erfolgte, nicht zuletzt wegen des Scheiterns der Reformanliegen, die von den Inhabern außerordentlicher Kommandos getragene Militarisierung der Konflikte, in deren Folge die Republik ihren Untergang fand. Eine der grundlegenden Voraussetzungen für diesen Prozeß ist in dem Umstand zu suchen, daß unter den Bedingungen der Weltherrschaft die Einbindung der Magistratur und der Promagistratur in die politische Ordnung der Republik nicht mehr gegeben war.

---

56 Vgl. Cic. Brut. 1,14,2 und 1,18,3 f.

Die Reformversuche und ihr Scheitern

Die Gracchen

Im Jahre 133 übernahm der Volkstribun Tib. Gracchus die Aufgabe, den in Gesetzesform gebrachten Plan einer Agrarreform der Volksversammlung zur Verabschiedung vorzulegen (**Q 21**).[1] Das Gesetz war unter Mitwirkung des P. Mucius Scaevola, eines bedeutenden Juristen, der im Jahre 133 das Schlüsselamt des Konsulats in Rom innehatte, ausgearbeitet worden. Es machte den Altbesitzern Zugeständnisse, die sie für die Abgabe von Land entschädigen sollten: Sofern sie zwei Söhne hatten, wurde die Obergrenze für das Land, das sie behalten durften, von 500 auf 1.000 Morgen (250 pro Kind) heraufgesetzt, und dieses Land sollte in die beste Rechtsform, in freies Eigentum, das gegen staatliche Rückforderungsansprüche geschützt war, überführt werden. Weiterhin wurde eine Entschädigung für Investitionen in Aussicht genommen. Doch trotz dieser Zugeständnisse traf die Gesetzesinitiative auf heftigen Widerstand (**Q 22**).

Dieser Widerstand reizte Tib. Gracchus zum Äußersten. Beobachtungen, die er im Jahre 137 auf einer Reise durch Etrurien gemacht hatte, hatten ihn, wie sein Bruder Gaius später behauptete, von der Notwendigkeit einer Agrarreform überzeugt, und der Umgang mit griechischen Intellektuellen, die sozialreformerischen Gedanken nahestanden, scheint ihn zusätzlich sensibilisiert zu haben (**Q 23**). Hinzu kam, daß er dringend darauf angewiesen war, die Einbuße an Ansehen wettzumachen, die er auf dem fatalen spanischen Kriegsschauplatz erlitten hatte. Er hatte als Quaestor im Jahr 137 für seinen Oberbefehlshaber C. Hostilius Mancinus den Kapitulationsvertrag mit den Numantinern ausgehandelt, der die römische Armee vor der Vernichtung

---

1 Über neuere Literatur orientiert am besten E. Badian, Tib. Gracchus and the Beginning of the Roman Revolution, in: ANRW I.1 (1972), 668–731. Späteres zitiert K. Bringmann, Die Agrarreform des Tib. Gracchus, a.a.O. (s. oben Darstellung I.1: Anm. 13) 7f. mit Anm. 4. Das Folgende knüpft an diesen Beitrag an, der im Widerspruch gegen die communis opinio konzipiert wurde. Zu dieser vgl. zuletzt J. Bleicken, Römische Republik, 61ff. sowie 194ff. (Erörterung der Forschungsprobleme unter Berücksichtigung der wissenschaftlichen Literatur).

rettete.² Eine nochmalige Niederlage konnte er sich bei Strafe eines Karrierebruchs nicht mehr leisten (**Q 24**). So kam denn vieles zusammen, das ihn bestimmte, dem Plan der Agrarreform um jeden Preis zum Sieg zu verhelfen. Er zog alle Register seiner hinreißenden Redegabe, und die wichtigsten rhetorischen Mittel waren die Übertreibung und die demagogische Zuspitzung (**Q 25**). Das Verteilungsobjekt, um das es ging, war vornehmlich in Süditalien gelegen (**Q 26**). Es war zu klein, um die durch Agitation hochgeschraubte Erwartung umfassender Landzuweisungen befriedigen zu können, der rechtliche Status vieler Areale zu umstritten, als daß er eine zügige Abwicklung der Reform zugelassen hätte, und das bäuerliche Milizsystem, dessen Stärkung Tib. Gracchus als das eigentliche Reformziel propagierte, war unter den Bedingungen der römischen Weltherrschaft ohnehin schwerlich zu retten.

Als der Senat das äußerste Mittel einsetzte, um die von ihm mehrheitlich abgelehnte Reform zu verhindern, und den Volkstribun M. Octavius zur Interzession gegen den Gesetzesantrag veranlaßte, kam es zum unheilbaren Bruch. Tiberius ließ den Kollegen durch die Volksversammlung absetzen, und er begründete diesen Tabubruch mit Argumenten, die das politische System der aristokratischen Republik ins Herz trafen (**Q 27**). Das Gesetz wurde angenommen, und Tiberius war genötigt, auf dem Wege der Konfrontation fortzuschreiten. Die Landverteilungskommission setzte sich aus dem Antragsteller, seinem Schwiegervater und seinem Bruder Gaius zusammen, und dieser Familienkommission, die naturgemäß Partei sein mußte, ließ er die richterliche Befugnis zuerkennen, in allen Streitfällen über den Status strittiger Areale eine rechtskräftige Entscheidung zu fällen. Die Ausführung des Gesetzes kostete Geld, das zu bewilligen der Senat nicht bereit war. Da kam Tiberius der Umstand zu Hilfe, daß der verstorbene König Attalos III. von Pergamon ein Testament hinterlassen hatte, das den Römern den Königsschatz und das Königsland im westlichen Kleinasien vermachte.³ Tiberius zog den Erbfall, für den nach den Regeln der freilich ungeschriebenen Verfassung der Senat zuständig war, an sich und ließ die Volksversammlung die Annahme der Erbschaft und ihre Verwendung für die Finanzierung der Agrarreform beschließen. Er wurde zum Gefangenen dieses Konfrontationskurses und bewarb sich, wiederum entgegen den Regeln der ungeschriebenen Verfassung, um eine zweite Amtsperiode als Volkstribun, um die Reformpolitik fortführen zu können. Darüber kam es zu heftigen Unruhen, und die Senatsmehrheit ließ sich unter Führung des amtlosen P. Cornelius Scipio Nasica – der Konsul Mucius Scaevola hatte offenbar die Kontrolle über den eskalierenden Konflikt verloren – zu einer rechtswidrigen Gewaltanwendung

---

2 Zur Mancinusaffäre s. Vell. 2,2,1; Plut. Tib. Gracch. 5–7; Liv. Perioch. 56.
3 Vgl. J. Hopp, Untersuchungen zur Geschichte der letzten Attaliden, Vestigia 25, München 1977, 121–138.

hinreißen. Tib. Gracchus wurde mit zahlreichen Anhängern erschlagen, und ein vom Senat eingesetzter Sondergerichtshof urteilte diejenigen seiner Anhänger ab, die bei der Gewaltaktion gegen die Reformpartei gefangengenommen worden waren.[4]

Das Agrargesetz blieb in Kraft, aber es endete mit einem Mißerfolg (**Q 28**). Denn als die Landverteilungskommission auf das den Bundesgenossen überlassene Staatsland zurückgreifen wollte, wurden diese bei dem jüngeren Scipio Africanus vorstellig und veranlaßten ihn kurz vor seinem plötzlichen Tod im Jahre 129 zu einer Initiative, die die Kommission die Judikationsbefugnis kostete, und damit kam die Landverteilung praktisch zum Erliegen. Das Ergebnis war mehr als dürftig. Aufgrund einer Hochrechnung, die sich der Entwicklung der Zensuszahlen bedient, ist vermutet worden, daß bis zum Jahre 129 allenfalls 3.000 neue Bauernstellen geschaffen worden sind, und diese eher bescheidene Zahl ist wahrscheinlich noch zu hoch gegriffen.[5] Die Rekrutierungsbasis konnte auf diese Weise nicht ausgeweitet werden. Deshalb wurde zwischen 130 und 126 der Mindestzensus der fünften Vermögensklasse von 4.000 auf 1.500 Asse gesenkt. Daraufhin stieg die Zahl der in den Zensuslisten verzeichneten Personen von 318.823 auf 394.736 Köpfe.[6] Die römische Heeresverfassung war also auf dem besten Wege, sich von der Bindung an den bäuerlichen Besitz zu lösen. Dies hieß nichts anderes, als daß der militärpolitischen Zielsetzung der gracchischen Agrarreform stillschweigend der Boden entzogen worden war.

Das aber tat der Popularität des Projekts verständlicherweise keinen Abbruch, und die Führer der gracchischen Reformpartei, soweit sie das gewaltsame Ende des Tiberius unbeschadet überstanden hatten, waren bereit, den sozialpolitischen Aspekt in den Vordergrund zu stellen. Ihnen war freilich klar, daß sie zur machtpolitischen Absicherung möglichst viele Interessen berücksichtigen mußten und das dies im Zusammenhang mit sachlich begründbaren Reformanliegen zu geschehen habe.

Zwar scheiterten die Versuche, die Wiederwahl zum Volkstribunat zu legalisieren und den italischen Bundesgenossen das römische Bürgerrecht zu verschaffen.[7] Aber in den Jahren 123 und 122 setzten C. Gracchus, der Bru-

---

4 Die Untersuchungen des Sondergerichtshofes fanden unter Leitung der Konsuln von 132, P. Popilius Laenas und P. Rupilius, statt: Cic. Lael. 37 und Val. Max. 4,7,1.
5 Vgl. J. Molthagen, Die Durchführung der gracchischen Agrarreform, Historia 22, 1973, 446ff. Die Berechnung geht davon aus, daß die in den Zensuslisten Registrierten Hofbesitzer waren. Unter der Voraussetzung aber, daß in den Listen auch die Haussöhne und Enkel der Hofbesitzer registriert waren, soweit sie das dienstpflichtige Alter erreicht hatten, ist die Schätzung wohl zu hoch gegriffen.
6 Die Zahlen sind in Liv. Perioch. 59 und 60 überliefert.
7 131 scheiterte der Versuch des Volkstribunen C. Papirius Carbo, die Möglichkeit der Wiederwahl zum Tribunat gesetzlich zu verankern, am Widerstand des jüngeren

der des Tiberius, und seine Verbündeten ein umfassendes Reformprogramm auf die politische Tagesordnung. Der Senatsmehrheit wurden die Waffen aus der Hand geschlagen, die beim Scheitern des Tiberius zur Anwendung gekommen waren: Es wurde dem Senat gesetzlich verboten, Sondergerichte zur Aburteilung kapitaler Vergehen einzurichten, und Machenschaften von Senatoren, die darauf abzielten, Bürger mit gerichtlichen Mitteln zu Fall zu bringen, wurden unter Strafe gestellt.[8] Das erneuerte Agrargesetz nahm ausdrücklich strittige Areale von der Einziehung und Umverteilung aus und sah vor, daß durch Landtausch große Landkomplexe für Kolonien in Süditalien zusammengebracht werden konnten (**Q 29**). Der Bevölkerung der Stadt Rom sicherte Gaius den subventionierten Bezug des Grundnahrungsmittels Getreide.[9] Die dafür notwendigen Mittel wurden gewonnen, indem den römischen *publicani* die Steuerpacht der neukonstituierten Provinz Asia, des ehemaligen Königreichs von Pergamon, überlassen wurde.[10] Das begünstigte die aus der obersten Schatzungsklasse der Zensusordnung sich rekrutierenden Träger des Geschäfts mit dem Staat. Nach der alten Heeresverfassung handelte es sich um einen Personenkreis, der zum Dienst in der Kavallerie verpflichtet war. Aus ihnen bildete sich im Zusammenhang mit den gracchischen Reformen ein besonderer, von den Senatoren getrennter Ritterstand: Die Senatoren mußten aus den Ritterzenturien der Volksversammlung ausscheiden, und aus den Rittern bildete C. Gracchus die Liste, aus der die Einzel-

---

Scipio (Liv. Perioch. 59), und 125 wußte der Senat den Vorstoß des Konsuls M. Fulvius Flaccus zu verhindern, den Italikern die Wahl zwischen Bürger- und Provokationsrecht (d. h. dem Schutz, den römische Bürger gegenüber der Exekutivgewalt der Obermagistrate genossen) zu verschaffen: App. b.c. 1,21 und 34; Val. Max. 9,5,1.

8 Vgl. hierzu D. Flach, Zur Strafgesetzgebung der gracchischen Zeit, ZRG 90, 1973, 95 ff.

9 Das gracchische Frumentargesetz sicherte jedem in Rom lebenden Bürger eine subventionierte Getreidelieferung zum Preis von 6 1/3 Asses pro Scheffel (*modius* = ca. 8,75 l): Liv. Perioch. 60. Die Menge ist nicht überliefert, nach späteren Analogien zu urteilen dürften es fünf Scheffel pro Monat gewesen sein. Der Marktpreis betrug im Durchschnitt 12–16 Asses, mit einer durch Mißernten und Spekulation verursachten Tendenz zu periodisch wiederkehrenden Verteuerungen. Rom mochte damals etwa 250.000 Einwohner zählen und war wegen der Höhe der Kosten des Landtransportes aus dem Umland nicht mehr zu ernähren. Hinzu kam die prekären Einkommensverhältnisse der von der Baukonjunktur stark abhängigen Masse der Stadtbevölkerung. Einzelne Zeugnisse aus gracchischer Zeit belegen die damaligen Versorgungsschwierigkeiten: vgl. dazu H. C. Boren, The Urban Side of the Gracchan Economic Crisis, American Hist. Rev. 63, 1957/58, 890–902 = dt. in: H. Schneider (Hrsg.), Zur Sozial- und Wirtschaftsgeschichte der späten römischen Republik, Wege der Forschung 413, Darmstadt 1976, 79–97. Und neuerdings F. Kolb, Rom, 227–239.

10 Cic. Verr. II 3,12; App. b.c. 5,4; zur Bedeutung der Steuerpacht für den römischen Staat und Kapitalmarkt s. **Q 8**.

und Geschworenenrichter bestellt wurden.[11] Durch einen seiner Verbündeten, den Volkstribunen M.' Acilius Glabrio, ließ er das Repetundenverfahren, das bisher der bloßen Erstattung der von Statthaltern erpreßten Gelder gedient hatte, zu einem Strafverfahren umwandeln und alle Senatoren sowie ihre Verwandten von der Richterbank ausschließen (**Q 30**). Der Bekämpfung der Bestechung und der Korruption innerhalb der senatorischen Klasse diente das Gesetz, das vorschrieb, daß der Senat die Amtsbereiche der Konsuln bereits vor der Wahl festzulegen hatte, und Interzession gegen die betreffende Entscheidung untersagte.[12] Das Militärgesetz zog die Konsequenz aus der sich abzeichnenden Wandlung der Heeresverfassung. Im Interesse der aus armen Familien stammenden Rekruten wurde bestimmt, daß der Staat die Kosten für Bekleidung und Ausrüstung zu übernehmen hatte.[13]

Alle diese Reformmaßnahmen trugen ein Doppelgesicht. Sie dienten einerseits der Beseitigung von Härten und Mißständen und andererseits der Gewinnung einer großen Klientel. Sie richteten sich insofern gegen den Senat. Besonders in den Gesetzen, die der Umgestaltung der Richterliste und der Gerichtshöfe galten, tritt diese Doppelnatur klar zutage. Der Senat war personell nicht in der Lage, alle richterlichen Funktionen in dem sich vergrößernden römischen Staat wahrzunehmen, und insofern ließ sich die Gewinnung einer neuen Schicht für den Richterdienst mit guten Sachargumenten begründen. Aber andererseits war die Ausübung der richterlichen Funktionen eine wesentliche Quelle gesellschaftlicher Macht. Unter machtpolitischen Gesichtspunkten trieb C. Gracchus einen Keil zwischen den Senat und den neuen Ritterstand, und er war sich der polarisierenden Wirkung seines Richtergesetzes wohl bewußt, wie seine Äußerung zeigt, er habe damit Dolche auf das Forum geworfen.[14]

C. Gracchus kam mit der Realisierung seines Programms weit voran, aber dennoch scheiterte er, teils an der Überforderung seiner Anhänger, teils an der demagogischen Gegenstrategie der Senatsmehrheit. Die Überforderung trat ein, als er das Bundesgenossenproblem erneut auf die Tagesordnung setzte und vorschlug, den latinischen Gemeinden das volle römische Bürgerrecht und den übrigen Italikern das Stimmrecht in der Volksversammlung zu

---

11 Zu den Problemen, die durch die widersprüchliche Quellenlage in der Frage aufgeworfen werden, ob C. Gracchus die Richterliste mit Senatoren und Rittern oder nur mit Rittern besetzte, vgl. D. Flach, a.a.O. (s. oben Anm. 8) 100ff. und G. Wolf, „Leges de iudiciis" und „leges de sociis", Diss. München 1972, 67ff.
12 Vgl. Th. Mommsen, Römisches Staatsrecht I³, 54; 283 (mit Anm.).
13 Plut. C. Gracch. 5: Das Gesetz enthielt wahrscheinlich aus gegebenem Anlaß auch das Verbot, Rekruten einzuziehen, die jünger als 17 Jahre waren.
14 Cic. De legg. 3,20 (Text unter **Q 19**); vgl. Diod. 34/35,27.

geben.[15] Auch diese Maßnahme trug ein Doppelgesicht. Sie diente einerseits einer überfällig gewordenen Vereinheitlichung der politischen Struktur Italiens und war andererseits ein massiver Versuch, der Reformpartei eine dankbare Klientel zu gewinnen. Selbst Reformanhängern ging C. Gracchus hier jedoch viel zu weit. Einer seiner prominentesten Verbündeten, C. Fannius, Konsul des Jahres 122, wechselte die Fronten. Er ließ die Italiker, die zur Abstimmung über das betreffende Gesetz in Rom zusammengeströmt waren, aus der Stadt ausweisen, und danach hatte es der Volkstribun Livius Drusus leicht, das Gesetz durch sein Veto zu Fall zu bringen.[16] Endgültig gescheitert ist C. Gracchus über den Problemen, die sich aus seinem Konzept einer wiederaufgenommenen Kolonisation ergaben. In Süditalien ließen sich aufgrund seines Agrargesetzes keine schnellen Erfolge erzielen. Über die zwei Kolonien Neptunia/Tarent und Minervia/Skylletion in Bruttium ist das Projekt nicht hinausgelangt. Deshalb wandte er sich dem Plan einer überseeischen Kolonisation zu. Einer seiner Verbündeten, der Volkstribun C. Rubrius, ließ ein Gesetz verabschieden, das die Gründung einer großen Kolonie in dem zerstörten Karthago vorsah.[17] Gaius wurde in die Kommission gewählt, die zur Vorbereitung und Durchführung des Projekts gebildet wurde, und während seiner Abwesenheit kostete der demagogische Vorschlag des optimatisch gesinnten Volkstribunen Livius Drusus, in Italien zwölf Kolonien mit jeweils 3.000 Siedlern zu gründen, sein Kolonisationsprojekt in Nordafrika die Unterstützung der Volksversammlung.[18] Nach der Rückkehr aus Nordafrika bewarb er sich um eine dritte Amtszeit, aber er wurde nicht mehr gewählt, und zu Beginn des Jahres 121 nahm der Senat Vorzeichen, die als Warnung vor einem Wiederaufbau Karthagos gedeutet wurden, zum Anlaß, das Gesetz zur Anlage der Kolonie Iunonia zu kassieren. C. Gracchus und Fulvius Flaccus setzten sich mit Nachdruck für seine Erhaltung ein. Der Streit eskalierte, und schließlich erteilte der Senat dem Konsul L. Opimius Vollmacht, die Ordnung mit allen Mitteln wiederherzustellen – dies ist der Ursprung des neuen senatorischen Notstandsrechtes.[19] Nach Abbruch der letzten Verhandlungen ließ der Konsul den Aventin, den die Reformpartei besetzt hatte, erstürmen. Dabei kamen die beiden Führer, C. Gracchus und Fulvius Flaccus, mit zahlreichen Anhängern und Gefolgsleuten ums Leben.[20]

---

15 App. b.c. 1,99; nach Cic. Brut. 99 war der authentische Titel des Gesetzes *(lex) de sociis et nomine Latino*. Zum Inhalt des Gesetzes vgl. G. Wolf, a.a.O. (s. oben Anm. 11) und K. Meister, Die Bundesgesetzgebung des C. Gracchus, Chiron 6, 1976, 113–125.
16 App. b.c. 1,100 f.
17 App. b.c. 1,102–105; vgl. App. Pun. 136 und Plut. C. Gracch. 10 f.
18 Plut. C. Gracch. 9.
19 Vgl. dazu J. von Ungern-Sternberg, Untersuchungen zum spätrepublikanischen Notstandsrecht, Vestigia 11, München 1970.
20 Hauptquellen für die Rekonstruktion der dramatischen Ereignisse sind Plut. C. Gracch. 13–18 und App. b.c. 107–120; vgl. Oros. 5,12.

Viele der Gesetze, die auf Initiative des C. Gracchus zustande gekommen waren, blieben erhalten. Aber die Agrarreform, der Ausgangspunkt und eigentliche Kern des gesamten Reformprojekts, wurde im Laufe von zwölf Jahren Schritt für Schritt liquidiert (**Q 31**). Der Versuch einer friedlichen Wiederaufnahme von Kolonisation und Landverteilung in Italien war gescheitert.

Marius und Appuleius Saturninus

Als der Konsul L. Opimius den ‚Aufruhr' des C. Gracchus blutig niedergeschlagen hatte, weihte er der Concordia, der Göttin der wiedergewonnenen Eintracht, einen Tempel.[21] Aber die Eintracht, schon immer ein prekäres Gut, war für immer, wie sich zeigen sollte, verspielt. Das tatsächliche oder vermeintliche Versagen optimatischer Heerführer im Krieg gegen Jugurtha (112–105) und bei den Zusammenstößen mit den germanischen Kimbern und Teutonen (113–101) löste heftige Prozeßkriege mit politisch motivierten Anklagen und Gegenanklagen aus, die hier nicht im einzelnen verfolgt werden können oder müssen.[22] Das neue Institut der Sonder- und ständigen Gerichtshöfe erwies sich in diesen Prozeßkriegen als das Instrument, mit dem die Desintegration der regierenden Klasse weiter vorangetrieben wurde. Die äußeren Herausforderungen, denen Rom ausgesetzt war, bildeten den Hintergrund für den Aufstieg eines tüchtigen Militärs, dessen Bündnis mit dem Volkstribunat den inneren Konflikten eine neue Dimension verlieh. Von dem Bündnis, das C. Marius mit L. Appuleius Saturninus schloß, seinen Voraussetzungen und seinen Folgen muß also ausführlicher die Rede sein.

C. Marius stammte aus einer ritterlichen Familie der alten Volskerstadt Arpinum, der in der ersten Hälfte des zweiten Jahrhunderts das römische Bürgerrecht verliehen worden war.[23] Er hatte sich als Offizier glänzend bewährt, und die damals mächtige Familie der Meteller ebnete ihm den Weg zu einer politischen Laufbahn in Rom. Obwohl er aus Profilierungssucht auch Konflikte mit seinen Gönnern nicht scheute, nahm ihn Q. Caecilius Metellus, der als tüchtiger Feldherr seit dem Jahre 109 dem unglücklichen Krieg gegen Jugurtha eine Wende zum Besseren gab, als seinen Legaten mit nach Nord-

---

21 Plut. C. Gracch. 17,8 ; App. b.c. 1,120; vgl. die spöttische Bemerkung bei Aug. civ. 3,25.b
22 Auflistung der bekannten Einzelfälle bei M. C. Alexander, Trials in the Late Roman Republic: 149 B.C. to 50 B.C., Phoenix Suppl. 26, Toronto 1990; zur Verflechtung von Politik und Strafjustiz s. E. S. Gruen, Roman Politics and the Criminal Courts, 149–78 B.C., Cambridge/Mass. 1968.
23 Hauptquelle für die Lebensgeschichte des Marius ist Plutarchs Biographie: Zu Marius Laufbahn vor seinem ersten Konsulat s. Plut. Mar. 3–7.

afrika. Gegen den Willen seines Oberkommandierenden verließ er jedoch den Kriegsschauplatz und bewarb sich für das Jahr 107 um den Konsulat. Er wurde gewählt, und dank einer unfairen Kritik an der Kriegführung des Metellus wurde er auf Betreiben der *publicani* und Geschäftsleute, die eine offene Rechnung mit Jugurtha zu begleichen hatten, zum neuen Oberbefehlshaber in Nordafrika bestimmt. Damals hob Marius Rekruten aus der Klasse der Besitzlosen aus,[24] und damit leitete er eine gefährliche Metamorphose des Landverteilungsprojekts ein. Besitzlose Soldaten waren auf Gedeih und Verderb darauf angewiesen, bei ihrer Demobilisierung mit einer Bauernstelle versorgt zu werden. Ihr Feldherr geriet in die moralische Pflicht, sie ihnen zu beschaffen. Auf diese Weise entstanden in der Folgezeit die Heeresklientele der großen Feldherren der Republik und die periodisch wiederkehrende Gefahr gewaltsamer Enteignungen von Grund und Boden zugunsten von Veteranen.

Nach Beendigung des Krieges gegen Jugurtha erhielt Marius dreimal hintereinander den Konsulat und den Oberbefehl gegen die Kimbern und Teutonen, gegen die römische Feldherren im Laibacher Becken und im südlichen Gallien eine Reihe katastrophaler Niederlagen hatten hinnehmen müssen. Marius erreichte diese herausragende Stellung mit popularer Unterstützung, und nicht zuletzt wegen der künftigen Versorgung seiner Veteranen knüpfte er ein enges Bündnis mit Appuleius Saturninus, der wegen einer persönlichen Brüskierung seitens der Optimaten ihr geschworener Feind geworden war.[25] In der Sache knüpfte Saturninus bereits in seinem ersten Volkstribunat (103) an die soziale Versorgungsgesetzgebung der Gracchen an. Zwar scheiterte er mit einem Frumentargesetz zugunsten der stadtrömischen Bevölkerung, aber für die Veteranen des Jugurthinischen Krieges brachte er mit Erfolg ein Agrargesetz ein, das jeden mit einem Landlos von 100 Morgen in Nordafrika versorgte.[26] Als Marius nach dem endgültigen Sieg über Teutonen und Kimbern vor der Notwendigkeit stand, eine noch größere Anzahl von Veteranen, römischen Bürgern und italischen Bundesgenossen, mit Land auszustatten, traf er entsprechende Abreden mit Appuleius Saturninus und dessen Verbündetem Servilius Glaucia. Den Verbündeten gelang es gegen heftigen Widerstand ihrer Gegner, für das Jahr 100 in die Schlüsselämter der stadtrömischen Politik gewählt zu werden: Marius wurde zum sechsten Mal Konsul, Appuleius Saturninus zum zweiten Mal Volkstribun und Servilius Glaucia

---

24 Sall. Iug. 86,2f.; Val. Max. 2,3,1; Gell. 16,10,10.
25 Als Quaestor war er 104 mit dem Auftrag nach Ostia geschickt worden, die Versorgung Roms mit Getreide zu sichern. Aber der Senat hatte ihm wegen Unfähigkeit abgesetzt und den Auftrag an den *princeps senatus* M. Aemilius Scaurus gegeben: Diod. 36,12; Cic. De har. resp. 43 und Pro Sest. 39.
26 [Vict.] De vir. ill. 73; inschriftliche Zeugnisse für die marianischen Siedlungen: ILS 1334 (Uchi Maius); 6790 (Thibari); AE 1951, 81 (Thuburnica).

Stadtpraetor. Die Wahlen selbst fanden unter gewalttätigen Ausschreitungen statt, und einen unbequemen Mitbewerber des Appuleius Saturninus brachten die aus Marius' Veteranen mobilisierten Schlägertrupps kurzerhand um.[27] Q. Caecilius Metellus, Marius' ehemaliger Vorgesetzter in Nordafrika und inzwischen sein Todfeind, unterlag bei den Konsulwahlen, war aber entschlossen, den Kampf gegen die Verbündeten fortzusetzen. Somit stand die Wiederaufnahme der popularen Versorgungsgesetzgebung von vornherein unter dem unheilvollen Vorzeichen persönlicher Verfeindung und machtpolitischer Konfrontation.

Unter Gewaltanwendung und heftigen Tumulten peitschte Appuleius eine Reihe von Gesetzen durch, in denen das Thema der Landverteilung und der Getreideversorgung mit der Bundesgenossenfrage und der Reichspolitik verknüpft waren.[28] Ein Frumentargesetz reduzierte den Getreidepreis von 6 1/3 auf 5/6 As pro Scheffel, ein weiteres Gesetz sah die Anlage von Kolonien in Übersee vor, in Sizilien, Griechenland und Makedonien sowie in Nordafrika und Sardinien. Dieses Gesetz ermächtigte Marius, eine bestimmte Anzahl von Bundesgenossen unter Verleihung des römischen Bürgerrechts in jede dieser Kolonien aufzunehmen. Schließlich sah ein Agrargesetz die Verteilung von Land in der Poebene vor, das Marius nach der Vernichtung der Kimbern als herrenlos eingezogen hatte.[29] Dies alles war heftig umstritten, und da abzusehen war, daß das unter Gewaltanwendung zustande gekommene Agrargesetz von Kassation bedroht war, fügte Appuleius dem Gesetz einen Passus hinzu, der den Senatoren einen Eid auf dieses Gesetz abverlangte und sie im Verweigerungsfall mit dem Verlust des Senatsitzes bedrohte. Marius taktierte in dem Streit, der um die Eidesleistung entbrannte, höchst unglücklich (**Q 32**). Schließlich leisteten alle Senatoren den geforderten Eid bis auf Metellus, der es vorzog, in die Verbannung zu gehen. In völlig vergifteter Atmosphäre bewarben sich Appuleius und Glaucia zu ihrer persönlichen Sicherheit und auch um der Sicherung ihrer Reformgesetze willen um weitere Amtsperioden, der eine um einen dritten Tribunat, der andere um den Konsulat. In dem gewalttätigen Wahlkampf wurde ein optimatischer Gegenkandidat Glaucias ermordet. Daraufhin rief der Senat den Notstand aus, und der Konsul Marius ließ sich dazu herbei, ihn zu vollstrecken. Appuleius und Glaucia wurden in der Kurie, dem Sitzungsgebäude des Senats, gefangengesetzt und dort von fanatisierten Gegnern gesteinigt. Der Senat

---

27 Liv. Perioch. 69; [8 Vict.] De vir. ill. 73 ; Val. Max. 9,7,3.
28 Zu den Einzelheiten der Gesetzgebung des Saturninus und des mit ihm verbündeten Servilius Glaucia s. J.-L. Ferrary, Recherches sur la legislation de Saturninus et de Glaucia, MEFRA 89, 1977, 619–666 und 91, 1977, 85–134.
29 *Lex frumentaria*: [Cic.] Ad. Herenn. 1,21; *lex de coloniis deducendis*: Cic. Pro Balb. 48; [Vict.] De vir. ill. 73 (Text unter **Q 32**); *lex agraria*: App. b.c. 1,130 (Text unter **Q 32**).

erklärte die Reformgesetze für fehlerhaft, weil unter Gewaltanwendung zustande gekommen, und hob sie auf.[30]

Gewiß erklärt sich der heftige Widerstand gegen die Erneuerung der gracchischen Reformen zu einem guten Teil aus den persönlichen Verfeindungen und aus machtpolitischen Gegensätzen. Gerade Versorgungsgesetze und Bürgerrechtsverleihungen wurden als Mittel der Klientelbildung betrachtet und waren eben deshalb von vornherein umstritten. Es ist bezeichnend, daß Augustus in einem Brief erklärte, daß er die kostenlose Getreideversorgung eigentlich für sozialpolitisch schädlich halte. Er habe erwogen, sie abzuschaffen, aber dann nach reiflicher Überlegung davon Abstand genommen. Als Grund für ihre Beibehaltung nannte er ein politisches Motiv: daß auf diese Weise verhindert würde, daß sie erneut zur Eroberung der Gunst des Volkes und damit zu neuem Umsturz mißbraucht würde.[31] Was die Gegnerschaft gegen eine Versorgung mit Land anbelangt, so kam noch ein anderer Gesichtspunkt hinzu. Es war abzusehen, daß unter den Bedingungen der sich verändernden Heeresverfassung die Forderung nach Versorgung mit Land in periodischen Abständen immer von neuem auf die Tagesordnung kommen würde – und damit die Drohung eines Umsturzes bestehender Besitzverhältnisse. Mit diesem Problem ist die Republik nicht fertig geworden, und noch Augustus benötigte fast seine ganze Regierungszeit, bis die Veteranenversorgung von der Methode der Landzuweisung gelöst und auf Geldabfindungen umgestellt war.[32]

Auch die optimatischen Gegner der popularen Versorgungsgesetze hatten keine prinzipiellen Einwände gegen Kolonisation und Landzuweisung, wenn sie eine wichtige öffentliche Funktion erfüllten und die Landbeschaffung nicht in Konflikt mit verbrieften Besitzrechten stand. P. Popilius Laenas, Konsul des Jahres 132 und Gegner des Tib. Gracchus, rühmte sich, bei der Anlage von Straßensiedlungen entlang der von Capua nach Rhegium führenden *via Popilia* als erster bewirkt zu haben, daß die Hirten auf unverkoppeltem, staatlichem Weideland den Bauern weichen mußten. Diese Bauern wurden angesiedelt, um als Straßenanrainer bestimmte Streckenabschnitte der neuangelegten Straße instand zu halten (**Q 33**). Derartige Ansiedlungen wurden auch in Norditalien geschaffen,[33] und zur Sicherung der Kommunika-

---

30 Cic. De legg. 2,14; Pro Balb. 48.
31 Suet. Aug. 42,3.
32 Zum Problem s. H.-Chr. Schneider, Das Problem der Veteranenversorgung in der späten römischen Republik, Diss. Bonn 1977; weitere Literatur in: J. Bleicken, Römische Republik, 212–214 und 308. – zur Lösung des Problems durch Augustus vgl. K. Bringmann/Th. Schäfer, Augustus und die Begründung des römischen Kaisertums, Berlin 2002, 69–73 und 217–220 (mit Quellentexten).
33 F. T. Hinrichs, Der römische Straßenbau zur Zeit der Gracchen, Historia 16, 1967, 162–176, speziell 168 ff.

tionslinien von Italien nach Spanien wurden mehrere Ansiedlungen römischer Bürger gegründet. Im Jahre 122 legte der Prokonsul C. Sextius Calvinus im Gebiet der keltischen Salluvier die Garnisons- und Bäderstadt Aquae Sextiae (Aix-en-Provence) an,[34] und Cn. Domitius Ahenobarbus, der seit seinem Konsulatsjahr (122) mehrere Jahre im Jenseitigen Gallien wirkte und in Gestalt der *via Domitia* eine feste Landverbindung nach Spanien anlegte, gründete dabei zwei feste Straßenansiedlungen, Forum Domitii sowie eine weitere in der keltischen Stadt Narbo (Narbonne). Im Jahre 118 wurde diese Siedlung unter dem Namen Narbo Martius in den Status einer römischen Bürgerkolonie erhoben.[35] Vergleichbares geschah, als Q. Caecilius Metellus im Jahre 123/122 zur Sicherung des Seeweges nach Spanien die Balearen unterwarf. Auf der Hauptinsel Mallorca gründete er in Palma und Pollentia zwei Siedlungen römischer Bürger.[36] Gegen C. Gracchus' Plan einer überseeischen Versorgungskolonie hatte der Senat alle Register der Gegendemagogie gezogen, und auch im Falle der Kolonie Narbo Martius hatte er Bedenken unter dem Gesichtspunkt, daß die Befürworter der Kolonie es auf einen persönlichen Popularitätsgewinn abgesehen hatten. Trotzdem folgte er in diesem Falle letzten Endes dem altbewährten Motiv der römischen Kolonisation, der Sicherung imperialer Raumbeherrschung.

Livius Drusus und Sulpicius Rufus

Das Thema der Landverteilung und der Getreideversorgung war keineswegs das einzige Problemfeld, auf dem die politische Klasse zerstritten war. Die beiden anderen waren die Bundesgenossenfrage und die ritterlichen Gerichte.

Das römische Bundesgenossensystem, eine Schöpfung des vierten und frühen dritten Jahrhunderts, war das Instrument, mit dem Rom seine Herrschaft auf ganz Italien ausgedehnt hatte.[37] Es erlaubte der Hegemonialmacht, die Wehrkraft der italischen Halbinsel auszuschöpfen. Die von Rom beherrschte italische Wehrgemeinschaft bestand aus dem römischen Volk, den

---

34 Liv. Perioch. 61; Strab. 4,1,5.
35 Zur *via Domitia* s. den Meilenstein in: ILLRP I,460 a; zur Koloniegründung: Vell. 1,15; 2,7; Cic. Brut. 160; Pro Cluent. 140; Pro Font. 13. Münzen mit den Namen der Mitglieder der Kommission, die die Kolonie deduzierte bzw. dort Münzen prägen ließ, bei Crawford 282/1–5. Wie aus Vell. 2,7 und Cic. Pro Cluent. 140 hervorgeht, gab es freilich Widerstand seitens des Senats gegen die förmliche Gründung einer römischen Kolonie außerhalb Italiens, aber dieser Widerstand war im Gegensatz zu dem, auf den C. Gracchus traf, nicht unüberwindlich.
36 Strab. 3,5,1 (angesiedelt wurden 3.000 römische Bürger aus Spanien).
37 Vgl. dazu die Studie von Th. Hantos, Das römische Bundesgenossensystem in Italien, Vestigia 34, München 1983 und die ausführliche Problemerörterung in: J. Bleicken, Römische Republik, 145–150 (mit Literatur).

Gemeinden latinischer Rechtsstellung, deren Bürger den Römern zivilrechtlich gleichgestellt waren und die sich der gleichen Sprache wie diese bedienten, sowie den übrigen italischen Bundesgenossen. Diesen und den Latinern war die Stellung von Militärkontingenten zu den römischen Heeresaufgeboten nach Maßgabe des Verzeichnisses der Wehrfähigen auferlegt. Ungefähr 2/5 der italischen Halbinsel waren im zweiten Jahrhundert römisches Bürgergebiet, etwa 3/5 verteilten sich auf die Bundesgenossen beider Kategorien. Dieses System, das den Krieg aus Italien verbannt hatte und insofern auch den Bundesgenossen einen Vorteil brachte, wurde für die Bundesgenossen mit dem Ausgreifen Roms über die Grenzen Italiens hinaus zu einer zunehmend schweren Last. Sie brachten hohe Blutopfer für die Interessen Roms, und ihre Soldaten waren bei Beuteverteilungen und bei der Handhabung der Disziplin deutlich schlechter gestellt als die sich aus römischen Bürgern rekrutierenden Legionäre.

Hinzu kommt, daß die politische Führungsstellung, die Rom einnahm, mit der Zeit die innere Autonomie der Bundesgenossen aushöhlte. Beispielsweise nahm der Senat im Jahre 186 keinen Anstand daran, bei der Beschränkung des Bacchuskultes Anordnungen zu treffen, die auch die Bundesgenossen zu beachten hatten, und Gleiches gilt für die Verfolgung von Bandenkriminalität in Italien.[38] Auf die Eigenstaatlichkeit der Bundesgenossen wurde im Bedarfsfall keine Rücksicht mehr genommen. Diesen strukturellen Veränderungen im Verhältnis zwischen der Hegemonialmacht und den Bundesgenossen entsprach der zunehmende Mißbrauch der Macht, den sich römische Amtsträger in Italien zuschulden kommen ließen (vgl. **Q 9**). In Süditalien gab es noch andere Gründe der Unzufriedenheit. Hier hatte Rom mit den zu Hannibal abgefallenen Bundesgenossen abgerechnet und ihnen große Landabtretungen auferlegt (nach der Schätzung von K. J. Beloch handelte es sich um insgesamt 10.000 km^2).[39]

An einzelnen spektakulären Ereignissen wird deutlich, daß im zweiten Jahrhundert das Bundesgenossensystem von Auflösung bedroht war. Als Rom seine Herrschaft in Süd- und Norditalien durch eine ausgedehnte Kolonisationstätigkeit wieder stabilisierte, griff es auch auf Siedler aus den Reihen der Bundesgenossen zurück. Bei der Verstärkung der latinischen Kolonie Cosa an der Küste Etruriens wurden italische Bundesgenossen aufgefordert, sich in die Liste der Siedler eintragen zu lassen. Ausgeschlossen blieben nur diejenigen, die im Zweiten Punischen Krieg von Rom abgefallen waren.[40]

---

38 Vgl. die Unterdrückung der Bandenkriminalität im Sila-Wald im Jahre 138: Cic. Brut. 85ff.
39 K. J. Beloch, Der italische Bund unter Roms Hegemonie, Leipzig 1880, 61–65 und 73.
40 Liv. 33,24,8f.

Einem Zwischenfall des Jahres 195 ist zu entnehmen, daß Herniker aus Ferentinum in die Liste der Siedler aufgenommen worden waren, die für die römischen Kolonien Puteoli, Salernum und Buxentum vorgesehen waren. Die Betreffenden versuchten auf diese Weise, sich den privilegierten Status des römischen Bürgerrechts zu erschleichen.[41] Ein Einzelfall war dies nicht. Es muß damals eine Masseneinwanderung von Bundesgenossen nach Rom gegeben haben. Dort lockten nicht nur die Verdienstmöglichkeiten der Baukonjunktur, sondern es gab auch Schleichwege in den römischen Bürgerverband (**Q 34**). Für die bundesgenössischen Gemeinden bedeutete diese Abwanderungsbewegung, daß sie ihrer vertraglichen Pflicht zur Stellung von Truppenkontingenten nur noch mit Mühe oder gar nicht mehr nachkommen konnten. Sie wurden deswegen in Rom vorstellig, und der Senat reagierte wiederholt mit Massenausweisungen. Eine durchschlagende Wirkung hatten sie indessen nicht, denn die Methode mußte in periodischen Abständen wiederholt werden. So war abzusehen, daß das alte System der Stellung von Truppen nach einer festen Quote zusammenbrechen würde. Andere Spannungen kamen hinzu. Die gracchische Landverteilungskommission beabsichtigte, für die geplante Landverteilung auf das den Bundesgenossen überlassene Staatsland zurückzugreifen. Dies erregte einen Proteststurm unter ihnen, und dieser kostete der Kommission im Jahre 129 die Judikationsbefugnis. Drei Jahre später ließ der Volkstribun M. Iunius Pennus wieder einmal alle italische Bundesgenossen aus Rom ausweisen.[42] Auch das rief heftige Proteste hervor und veranlaßte im folgenden Jahr den Konsul Fulvius Flaccus, einen prominenten Anhänger der gracchischen Reformpartei, den manifest gewordenen Problemstau durch Verleihung des Bürgerrechts an die Bundesgenossen aufzulösen.[43] Wenn er damit Erfolg gehabt hätte, so wären die politische Struktur und die Wehrverfassung Italiens mit einem Schlag vereinheitlicht und der Zugriff auf das einst den Bundesgenossen überlassene Staatsland ermöglicht worden. Aber der Plan scheiterte an machtpolitischen und Interessengegensätzen. Das Bundesgenossenproblem schwelte weiter, und es erfuhr eine dramatische Zuspitzung, als die Konsuln des Jahres 95 L. Licinius Crassus und Q. Mucius Scaevola dem Eindringen der Bundesgenossen in den römischen Bürgerverband mit einem förmlichen Gesetz einen Riegel vorschoben.[44]

Drei Jahre später veranlaßte ein Justizskandal den *princeps senatus* M. Aemilius Scaurus, die ebenfalls umstrittene Frage der Besetzung der Richterstellen wieder auf die Tagesordnung zu setzen. Vorangegangen war die

---

41 Liv. 34,42,5 f.
42 Cic. De off. 3,47.
43 App. b.c. 86 f; 152; Val. Max. 9,5,1.
44 Cic. Pro Cornelio ap. Ascon. 67C.

Verurteilung des P. Rutilius Rufus, der als Legat des Statthalters der Provinz Asia, Q. Mucius Scaevola, den ausbeuterischen Praktiken der *publicani* entgegengetreten war. Um sich zu rächen, klagten ihn die Steuerpächter vor dem Repetundengericht wegen Erpressung an, und das mit Rittern, also Standesgenossen der Steuerpächter, besetzte Gericht nahm keinen Anstand daran, das Recht zu beugen und Rutilius Rufus zu verurteilen.[45]

Aemilius Scaurus setzte sich mit M. Livius Drusus, dem Sohn des Volkstribunen von 122, der mit seiner demagogischen Gegenstrategie das meiste zum Scheitern des C. Gracchus beigetragen hatte, ins Benehmen, und sie entwarfen einen Plan, der die Lösung aller Probleme mittels eines in sich geschlossenen Reformprogramms zum Gegenstand hatte. Livius Drusus versuchte als Volkstribun des Jahres 91 das Kunststück, den zerstrittenen Gruppen Zugeständnisse zu machen und abzuverlangen. Den Rittern wurde der Verzicht auf die Richterstellen zugemutet, und dafür sollten 300 ihrer Standesgenossen in den Senat aufgenommen werden. Der Preis, den die Senatoren für die Wiedergewinnung der Rechtssprechung zu zahlen hatten, war ein starker Pairsschub, der erst einmal die eingespielten Mehrheitsverhältnisse des Hauses in Frage stellen mußte. Den Bundesgenossen wurde das römische Bürgerrecht angeboten, und dafür sollte der geschützte Status des ihnen überlassenen römischen Staatslandes fallen. Den Altbürgern wurde zugemutet, gegenüber den Neubürgern in die Minderheit zu geraten, aber dafür wurde ihnen die Wiederaufnahme der Landverteilung und der stadtrömischen Bevölkerung eine Verbesserung der Getreideversorgung in Aussicht gestellt. Das kostete Geld, und Livius Drusus nahm, um es zu beschaffen, das bedenkliche Mittel einer Münzverschlechterung in Kauf.[46] Das Gesetzgebungsprogramm griff in allen wesentlichen Punkten auf das Konzept des C. Gracchus zurück. Wenn es noch eines Beweises seiner sachlichen Berechtigung und der sinnvollen Verknüpfung seiner einzelnen Punkte bedurft hätte, dann war es die nachträgliche Anerkennung, die Livius Drusus von einem optimatischen Interessenstandpunkt aus dem Programm seines popularen Vorgängers bezeugte. Livius Drusus appellierte an die politische Vernunft und an die Fähigkeit zum Kompromiß. Aber er scheiterte (**Q 35**). Die widerstreitenden Interessen der einzelnen Gruppen ließen sich nicht auf einen gemeinsamen Nenner bringen.

Die Ritter fürchteten, daß sie mit der Aufnahme von 300 prominenten Standesgenossen in den Senat einen schweren Substanzverlust erleiden würden, und sie waren nicht bereit, von dem Machtmittel der richterlichen Funktionen zu lassen. Das Volk war gerne bereit, die Wiederaufnahme der Versor-

---

45 Liv. Perioch. 70; Vell. 2,13; Dio F 97,1 (aus Buch 28).
46 Das von ihm eingebrachte Gesetz ordnete an, daß den neu auszuprägenden Silbermünzen 12,5% Kupfer beigemischt wurden: Plin. N.H. 33,46.

gungsprogramme zu akzeptieren, aber gegen die Aufnahme der Bundesgenossen in den Bürgerverband regte sich der aus dem Motiv der Besitzstandwahrung resultierende Widerstand. Auch den Senatoren kamen Bedenken angesichts der Gefahr unübersichtlicher Loyalitätsverhältnisse in Senat und Volksversammlung. Selbst die betroffenen Bundesgenossen wandten sich teilweise gegen die ihnen zugemutete Abgabe von Staatsland, die ihr Preis für die Bürgerrechtsverleihung sein sollte. Der Konsul L. Marcius Philippus setzte sich an die Spitze des Widerstandes gegen das Reformprojekt. Livius Drusus wurde vor der Abstimmung über das Bürgerrechtsgesetz ermordet. Damit war der Beweis für die Unfähigkeit zur friedlichen Auflösung des Reformstaus wiederum erbracht. Die bereits angenommenen Gesetze über die Gerichte, die Landverteilung und die Getreideversorgung wurden aufgehoben,[47] und das Bundesgenossenproblem sollte wieder stillschweigend auf die lange Bank geschoben werden.

Aber unter den Bundesgenossen gärte es, sie waren nicht länger gewillt, die Herrschaft Roms hinzunehmen. Ausgelöst wurde ihr Aufstand durch das provozierende Verhalten des Praetors Q. Servilius in der picenischen Gemeinde Asculum.[48] Die Aufständischen schufen eine zentrale Regierung in Corfinium, dem sie den programmatischen Namen Italia gaben, und organisierten den Krieg auf den beiden getrennten Kriegsschauplätzen im Norden und im Süden der italischen Halbinsel (**Q 36**). Mit rein militärischen Mitteln wurde Rom der Erhebung nicht Herr. Es mußte versuchen, den Bundesgenossen durch das Angebot des römischen Bürgerrechts den Willen zur politischen Selbständigkeit zu nehmen. Dies geschah in mehreren Schritten.[49] Zunächst ermächtigte ein tribunizisches Gesetz die römischen Feldherren, bundesgenössische Einheiten, die treu geblieben waren und sich bewährten, mit dem Bürgerrecht zu belohnen. Ein weiteres spezielles Gesetz sorgte für

---

47 Die bereits in gracchischer Zeit bestehenden Regelungen, die die Zusammenfassung sachlich nicht zusammengehörender Materien in einem Gesetzesantrag untersagten und die Einhaltung einer Promulgationsfrist von drei Markttagen verlangten, waren nach den Erfahrungen mit der tumultuarischen Gesetzgebung des Jahres 100 durch ein konsularisches Gesetz, die *lex Caecilia Didia* des Jahres 98, neu fixiert worden: vgl. G. Rotondi, Leges publicae, 335 (mit Quellenbelegen). Die Gesetze des Livius Drusus sind wahrscheinlich wegen Verstoßes gegen die *lex Caecilia Didia* und gegen die Auspizien kassiert worden: Cic. De dom. 41 und Ascon. in Cic. Pro Cornelio 67C.
48 Zum Ausbruch des Krieges s. App. b.c. 1,169-174; Diod. 37,13. Zur Frage der politischen Zielsetzung der Italiker s. P. A. Brunt, Italian Aims at the Time fo the Social War, JRS 55, 1965, 90-109 und E. Badian, Roman Politics and the Italians (133-91 B.C.), Dialoghi di Archeologia 4/5, 1970/71, 373-421.
49 Vgl. G. Niccolini, Le Legge de civitate romana durante la guerra sociale, Rendiconti della classe di scienze morali, storiche e filologiche dell' Acad. Dei Lincei 8.1, 1946, 110-124.

die Aufnahme der etruskischen Gemeinde Tuder in den römischen Bürgerverband, und noch im selben Jahr (90) brachte der Konsul L. Iulius Caesar ein Gesetz ein, das allen treu gebliebenen Bundesgenossen das Bürgerrecht in Aussicht stellte. Im Frühjahr des folgenden Jahres verfügte dann das Gesetz der Volkstribunen M. Plautius Silvanus und C. Papirius Carbo, daß alle Aufständischen, die die Waffen niederlegten und sich innerhalb von 60 Tagen in Rom zur Registrierung meldeten, in die Bürgerlisten eingetragen werden sollten. Daraufhin brach im Norden der Aufstand zusammen. Im Süden waren jedoch die Wunden, die der lange Kampf der Samniten gegen Rom und die römischen Strafaktionen nach dem Zweiten Punischen Krieg geschlagen hatten, unvergessen, und die Dynamik des Krieges führte hier teilweise zu einer Verhärtung des Widerstandes. Er mußte gewaltsam gebrochen werden. Nach der Kapitulation wurden die Betreffenden zunächst nicht in den Bürgerverband aufgenommen, sondern eine zeitlang als Unterworfene (*dediticii*) behandelt. Im Norden wurde das römische Bürgergebiet über die Apenninlinie bis zum Po ausgedehnt. Pompeius Strabo, Konsul des Jahres 89, brachte ein Gesetz ein, daß allen Gemeinden südlich des Flusses das römische Bürgerrecht zuerkannte, den nördlich dieser Linie gelegenen das latinische, das sie zivilrechtlich römischen Bürgern gleichstellte und ihren Magistraten das Privileg des römischen Bürgerrechts verschaffte.[50]

Die endlich gelungene politische Strukturbereinigung wurde jedoch sofort wieder durch den Versuch in Frage gestellt, den Einfluß der Neubürger durch eine manipulierte Verteilung auf die Stimmkörperschaften (*tribus*) zu minimieren.[51] Sofort stellten sich innenpolitisch die alten Fronten wieder ein. Nicht einmal in der Not des Krieges hatte es einen wirklichen Burgfrieden in Rom gegeben. Im Jahre 90 hatte der Volkstribun Q. Varius Hybrida ein Gesetz eingebracht, das ein Sondergericht zur Abrechnung mit den Anhängern des Livius Drusus einsetzte.[52] Dieses Gericht war mit Rittern besetzt, und infolgedessen lebte auch der Kampf um die Besetzung der Richterstellen wieder auf. Als dann nach dem Krieg versucht wurde, die potentielle Mehrheit in der Volksversammlung, eben die Neubürger, zu einer politischen Minderheit zu machen, indem sie in lediglich acht der 35 Tribus eingeschrieben werden sollten, widersetzte sich einer der Volkstribunen des Jahres 88, P. Sulpicius Rufus.[53] Er hatte Livius Drusus nahe gestanden, und er setzte

---

50 Zur Organisation Italiens nach dem Bundesgenossenkrieg s. U. Laffi, Sull' organizzazione amministrativa dell' Italia dopo le guerra sociale, Akten des VI. Intern. Kongresses f. griech. und lat. Epigraphik, München 1972, 37–52.
51 Zur Situation des Jahres 88 und den gewalttätigen Parteikämpfen, die während dieses Jahres um die Bewältigung der Folgen des Bundesgenossenkrieges ausgetragen wurden, vgl. A. Keaveney, What Happened in 88?, Eirene 20, 1983, 54–71.
52 E. Badian, Quaestiones Varianae, Historia 18, 1969, 481–490.
53 Vgl. J. G. F. Powell, The Tribun Sulpicius, Historia 39, 1990, 446–490.

sich in seinem Tribunat dafür ein, daß dessen gerichtlich verurteilte Anhänger restituiert und die Neubürger gleichmäßig auf die 35 Tribus verteilt wurden. Um das durchzusetzen, brauchte er einen mächtigen Verbündeten. Als solcher bot sich ihm C. Marius an, der nach seinem politischen Scheitern im Jahre 100 darauf brannte, sein angeschlagenes Renommee durch ein großes Militärkommando wieder zurückzugewinnen. Dazu schien sich gerade eine günstige Gelegenheit zu bieten. Den Bundesgenossenkrieg hatte ein von römischer Seite zum Äußersten gereizter kleinasiatischer König, Mithradates VI. von Pontos, dazu benutzt, den ihm angedrohten Krieg anzunehmen.[54] Im Jahre 88 gewann er fast ganz Kleinasien und große Teile Griechenlands – dabei wurden die im Osten lebenden Römer und Italiker in Massen umgebracht. Rom verlor seine Haupteinnahmequelle, und damit erfuhr die Finanzkrise eine dramatische Zuspitzung. Marius wollte den Krieg gegen Mithradates führen, aber der Senat hatte das Oberkommando bereits an den amtierenden Konsul L. Cornelius Sulla vergeben. Um diese Entscheidung zu revidieren, schloß Marius ein Bündnis mit Sulpicius Rufus, der seinerseits die Unterstützung der Veteranen und Anhänger des Marius benötigte, um sein innenpolitisches Programm durchsetzen zu können. Der Preis, den er für diese Unterstützung zu zahlen hatte, bestand in einem tribunizischen Gesetz, das Sulla das Kommando entzog und auf Marius übertrug.

Sulla nahm die Absetzung nicht hin, sondern griff zum Mittel des Bürgerkriegs.[55] Dazu verhalf ihm die Bereitschaft der einfachen Soldaten, die die Aussicht auf reiche Beute und auf eine Versorgung mit Bauernstellen nicht verlieren wollten. Es waren also die veränderte Heeresverfassung und das ungelöste Problem der Veteranenversorgung, die den Bürgerkrieg als Mittel der Austragung persönlicher Machtrivalitäten möglich machten. Während die höheren Offiziere sich Sulla verweigerten, marschierten seine Soldaten nach Rom und nahmen die Stadt in blutigen Straßenkämpfen ein. Marius und Sulpicius Rufus wurden mit ihren Anhängern geächtet. Der Volkstribun kam ums Leben, Marius gelang unter abenteuerlichen Umständen die Flucht zu seinen in Nordafrika angesiedelten Veteranen. Die Gesetze des Sulpicius Rufus wurden allesamt kassiert. Sulla versuchte vor seinem Aufbruch in den Osten, das Ergebnis des Umsturzes zu sichern, so gut es eben gehen mochte.[56] Ein Gesetz beider Konsuln, die *lex Cornelia Pompeia*, sollte den zusammengebrochenen Kapitalmarkt durch Einführung eines Höchstzinssatzes für

---

54 Zur Vorgeschichte und zum Verlauf der Mithradatischen Kriege s. B. C. McGing, The Foreign Policy of Mithradates VI Eupator, King of Pontus, Leiden 1986, 67ff.
55 Zu den Einzelheiten s. H. Volkmann, Sullas Marsch auf Rom, München 1958; ND 1969.
56 Fest. P. 464 Lindsay; App. b.c. 1,165f. Die Behauptung Appians, daß die Gesetzgebung den Tributkomitien genommen und den Zenturiatkomitien zugewiesen wurde, kann weder verifiziert noch widerlegt werden.

Kredite stabilisieren, ein weiteres Gesetz ordnete an, daß Volkstribune künftig nur mit Autorisierung durch den Senat Gesetzesanträge einbringen durften, und schließlich nahm Sulla dem für das Jahr 87 gewählten Konsul L. Cornelius Cinna, der aus seiner Sympathie für Marius keinen Hehl machte, das Versprechen ab, an der von ihm gegebenen provisorischen Ordnung nichts zu ändern. Im Frühjahr 87 ging er mit seiner Armee nach Osten. Was in Rom folgte, war ein neuer Akt des nur unterbrochenen, aber nicht beendeten Bürgerkriegs.

Bürgerkrieg und Diktatur

Sulla oder die gescheiterte Restauration

Nachdem Sulla Italien verlassen hatte, ergriffen Cinna und Marius unter blutigen Exzessen die Macht. Der todkranke Marius wurde noch einmal zum Konsul für das Jahr 86 gewählt, starb jedoch nach wenigen Tagen im Amt. Obwohl das populare Regime sich durch Liquidierung von Gegnern disqualifizierte, hatte es in den politischen Sachfragen eine positive Bilanz vorzuweisen: Es stellte den Geldwert wieder her und brachte auch die Integration der Italiker in den vergrößerten römischen Staat durch eine gleichmäßige Verteilung der Neubürger auf die 35 Tribus voran.[1] Aber der Bürgerkrieg war nur aufgeschoben, nicht aufgehoben. Als Sulla mit seiner siegreichen Armee im Jahre 83 nach Italien zurückkehrte, begann der Krieg von neuem, und er wurde mit großer Erbitterung ausgefochten.

Im Herbst 82 brach das populare Regime zusammen, eine verfassungsmäßige Regierung gab es nicht mehr. Deshalb wurde aus der Reihe der Patrizier ein ‚Zwischenkönig' (*interrex*) bestellt, dem die Aufgabe zufiel, die Wahl neuer Konsuln vorzubereiten. Aber Sulla gab schriftlich zu verstehen, daß zur Neuordnung des schwer erschütterten Staates eine diktatorische Vollmacht nötig sei, und er machte deutlich, daß er der rechte Mann für diese Aufgabe sein würde.[2] Aufgrund eines Spezialgesetzes ernannte der *interrex* L. Valerius Flaccus ihn daraufhin zum Diktator. Das Gesetz legalisierte alle Maßnahmen, die er bis dahin getroffen hatte, und erteilte ihm das Recht, römische Bürger zu ächten, d. h. ohne Gerichtsurteil töten zu lassen und das Vermögen der Geächteten einzuziehen, Land zu verteilen, Kolonien zu gründen und aufzuheben, Königstitel zu vergeben und die Ordnung des Staa-

---

[1] M. Marius Gratidianus erließ als Praetor im Jahre 85 ein Edikt, aufgrund dessen die minderwertigen, seit 91 geprägten Denare eingezogen und Strafen gegen Währungsmanipulationen verhängt wurden: Zu den Einzelheiten s. M. H. Crawford, The Edict of M. Marius Gratidianus, PCPhS N.S. 14, 1969, 1–4. Ein Jahr später wurde die Verteilung der Neubürger auf die Tribus durch Senatsbeschluß vorgenommen: Liv. Perioch. 84.
[2] App. b.c. 1,459f.

tes auf eine feste gesetzliche Grundlage zu stellen.[3] Damit war dem alten Ausnahmeamt der Diktatur ein neuer Zweck gesetzt. Die Diktatur hatte bis zum Ende des dritten Jahrhunderts der Konzentration des Oberbefehls zur Überwindung militärischer Krisen gedient, nun wurde es in ein Instrument der inneren Krisenbewältigung umgewandelt. Diese neue Zwecksetzung machte die alte zeitliche Begrenzung des Amtes auf sechs Monate, die reguläre Dauer eines Feldzugs, gegenstandslos. Die Amtsdauer wurde an die Erreichung des Zwecks, die vollendete Neuordnung des Staates, gebunden, und es wurde dem Urteil des Amtsträgers anheimgegeben, wann er diese Aufgabe für vollendet ansah. Es handelte sich also um eine kommissarische Diktatur, und der Auftrag bestand darin, den Sieg der optimatischen Seite, den Sulla im Bürgerkrieg errungen hatte, zu vollenden und das kollektive Regiment des Senats auf eine gesicherte Grundlage zu stellen.

Dies geschah nach dem Willen Sullas auf dreifache Weise.[4] Zunächst wurde der Teil der gesellschaftlichen Elite, der im Bürgerkrieg auf der Gegenseite gestanden hatte, liquidiert. Die Massentötungen, der im Bürgerkrieg Kriegsgefangene zum Opfer gefallen waren, wurden durch das Mittel der Ächtung gezielt auf Angehörige der Oberschicht ausgedehnt. Ihr Besitz fiel an den Staat. Auf diese Weise kam ein beträchtlicher Teil des Volksvermögens in die Dispositionsgewalt des Diktators. Hinzu kam die Enteignung ganzer Gemeinden, die bis zuletzt auf der Seite der Verlierer ausgeharrt hatten. So ergab sich die Möglichkeit einer gigantischen Umverteilung von Grund und Boden. Dies war das zweite Ziel, das Sulla ins Auge faßte. Er wollte seine Anhänger und Parteigänger materiell so ausstatten, daß sie ein vitales Interesse an der Aufrechterhaltung der von ihm geschaffenen Verhältnisse hatten. Diesem Zweck sollte nicht zuletzt auch die Wiederaufnahme der Kolonisation dienen, als deren Nutznießer seine Soldaten vorgesehen waren. Dies alles waren Maßnahmen, die dazu bestimmt waren, das Kernstück seiner Neuordnung, die Neufundierung des Senatsregiments auf gesetzlicher Grundlage, personell und materiell abzusichern. So griff eines ins andere, und man kann Sulla nicht vorwerfen, daß er keine sachlich begründete, folgerichtige Vorstellung von seiner Aufgabe entwickelt hätte.

Der Bürgerkrieg war noch nicht zu Ende, da begann das Grauen der Proskriptionen.[5] Bis zum 1. Juni 81 sollten die Namen aller derjenigen öffentlich angeschlagen sein, die der Ächtung verfielen. Sie hatten Leben und Besitz verwirkt, ihre Kinder und Enkel wurden für erbunfähig erklärt und von der

---

3 Plut. Sull. 33.
4 Vgl. zuletzt K. Christ, Sulla. Eine römische Karriere, München 2002, 113 ff., speziell zur Beurteilung Sullas in antiker und moderner Zeit: 155 ff. (mit Literaturhinweisen).
5 Zu den Einzelheiten s. F. Hinard, Les proscriptions de la Rome républicaine, Paris 1985.

Ämterlaufbahn ausdrücklich ausgeschlossen. Die Proskriptionsliste wurde mehrfach erweitert und auch noch nach dem Schlußtermin kamen durch Manipulation Menschen auf die Tötungslisten. Die genaue Zahl der Opfer ist unbekannt. Die Überlieferung nennt abgerundete Zahlen, einmal 40 Senatoren und 1600 Ritter, daneben ist von insgesamt 4.700 Opfern die Rede.[6] Sulla gab bei diesem Morden seinen Kreaturen freie Hand, und so konnten sich Hab- und Rachgier in der vom Bürgerkrieg zerrissenen Gesellschaft ungehemmt austoben. Nicht nur Gegner der Optimaten, auch neutrale, ja selbst Anhänger gerieten in die Todesmühle. Wir verdanken es dem Mut eines jungen Anwalts, M. Tullius Ciceros, daß ein besonders eklatanter Fall von krimineller Energie bis auf den heutigen Tag aktenkundig geblieben ist (**Q 37**).

Durch die gesetzlich sanktionierte Mord- und Enteignungsaktion fanden eine Umschichtung und Akkumulierung großer Vermögenswerte in der Hand der Parteigänger und Günstlinge statt. Bei der Versteigerung der eingezogenen Güter fielen die Bodenpreise so sehr, daß Land für den Bruchteil seines Wertes erworben werden konnte. Sofern die Güter der Geächteten nicht losgeschlagen werden konnten, verblieben sie nominell im Eigentum des Staates und wurden in vielen Fällen von den Nutznießern der Umwälzung einfach okkupiert. Mit Übertreibung, aber nicht ohne Anhalt an den tatsächlichen Verhältnissen sagte später Cicero von einem gewissen C. Valgius, daß er sich in der Zeit der Proskriptionen in den Besitz des gesamten Territoriums der Hirpiner in Süditalien gesetzt habe.[7] Damals sind die riesigen Vermögen der späten Republik entstanden, und es ist bezeichnend, daß M. Licinius Crassus, einem prominenten Nutznießer der Proskriptionen, die Äußerung zugeschrieben wird, nur derjenige könne reich genannt werden, der von den Zinsen seines Vermögens eine Armee unterhalten könne.[8]

Für die Ansiedlungen seiner Soldaten griff Sulla auf die Gemarkungen von Gemeinden zurück, die bis zuletzt auf der Seite der Verlierer gestanden hatten. Sulla schuf Platz für die demobilisierten Soldaten von 20 bis 23 Legionen, nach einer neueren Schätzung für 70–80.000 Mann.[9] Angesiedelt wurden sie in geschlossenen Verbänden. Die Gemeinden, die sie aufnehmen mußten, sind teilweise bekannt. Unter Rückgriff auf die einschlägige Bestimmung des gracchischen Agrargesetz wurden die Güter, die den Kolonisten zugewiesen wurden, mit einem Verkaufsverbot belegt. So sollte der Ansiedlungszweck, die Kontrolle Italiens durch eine in Großverbänden dislozierte Bürgerkriegs-

---

6 App. b.c. 1,442 (40 Senatoren und 1.600 Ritter) und Val. Max. 9,2,1 (Gesamtzahl der Opfer: 4.700 Menschen).
7 Cic. De leg. agr. 3,12 ff.
8 Cic. De off. 1,25.
9 Zu Sullas Kolonien s. P. A. Brunt, Italian Manpower, 300–312.

armee, gesichert werden. Die alte Methode, mit der Rom in der Phase seiner Expansion die Herrschaft über die italische Halbinsel begründet hatte, wurde so auf das Ziel angewandt, den Sieg einer Bürgerkriegspartei zu verewigen.

Sullas Vorstellungen einer politischen Reform waren in wesentlichen Punkten am Reformplan des Livius Drusus orientiert.[10] Den Senat brachte er durch einen Pairsschub aus dem Ritterstand auf 600 Mitglieder und gab ihm die richterlichen Funktionen zurück. In der Bürgerrechtsfrage war er klug genug, an der Verteilung der Neubürger auf die 35 Abstimmungskörperschaften im Prinzip nichts mehr zu ändern. Auch in diesem Punkt folgte er dem Konzept des Livius Drusus, dem es ebenso um die Beseitigung des Gegensatzes zwischen römischen Bürgern und Italikern wie zwischen Senatoren- und Ritterstand gegangen war. Der eigentlich originelle Beitrag Sullas lag in der Entmachtung des Amtes, das dazu gedient hatte, ihn seines Kommandos zu entheben, und das er als den Motor der politischen Krisen seit der Gracchenzeit betrachtete. Wie schon im Jahre 88 verfügte er, daß ein Volkstribun nur mit ausdrücklicher Genehmigung des Senats der Volksversammlung Gesetzesanträge zur Abstimmung vorlegen dürfe. Möglicherweise unterwarf er auch das alte Interzessionsrecht dahingehend einer Beschränkung, daß verboten wurde, gegen Senatsbeschlüsse oder magistratische, vom Senat autorisierte Akte zu interzedieren.[11] Schließlich wurde denen, die das Volkstribunat bekleidet hatten, die weitere, zum Konsulat führende Laufbahn ausdrücklich verschlossen. So sollte das Amt jegliche Anziehungskraft für ehrgeizige und talentierte Bewerber verlieren. Es war Sullas Wille, daß das Forum nicht länger der Platz war, auf dem mit Leidenschaft und Demagogie um die Gestaltung der Politik gerungen wurde. Zwar wagte er es nicht, daß durch Tradition und Ideologie geheiligte Volkstribunat, nach römischem Verständnis das Palladium der Bürgerfreiheit, abzuschaffen. Das Recht der Volkstribune, dem einzelnen Bürger gegen magistratische Entscheidungen und Maßnahmen Hilfe zu bringen, das sogenannte *ius auxilii*, blieb erhalten. Die Volkstribune konnten weiterhin auf Anruf der Gerichtsparteien Dekrete

---

10 Vgl. Th. Hantos, Res publica constituta. Die Verfassung des Diktators Sulla, Hermes Einzelschriften 50, Stuttgart 1988.
11 Die Überlieferung ist nicht eindeutig: In Caes. b.c. 1,7,3 wird behauptet, daß Sulla das Recht der Interzession völlig unangetastet gelassen habe, aber in Cic. Verr. II 1,155 ist auf eine Bestimmung des einschlägigen sullanischen Gesetzes angespielt, die das tribunizische Interzessionsrecht einschränkte. Wie das geschah, ist nicht überliefert. Die oben vorgetragene Auffassung ist eine Vermutung, die für sich in Anspruch nehmen kann, daß sie sich zu der erkennbaren Intention der sullanischen Reform fügt. Die Angabe Caesars ist wenig glaubwürdig; sie ist Teil der Diskreditierung seiner Feinde, die es Anfang Januar durchgesetzt hatten, daß der Staatsnotstand gegen ihn ausgerufen und die Interzession der von ihm gekauften Volkstribunen nicht gelten gelassen wurde: vgl. auch Th. Hantos, a.a.O. (s. oben Anm 10) 130–147.

der Gerichtsmagistrate durch ihr Veto kassieren und damit eine Revision der dem Verfahren vor dem Richter zugrunde gelegten magistratischen Prozeßinstruktionen bewirken.¹²

Eine andere Belastung, von der Sulla den Senat befreien wollte, war die Instrumentalisierung der Justiz zu politischen, gegen Senat und Senatoren gerichteten Zwecken. Dieser Zielsetzung diente nicht nur der Ausschluß der Ritter von den Richterbänken, sondern auch eine zusammenfassende Neuordnung der Strafrechtspflege.¹³ Sulla wies sie ständigen Geschworenengerichten zu, deren Zahl er vermehrte. In diesem Zusammenhang erhöhte er auch die Zahl der Praetoren von sechs auf acht und wies ihnen die Aufgabe zu, als Gerichtsherren in Rom zu fungieren. Diese Regelung hatte Konsequenzen für die Administration der Provinzen – Praetoren standen nicht mehr für die Provinzverwaltung zur Verfügung und konnten erst nach Ablauf ihres regulären Amtsjahres mit verlängertem Imperium (*imperium pro praetore*) Statthalterposten übernehmen. Demgegenüber ist die These, daß die Konsuln durch Sulla an die politischen Leitungsfunktionen in Rom gebunden wurden und erst nach Ablauf ihres Amtsjahres in Provinzen gehen durften, ein modernes Konstrukt, erfunden von Theodor Mommsen im Jahre 1856, das den neueren Untersuchungen nicht standgehalten hat.¹⁴ Auch in nachsullanischer Zeit sind Konsuln in vielen Fällen während ihres regulären Amtsjahres in ihre außeritalischen Provinzen gegangen.

Ständige Gerichtshöfe hatte es für eine Reihe von Delikten schon vor Sulla gegeben: Erpressung von Provinzialen (*quaestio de repetundis*), (Gift-)mord sowie für andere Tötungsdelikte und Landfriedensbruch (*quaestio inter sicarios et de veneficis*), Wahlbestechung (*quaestio de ambitu*) sowie Unterschlagung und Entwendung öffentlicher Gelder (*quaestio peculatus*). Es handelte sich also um Straftatbestände, deren Verfolgung im öffentlichen Interesse lag, und es ging fast ausschließlich um politische Delikte. Sulla fügte dem bereits vorgefundenen drei neue Gerichtshöfe für folgende Straftatbestände hinzu: für Fälschungsdelikte wie Falschmünzerei und Testamentfälschung (*quaestio de falsis*), für ehrabschneidende Beleidigungen (*quaestio de iniuriis*) sowie politische Vergehen von Magistraten und Progmagistraten gegen die übergeordneten, den Staat repräsentierenden Organe Senat und Volk (*quaestio maiestatis*). Sulla achtete somit darauf, daß die senatorischen Gerichtshöfe

---

12 Zu dieser Funktion, die für den einzelnen Bürger von großer praktischer Bedeutung war, vgl. W. Kunkel, Bericht über neue Arbeiten zur römischen Verfassungsgeschichte IV., ZRG 77, 1960, 379 f. mit Anm. 55 und 56 = Kleine Schriften, 582 f.
13 Die beste Behandlung dieses Themas wird W. Kunkel verdankt: s. v. Quaestio, in: RE XXIV (1963) 740–769 = Kleine Schriften, 56–74.
14 Daß auch nach Sulla die Konsuln neben der allgemeinen Staatsleitung ein militärisches Kommando aufgrund der Zuweisung einer konsularischen Provinz besaßen, hat A. Giovannini, Imperium consulare, Basel 1983, nachgewiesen.

jurisdiktionelle Handhaben zur Disziplinierung der Magistratur und zur Ahndung von Verstößen gegen die öffentliche Ordnung in die Hand bekamen. So war beispielsweise auch der Gerichtshof, dem die Verfolgung der Tötungsdelikte oblag, die *quaestio de sicariis et veneficis*, auch für die Ahndung des öffentlichen Waffentragens und des bewaffneten Landfriedensbruchs zuständig. Die genannten Straftatbestände wurden unter Rückgriff auf einschlägige Bestimmungen älterer Gesetze zusammenfassend definiert. Ein besonders gefährliches Politikfeld war die Emanzipation der Magistratur bzw. Promagistratur von der Bindung an die übergeordneten Organe des Staates. Deshalb sah das Gesetz, das den ständigen Majestätsgerichtshof konstituierte, bei Androhung von Strafe unter anderem vor, daß Provinzstatthalter ohne Autorisierung durch Senat oder Volk ihr Heer nicht über die Grenze ihrer Provinz führen oder in eines der an der Peripherie liegenden Königreiche einrücken durften. Auch wurde festgelegt, daß Statthalter innerhalb von 30 Tagen nach Eintreffen ihres Nachfolgers ihre Provinz verlassen mußten und ihr Imperium erst mit Überschreiten der geheiligten Stadtgrenze von Rom, dem Pomerium, erlosch.[15] Wie aus einer im Jahre 1970 entdeckten Inschrift aus dem Jahre 101 oder 100 hervorgeht, knüpfte Sulla damit an ein Vorläufergesetz an. Dieses hatte bereits festgelegt, daß Provinzstatthalter ihr Imperium bis zur Rückkehr nach Rom behielten, und es enthält auch die Mitteilung, daß es den Statthaltern gemäß einer älteren *lex Porcia* nicht gestattet war, eigenmächtig die Grenzen der ihnen zugewiesenen Provinz zu überschreiten.[16] Selbstverständlich definierte Sulla auch den Tatbestand der Wahlbestechung in Anknüpfung an die ältere Gesetzgebung neu, und Gleiches gilt auch für seine Gesetze zur Regelung des Tafel- und Gräberluxus sowie zur Normierung der Privatmoral. Überall wird das Betreben deutlich, die Angehörigen der regierenden Klasse einzubinden in die Autorität der Organe des Gesamtstaates und des mit den Mitteln der Gesetzgebung verrechtlichten Väterbrauchs (*mos maiorum*).

Im übrigen war Sulla darauf bedacht, die personelle Ergänzung von Senat und Priesterkollegien nach Möglichkeit allem politischen Streit zu entziehen.[17] Anstelle von zwölf wurden jährlich 20 Quaestoren gewählt, und diese ergänzten Jahr für Jahr den Senat, der auf diese Weise in einer Sollstärke von 600 Mitgliedern gehalten wurde. Das Amt des Zensors, zu dessen Aufgaben auch die Neukonstituierung der Senatsliste gehörte, wurde zwar nicht besei-

---

15 Vgl. Cic. In Pis. 50; Fam. 3,6,3; 1,9,25.
16 Der Neufund wurde publiziert von M. Hassal, M. Crawford und J. Reynolds, Rome and the Eastern Provinces at the End of the Second Century B.C. The So-called ‚Piracy Law' and a new inscription from Cnidos, JRS 64, 1974, 195–220. Der betreffende Passus, Col. III der Inschrift von Knidos, ist auf S. 202, die Übersetzung auf 207 abgedruckt.
17 Vgl. dazu Th. Hantos, a.a.O. (s. oben Anm. 10) 120–129.

tigt, aber doch suspendiert, so daß die Ergänzung der Senatsliste dem Streit befördernden Eingriff der Zensoren entzogen wurde. Für die Priesterkollegien, deren Mitgliederzahl erhöht wurde, hob Sulla die von popularer Seite eingeführte Volkswahl wieder auf, und kehrte zu dem älteren System der Selbstergänzung durch Kooptation zurück.

Die Gesetze des Diktators, die konfliktträchtige Felder der öffentlichen Ordnung zu befrieden suchten, wurden von der Volksversammlung ratifiziert. Dann trat Sulla von dem Ausnahmeamt der Diktatur zurück und bekleidete, um den Übergang in die Normalität der neuen Ordnung zu demonstrieren, im Jahre 80 noch einmal das reguläre Oberamt des Konsulats. Nach dessen Ablauf zog er sich nach öffentlicher Rechenschaftslegung nach Puteoli in das Privatleben zurück. Dort starb er im Jahre 78 mitten in der Arbeit an seinen Memoiren.

So durchdacht seine politischen Maßnahmen zugunsten einer Stabilisierung der Senatsherrschaft erscheinen, so destruktiv wirkten sein Vorbild und die Brutalität seines Vorgehens. Er hinterließ in Italien eine in Kriegsgewinnler und Entrechtete tief gespaltene Gesellschaft, und die Oligarchie, der er die institutionell gesicherte Macht im Staat hinterlassen hatte, war weit entfernt von dem Maß an Standessolidarität und innerer Geschlossenheit, ohne die das politische System nicht funktionsfähig sein konnte. Sullas Methoden hinterließen Not und Erbitterung bei den Unterlegenen und ein schlechtes Gewissen bei vielen optimatisch Gesinnten, die fanden, daß Sulla die bessere Sache zur schlechten gemacht hatte. Rückblickend waren prominente Angehörige der regierenden Klasse parteiübergreifend der Meinung, daß sich der Zustand des römischen Staates und Reiches durch Sullas brutale Intervention zum Schlechteren gewandelt habe (**Q 38**). Die Verlierer der von ihm in Szene gesetzten Umwälzung wünschten nichts sehnlicher als den Sturz seiner Ordnung, und auf der anderen Seite scheuten sich hochgestellte Nutznießer nicht im geringsten, zur Befriedung ihres persönlichen Ehrgeizes das von Sulla hinterlassene Potential an Unzufriedenheit auszubeuten. Hinzu kamen die äußeren Herausforderungen, vor die Rom gestellt wurde: Die Popularen, die den Bürgerkrieg in Italien verloren hatten, bildeten eine Gegenregierung in Spanien, König Mithradates VI. und die Seeräuber, die im Schatten der Fixierung Roms auf seine inneren Probleme die Herrschaft auf dem Meer gewonnen hatten, erforderten große militärische Kraftanstrengungen. Dies alles schuf die Voraussetzungen für den Aufstieg des Pompeius und die schnelle Liquidierung der Kernpunkte der sullanischen Ordnung.

Der Erste Triumvirat.
Vom Machtkartell zum Bürgerkrieg

Die ersten 20 Jahre nach Sullas Tod stehen im Zeichen der außerordentlichen Karriere des Cn. Pompeius, die der von Sulla normierten Ämterlaufbahn stracks zuwiderlief.[18] Ironischerweise war es Sulla, der diese Karriere auf den Weg gebracht hatte. Im Jahre 83 stellte Pompeius ihm eine mit eigenen Mitteln aufgestellte Privatarmee zur Verfügung. Nach dem Sieg in Italien erhielt er, ohne ein Amt bekleidet zu haben, ein außerordentliches Imperium und eroberte in Sullas Auftrag zuerst Sizilien und dann Nordafrika. Danach wagte er einen Akt offener Gehorsamsverweigerung. Gestützt auf seine Soldaten lehnte er es ab, seinem Nachfolger seine vier Legionen zu übergeben, und forderte die Zuerkennung eines Triumphes unter Hinweis auf den Sieg, den er in Afrika über einen numidischen Usurpator errungen hatte. Sulla gab der unerhörten Forderung nach, obwohl bis dahin die Ehre des Triumphes den Inhabern der regulären Amtsgewalt vorbehalten gewesen war. Nach Sullas Tod erwies sich Pompeius dem in Bedrängnis geratenen optimatischen Regime als unentbehrlich. Er war entscheidend daran beteiligt, den Aufstand des Lepidus, eines Sullaners, der sich als Konsul des Jahres 78 die Sache der von Sulla Entrechteten zu eigen gemacht hatte, zu unterdrücken. Und unmittelbar danach beauftragte der Senat notgedrungen den immer noch amtlosen Pompeius mit der Niederwerfung der popularen Gegenregierung, die sich unter der Führung des Sertorius in Spanien etabliert hatte. Als er im Jahre 71 nach Italien zurückkehrte, vernichtete er in Norditalien die Reste der aufständischen Sklaven, die sich in Süditalien unter Führung des Spartacus erhoben hatten und denen M. Licinius Crassus bereits die entscheidende Niederlage beigebracht hatte. In Rom feierte Pompeius, wiederum ohne dem Senat anzugehören, als einfaches Mitglied des Ritterstandes seinen zweiten Triumph. Er galt nominell dem Sieg über Lusitaner und Keltiberer, in Wahrheit aber dem Sieg über die unterlegene Bürgerkriegspartei.

Nach dieser außerordentlichen Karriere war Pompeius nicht bereit, sich den Regularien der normalen Ämterlaufbahn zu unterwerfen. Er wollte unter Umgehung aller Zwischenstufen und des für das Amt festgelegten Mindest-

---

18 Grundlegend ist die ganz aus den Quellen gearbeitete Biographie von M. Gelzer, Pompeius, München 1949, 1959²; Neudruck 1984 (mit Nachträgen). Aus Gelzers Feder stammt auch der wichtige Beitrag über die Anfänge der außerordentlichen Karriere des Pompeius: Cn. Pompeius Strabo und der Aufstieg seines Sohnes Magnus, Abh. d. Preuß. Akad. d. Wiss., philos.-hist. Kl. 1941, Nr. 14 = Kleine Schriften II, Wiesbaden 1963, 106–138. Neuere Gesamtdarstellungen sind J. Leach, Pompey the Great, London 1978; R. Seager, Pompey. A Political Biography, Oxford 1979 und die zweibändige Biographie von P. Greenhalgh, Pompey. The Roman Alexander, London 1980; Pompey. The Republican Prince, London 1981.

alters von 43 Jahren sogleich Konsul werden, und er verband sich zu diesem Zweck mit Crassus, einem Sullaner, der die Proskriptionen zur Anhäufung eines riesigen Vermögens genutzt hatte. Um eine möglichst breite Unterstützung zu gewinnen, setzten beide sich an die Spitze der revisionistischen Bewegung gegen die sullanische Ordnung.[19] Ihr Wahlprogramm sah die Wiederherstellung der alten Rechte des Volkstribunats und der Zensur vor, daneben eine Reform der Richterliste, die den Ritterstand und die nächstfolgende Vermögensklasse der Zensusordnung, die sogenannten Aerartribunen, zum Zuge kommen ließ, sowie die Restitution der Anhänger des Lepidus. Damit hatten die beiden Kandidaten Erfolg, und in ihrem gemeinsamen Konsulat zerschlugen die ehemaligen Sullaner die Grundpfeiler, auf denen ihr Meister seine Staatsordnung gegründet hatte.

Mit dieser politischen Kehrtwendung machte Pompeius sich unter den Optimaten keine Freunde, und es minderte deren Vorbehalte nicht, als er mit Hilfe des in seine alten Rechte wieder eingesetzten Volkstribunats daranging, sich die großen Militärkommandos gegen die Seeräuber (*lex Gabinia* des Jahres 67) und gegen König Mithradates VI. von Pontos (*lex Manilia* des Jahres 66) übertragen zu lassen (**Q 39**). Pompeius bewältigte beide Aufträge mit durchschlagendem Erfolg. Er gewann dem Römischen Reich im Osten einen großen territorialen Zuwachs und organisierte drei neue Provinzen: Bithynien, Syrien und Kilikien. Die Staatseinnahmen stiegen dadurch von 50 auf 135 Millionen Denare,[20] ganz abgesehen von der unermeßlichen Beute, die wenigstens teilweise in die Staatskasse und die Tempel Roms gelangte (**Q 40**). Über den anderen Teil verfügte der siegreiche Feldherr ebenso wie über die Zahlungen, mit denen Könige und Dynasten ihnen günstige Regelungen bei der Neuordnung des Ostens erkauften. An seinen Gewinnen beteiligte er seine Unterfeldherren, Offiziere und Soldaten,[21] und er trat überall, wo er hinkam, als Wohltäter von Städten und Einzelpersonen auf. Im Osten und in Spanien gewann er so eine große Klientel. Schon Cicero hob in einer öffentlichen Rede seine Autorität bei auswärtigen Völkern hervor, und er selbst rühmte sich später seiner Könige und Völker umfassenden Klientel.[22]

Als er Ende 62 nach Italien zurückkehrte, ging die Furcht um, daß er wie Sulla an der Spitze seiner Armee die Macht ergreifen und in einem neuen

---

19 Im Jahre 75 beseitigte der Konsul C. Aurelius Cotta per Gesetz den Ausschluß der Volkstribune von der weiterführenden Ämterlaufbahn, in den folgenden Jahren steigerte sich dann die Agitation für die Wiederherstellung des Volkstribunats und eine Reform der sullanischen Richterliste. Sie wurde getragen von den Volkstribunen L. Quinctius (74), C. Licinius Macer (73) und M. Lollius Palicanus (71).
20 Plut. Pomp. 45,4; Plin. N.H. 37,16 ; vgl. App. Mithr. 570.
21 App. Mithr. 565.
22 Cic. De imp. Cn. Pomp. 43–46 ; Dolabella in Cic. Fam. 9,9,2.

Umsturz der Besitzverhältnisse Raum für die Ansiedlung seiner Soldaten schaffen werde. Aber Pompeius glaubte, seine Ziele in Verhandlungen und letztlich im Einvernehmen mit dem Senat erreichen zu können. Er entließ seine Soldaten, und im politischen Kleinkrieg waren seine Gegner und Neider dem großen Organisator des Krieges, der auf den Spuren Alexanders des Großen gewandelt war, eindeutig überlegen. Weder die Versorgung seiner Veteranen noch die Ratifikation seiner Regelungen im Osten konnte er durchsetzen. Im Jahre 60 stand er vor dem Zusammenbruch seiner überragenden Machtstellung.

In dieser Situation kam eine Absprache zwischen Pompeius, Crassus und Caesar zustande, die neben der Generalklausel, daß keiner der Verbündeten gegen die Interessen der beiden anderen handeln solle, auf das Geschäft hinauslief, daß Caesar als Konsul des Jahres 59 im Interesse des Pompeius die Versorgung der Veteranen und die Ratifikation der Verfügungen im Osten durchsetzte und dafür ein großes, seine Karriere beförderndes Militärkommando erhielt.[23] Caesar war auf diesen Handel ebenso dringend angewiesen wie Pompeius. Denn auch er war dem harten optimatischen Kern wegen seiner popularen Aktionen verdächtig, und um ihn als Konsul unschädlich zu machen und seiner weiteren Karriere zu schaden, hatte der Senat ihm einen unattraktiven und keine materiellen Gewinne versprechenden Aufgabenbereich zugewiesen: eine Revision der in Italien gelegenen staatlichen Weideflächen und Viehtriften. Caesar aber wollte ein großes Militärkommando, um das zu erhalten, was in der damaligen Politik am meisten zählte, Geld und Soldaten, und daran war nicht in den Niederungen der stadtrömischen Politik, sondern nur durch das Mittel der großen Militärkommandos zu kommen. Im Gegensatz zu vielen seiner Standesgenossen hatte Caesar die Lektion gelernt, die die Karriere des Pompeius bot.

Caesar kannte im Unterschied zu Pompeius keine legalistischen Bedenken bei der Durchsetzung seiner Ziele. Für den Fall, daß er sich mit der Senatsmehrheit nicht einigen konnte, war er bereit, seinen Willen gegen den Senat durchzusetzen. Die Mittel der legalen Obstruktion, deren sich sein optimatischer Mitkonsul M. Bibulus bediente, konterkarierte er durch Nichtbeachtung oder Einsatz von Gewalt.[24] Damit machte er sich alle überzeugten Optimaten zu Todfeinden. So wurde in Caesars Konsulat die Voraussetzung für den zehn Jahre später ausbrechenden Bürgerkrieg geschaffen. Dem Senat zwang er mit Hilfe der Volksversammlung und handfester Unterstützung

---

23 Zum Charakter des sogenannten Ersten Triumvirats s. H. A. Sanders, The So-called First Triumvirate, Memoirs of the Am. Acad. in Rome 19, 1932, 55–68.
24 Zu Caesars erstem Konsulat s. Chr. Meier, Zur Chronologie und Politik in Caesars erstem Konsulat, Historia 10, 1961, 68–98 und L. R. Taylor, The Dating of Major Legislation and Elections in Caesar's First Consulship, Historia 17, 1968, 173–193.

durch Pompeius' Veteranen seinen Willen auf: Das erste Agrargesetz bestimmte, daß in Italien Land zum Marktpreis aufgekauft und zur Finanzierung die Geldmittel, die Pompeius aus der Beute in die Staatskasse eingezahlt hatte, sowie die Einnahmen aus den neuen von ihm geschaffenen Provinzen verwendet werden sollten. Dann gab ein tribunizisches Gesetz Caesar ein Kommando im Diesseitigen Gallien und im Illyricum für die Zeit bis zum 1. März 55.[25] Ein Senatsbeschluß fügte noch das Jenseitige Gallien hinzu. Caesar setzte in den ersten Monaten seines Konsulats noch die Annahme weiterer Gesetze durch: den Steuerpächtern der Provinz Asia wurde ein Teil der Steuerpacht erlassen; die Verfügungen des Pompeius im Osten wurden ratifiziert; für das Gesetz, das König Ptolemaios XII. Auletes, den Herrscher Ägyptens, als König und Freund des römischen Volkes anerkannte, erhielten Caesar und Pompeius von seiten des Königs die Zusage einer Zahlung von 6.000 Talenten (= 36 Mio. Denare);[26] und ein zweites Agrargesetz bestimmte zum Nutzen der römischen Plebs, daß die große kampanische Staatsdomäne an 20.000 bedürftige Familienväter mit drei und mehr Kindern verteilt werden sollte.

In den Augen der Optimaten und ihrer Gesinnungsgenossen zählte nicht der von modernen Historikern oft gerühmte sozialpolitische Weitblick der Agrargesetze, sondern vor allem ihre instrumentale Bedeutung als Mittel zur Schaffung einer großen Klientel.[27] Der Verdacht ging dahin, daß alle Maßnahmen nur ein Vorspiel zur Errichtung der Alleinherrschaft des Pompeius seien (**Q 41**). Aber das war nicht der Fall. Auch als Caesar sein Kommando in Gallien angetreten hatte, war Pompeius weit davon entfernt, die politische Szene in Rom zu beherrschen. Daran wurde er schon durch die Umtriebe des P. Clodius gehindert, der als Volkstribun des Jahres 58 die kostenlose Getreideversorgung für die stadtrömische Plebs einführte und ihr durch sein Vereinsgesetz die organisatorische Struktur gab, die es ihm erlaubte, die Massen zu mobilisieren – nicht zuletzt um Cicero, seinen persönlichen Feind, und Pompeius zu drangsalieren, der zu Clodius' Ärger damit beauftragt wurde, die versprochene Versorgung der Stadtbevölkerung mit Getreide zu organi-

---

25 Die Terminierung ergibt sich aus Cic. De prov. cons. 36f. Näheres dazu bei K. Bringmann, Das „Enddatum" der gallischen Statthalterschaft Caesars, Chiron 8, 1978, 348ff. = Ausgewählte Schriften, 254ff. Das dort irrtümlicherweise genannte Jahr 54 ist durch 55 zu ersetzen.
26 Suet. Caes. 54,3. Wenige Jahre später zahlte der König dem Statthalter von Syrien A. Gabinius, der ihn nach Alexandria zurückführte, weitere 2.500 Talente. Das notwendige Silber verschaffte er sich bei römischen Bankiers, so bei C. Postumius Rabirius (cgl Cic. Pro Rab. Post. 4) und letztlich durch drastische Reduzierung des Silbergehalts der in Ägypten umlaufenden Münzen von 90% auf 30%: vgl. H.-Chr. Noeske, Die Münzen der Ptolemäer, Schriften des Historischen Museums, Frankfurt a. M. 21, 2000, 25.
27 Vgl. M. Gelzer, Caesar. Der Politiker und Staatsmann, Wiesbaden 1960[6], 73.

sieren (**Q 42**). Die Turbulenzen der stadtrömischen Politik der 60er und 50er Jahre sind dank der Briefe und Reden Ciceros verhältnismäßig gut, wenn auch einseitig aus dessen Sicht bekannt, aber es ist nicht leicht, sich auf das Tagesgeschehen einen Vers zu machen. Es hat den Anschein, daß spektakuläre Aktionen wie die Verschwörung des Catilina, die Cicero im Jahre 63 aufdeckte, oder die Umtriebe des Clodius letztlich von persönlichen Geltungsansprüchen ehrgeiziger Aristokraten getragen wurden. Was Catilina anbelangt, so besitzen wir noch den Brief, in dem er die Wahrung seines Ranges als die eigentliche Ursache zu erkennen gibt, die ihn bestimmte, sich im Jahre 63 die Sache der Verschuldeten und Gescheiterten zu eigen zu machen und einen Putschversuch zu unternehmen (**Q 43**).

Tatsächlich waren es nicht die Turbulenzen in Rom, sondern die Machtverschiebung zwischen Pompeius und Caesar, die das Schicksal der Republik besiegelte. Der harte optimatische Kern des Senats setzte auf die Sprengung des Dreibundes, um die offene Rechnung mit Caesar zu begleichen. Zwar scheiterte im Jahre 56 ein erster Versuch zur Revision des zweiten caesarischen Agrargesetzes und zu seiner Abberufung aus Gallien. Caesar brachte eine Erneuerung des Dreibundes zu folgenden Bedingungen zustande:[28] Pompeius und Crassus sollten im Jahr 55 ihr zweites Konsulat bekleiden und dafür sorgen, daß Caesars Kommando verlängert wurde. Auch ihnen wurde als Ausgleich ein großes außerordentliches Kommando in Aussicht gestellt. Realisiert wurde dies durch ein heftig umkämpftes tribunizisches Gesetz, die *lex Trebonia*. Pompeius wurden für fünf Jahre die spanischen Provinzen, Crassus Syrien zugesprochen. Dann sicherten die beiden Konsuln ihrem Verbündeten die Verlängerung seines Kommandos in Gallien, indem sie per Gesetz Beratungen des Senats über seine Nachfolge bis zum 1. März 50 verbieten ließen. Das bedeutete, daß bis zur Festlegung der konsularen Provinzen des Jahres 49 Caesars Stellung unangreifbar gemacht war. Zum ersten Mal zeichnete sich die Möglichkeit ab, daß mittels der Verfügung über die großen Militärprovinzen des Reiches die Macht im Staat zu Lasten der Dispositionsfreiheit des Senats langfristig von einzelnen Machthabern okkupiert wurde. Cicero reagierte damals mit Äußerungen, die ebenso seine politische Resignation wie seine Selbsttäuschung über die ihm verbliebenen Möglichkeiten widerspiegeln (**Q 44**).

Doch das Machtkartell des Dreibundes löste sich auf. Crassus verlor im Jahre 53 auf dem ohne triftigen Grund unternommenen Feldzug gegen das Partherreich die Schlacht bei Carrhae und fand kurz darauf den Tod. Im Unterschied zu Crassus blieb Pompeius in der Nähe von Rom und ließ das Kommando über seine Truppen und die Verwaltung seiner beiden spanischen

---

28 E. S. Gruen, Pompey, the Roman Aristocracy, and the Conference of Luca, Historia 18, 1969, 71–108.

Provinzen durch weisungsgebundene Legaten wahrnehmen. Zu einer effektiven Kontrolle der stadtrömischen Politik war er jedoch ebensowenig wie früher in der Lage. Rom versank scheinbar im Chaos der Bandenkriege zwischen popularen und optimatischen Schlägertrupps unter Führung des P. Clodius und des T. Annius Milo.[29] Mehrfach war es deswegen unmöglich, reguläre Konsulwahlen abzuhalten. Als zu Beginn des Jahres 52 Clodius bei einer der Schlägereien zu Tode kam, einigte sich der Senat mit Pompeius auf Maßnahmen zur Wiederherstellung von Ruhe und Ordnung. Pompeius wurde zwar nicht Diktator zur Neuordnung des Staates – dieser damals virulente Gedanke fand Eingang in den Schlußmythos von Ciceros 52/51 verfaßter Schrift „Über den Staat"[30] -, aber er wurde zunächst für zwei Monate alleiniger Konsul.[31] Unmittelbar nach seiner Wahl brachte er zwei Gesetze zur wirksamen Bekämpfung politisch motivierter Gewalttätigkeit und Wahlbestechung ein. Eine ganze Reihe von Schuldigen und Belasteten wurde infolge dieser Gesetze verurteilt. Im August ließ Pompeius seinen Schwiegervater Q. Caecilius Metellus Scipio (die Tochter Caesars, seine frühere Frau, war 54 gestorben) zu seinem Kollegen wählen, und gemeinsam gingen beide Konsuln daran, die gefährdete Ordnung des Staates durch Reformgesetze zu stabilisieren. Zur Bekämpfung der unsäglichen Korruption, die sich aus der Prämiierung der unter großem finanziellen Aufwand gewonnenen Wahlen mit der Zuweisung einträglicher Provinzen eingestellt hatte, verfügte ein Gesetz, daß zwischen der Amtsführung in Rom und der Ausübung eines Provinzkommandos mindestens fünf Jahre liegen mußten, und ein anderes normierte das Amtsrecht und schärfte in diesem Zusammenhang die alte Regel erneut ein, daß Kandidaten sich persönlich zur Wahl in Rom einzufinden hätten. Das rief Caesar auf den Plan. Denn Pompeius hatte zwar das Gesetz der zehn Volkstribunen des Jahres 52 unterstützt, das Caesar das Privileg der Bewerbung in Abwesenheit sicherte, aber nun war die Frage, ob nicht das allgemeine Gesetz das spezielle Privileg hinfällig machte. Pompeius ließ zwar eigenmächtig aufgrund der Vorstellung seines Verbündeten einen Passus in das Gesetz einfügen, der Caesar von der allgemeinen Bestimmung ausnahm. Aber damit war selbstverständlich die Rechtsverbindlichkeit des Zusatzes nicht gesichert. Caesar seinerseits legte den größten Wert darauf, daß zwischen sei-

---

29 Vgl. W. Nippel, Aufruhr und ‚Polizei' in der römischen Republik, Stuttgart 1988, 128–152 mit den kritischen Bemerkungen von K. Bringmann, in: GGA 243, 1991, 180–182.
30 In dem Schlußmythos, dem ‚Traum Scipios', ist davon die Rede, daß der jüngere Scipio Africanus dazu bestimmt sei, als Diktator der durch Tib. Gracchus heraufbeschworenen Krise ein Ende zu bereiten: Cic. De re publ. 6,12. Das ist eine Rückspiegelung der in den 50er Jahren in Rom diskutierten Möglichkeit einer Krisenbewältigung durch Rückgriff auf die Diktatur.
31 Zum dritten Konsulat des Pompeius s. die oben in Anm. 18 genannten Biographien.

nem Prokonsulat und dem für das Jahr 48 angestrebten zweiten Konsulat keine amtlose Periode eintrat, in der er in Rom von seinen geschworenen Feinden gerichtlich zur Verantwortung gezogen werden könnte; denn die hatten keinen Zweifel daran gelassen, daß sie ihn wegen seiner eklatanten Rechtsverletzungen vor Gericht ziehen und seiner politischen Existenz ein Ende bereiten würden.

Die Gefahr war um so größer, als Pompeius sich seit dem Jahr 52 zunehmend seinem Verbündeten entfremdete und sich den Optimaten um M. Cato annäherte, die zwar Pompeius mißtrauten, ihn aber für ihre Zwecke benutzen wollten. Der Hauptgrund der Entfremdung war die Verschiebung der Machtbalance zugunsten Caesars. Dessen militärische Erfolge und die Verwendung der reichen Mittel, die ihm der brutale Eroberungskrieg in Gallien einbrachte, zur politischen Einflußnahme (**Q 45**) bedrohten die Führungsrolle, auf die Pompeius als Seniorpartner des Dreibundes Anspruch erhob, obwohl er ihr wenig gewachsen war. Jedenfalls näherte er sich den Feinden Caesars. Im Jahre 52 wurden ihm keine Schwierigkeiten bereitet, als er sein eigenes Kommando um weitere fünf Jahre verlängern ließ. Aber als Caesar daraufhin das Gesuch an den Senat richtete, daß sein Kommando in Gallien bis zum Beginn seines zweiten Konsulats verlängert werde, ließ sich der Senat darauf nicht ein. Ja, der Konsul M. Claudius Marcellus nahm den Vorstoß Caesars zum Anlaß für den Antrag, Caesar abzulösen und sein Privileg der Bewerbung in Abwesenheit zu annullieren. Aber eine Ablösung Caesars zu diesem Zeitpunkt verstieß gegen die gesetzlich auf den 1. März 50 terminierte Beratungssperre. Darauf verwies auch Pompeius, aber er ließ durchblicken, daß er nach diesem Termin einen Beschluß zur Abberufung Caesars mittragen werde. So wurden am 29. September 51 mehrere Beschlüsse gefaßt, die die Weichen für eine Abberufung Caesars nach dem 1. März 50 stellen sollten (**Q 46**).

Caesar nahm den Kampf auf, und er kaufte sich in Gestalt des Konsuls L. Aemilius Paullus und des Volkstribuns C. Scribonius Curio für die enormen Summen von 9 und 2,5 Mio. Denaren zwei Sachwalter seiner Interessen. Als beste Investition erwiesen sich die Aufwendungen für Curio. Nach dem 1. März 50 verstand er es, durch Gegenvorstellungen eine Entscheidung über Caesars Abberufung zu verhindern.[32] Aber der Streit eskalierte. Vom Standpunkt der Optimaten aus gesehen ging es um die prinzipielle Frage, ob ein widersetzlicher Prokonsul dem Senat als dem legitimen Regierungsorgan die Bedingung seiner Abberufung vorschreiben dürfe, um sich der Verantwortung für seine Rechtsverstöße entziehen zu können, für Caesar um die Wahrung seines politischen Ranges und seines Privilegs einer Bewerbung in Ab-

---

32 Zu seiner Person und seinem Tribunat s. M. H. Dettenhofer, Perdita Iuventus. Zwischen den Generationen von Caesar und Augustus, Vestigia 44, München 1992, 34–63.

wesenheit. Caesar war in der Verfolgung seines Ziels taktisch flexibler als seine Feinde: Er wollte den Frieden bewahren, aber nur, wenn dies zu seinen Bedingungen möglich war. In dieser verfahrenen Situation lief alles auf einen Bürgerkrieg hinaus (**Q 47**). Zu Beginn des Jahres 49 brach er aus. Er war der Anfang vom Ende der römischen Republik.

Der Staat des Diktators Caesar

In der Nacht vom 10. auf den 11. Januar 49 überschritt Caesar den Rubico, den Grenzfluß seiner Provinz und fiel in Italien ein.[33] Da seine Gegner auf seine Friedensvorschläge nicht eingehen wollten, mußte er einen Blitzkrieg führen, um zu verhindern, daß die gesamte Wehrkraft Italiens gegen ihn mobilisiert wurde. Caesar erreichte in der Anfangsphase des Krieges dieses Minimalziel. Pompeius und die Regierung entkamen über die Adria nach Griechenland.

---

33 Grundlage jeder wissenschaftlichen Beschäftigung mit Caesar ist die Biographie M. Gelzers in der 6. Auflage von 1960. Sie ist vollständig aus den Quellen gearbeitet. Das genaue und faktengesättigte Buch präsentiert Caesar als großen Staatsmann und tritt insofern in Widerspruch zu der Tendenz der Quellen, in denen der Standpunkt der Gegner Caesars (dem Gelzer übrigens Gerechtigkeit widerfahren zu lassen bemüht ist) dominiert. Von den zeitgenössischen Quellen ausgehend hat H. Strasburger seinem Lehrer widersprochen (s. dazu unten 92 Anm. 5), aber dieser Widerspruch bleibt zu eng dem parteiischen Standpunkt von Zeitgenossen verhaftet, als daß er dem Problem Caesars Genüge tun könnte. Die Caesarbiographie Chr. Meiers (Berlin 1982; 1986²) sucht den Zugang zur Person Caesars von dem Entschluß zum Bürgerkrieg her, den Caesar, so Meier zu Recht, um der Wahrung seines Ranges willen und ohne darüber hinausgehende politische Zielsetzung eröffnete, und zeichnet den Diktator als einen Herrscher, der Macht in den Verhältnissen, aber nicht über die Verhältnisse gewann. Demgegenüber wird neuerdings wieder betont, daß Caesar ein in die Zukunft gerichtetes staatsmännisches Ziel verfolgte, nämlich auf den Trümmern der Republik eine monarchische Ordnung zu errichten, entweder unter dem Titel eines Diktators auf Lebenszeit – so M. Jehne, Der Staat des Diktators Caesar, Passauer Historische Forschungen 3, Köln – Wien 1987 – oder zusätzlich unter Rückgriff auf eine sakral legitimierte Monarchie: so W. Dahlheim, Iulius Caesar. Die Ehre des Kriegers und der Untergang der Römischen Republik, München 1987. Das jüngst erschienene Buch von L. Canfora, Giulio Cesare. Il dittatore democratico, Rom – Bari 1999 = dt. Caesar. Der demokratische Diktator, München 2001, rückt Caesar, wie der Titel verrät, wieder in die an Th. Mommsens Caesarbild erinnernde Perspektive. Für alle Aspekte der über 2000jährigen Auseinandersetzung mit der Person und der geschichtlichen Rolle Caesars ist auf das kenntnisreiche, souverän geschriebene Buch K. Christ zu verweisen: Caesar. Annäherungen an einen Diktator, München 1994. – Zu Caesars Bürgerkrieg s. K. Raaflaub, Dignitatis contentio. Studien zur Motivation und zur politischen Taktik im Bürgerkrieg zwischen Caesar und Pompeius, Vestigia 20, München 1974; über die ältere Spezialliteratur, auch über die zu den militärischen Operationen, orientiert H. Gesche, Caesar. Erträge der Forschung 51, Darmstadt 1967; 1980³.

Pompeius plante, mit seinen Armeen im Osten und in Spanien Caesar in einen Zweifrontenkrieg zu verwickeln und Italien zurückzuerobern. Dazu kam es jedoch nicht. Caesar schaltete in einem brillanten Feldzug durch geschicktes Manövrieren die Heere des Pompeius in Spanien aus und verbesserte damit seine strategische Lage erheblich. Zwar erlitten zwei seiner Unterfeldherren katastrophale Niederlagen in Nordafrika und Illyrien, doch gelang es ihm im Jahr 48, den Kriegsschauplatz nach Griechenland zu verlegen. Nach wechselvollen Kämpfen bei Dyrrhachium, bei denen er an den Rand einer Niederlage geriet, gewann er die entscheidende Schlacht von Pharsalos. Pompeius floh nach Ägypten und wurde auf Befehl der ptolemäischen Regierung umgebracht, als er in Alexandria landen wollte. Doch damit war der Bürgerkrieg nicht zu Ende. Zwar gaben nach der Schlacht von Pharsalos viele Republikaner die Sache des Pompeius verloren, aber der harte Kern der Feinde Caesars setzte den Kampf fort. Im Jahr 46 mußte Caesar das neue republikanische Widerstandszentrum in Nordafrika vernichten, im folgenden Jahr das spanische, aber an der Peripherie erreichte er keine Befriedung. In Spanien stellte Sex. Pompeius, der Sohn des ehemaligen Verbündeten Caesars, eine neue Armee auf, mit der er bis zum Sommer 44 den Süden und Südosten der iberischen Halbinsel gewann, und in Syrien gelang es einem Offizier des Pompeius, Q. Caecilius Bassus, mit Hilfe eines parthischen Heeres Caesars Unterfeldherren vor Apameia auszumanövrieren. Deshalb plante Caesar in den letzten Monaten seines Lebens einen neuen Ostfeldzug. Doch vor seiner Abreise setzte ein Attentat seinem Leben ein Ende. Das Attentat war die Fortsetzung des Bürgerkriegs mit anderen Mitteln. Caesar hatte alle Feldzüge gewonnen, soweit er sie persönlich führte, aber den Frieden konnte er bis zuletzt nicht gewinnen.

Dieses Scheitern erklärt sich nicht zuletzt daraus, daß es ihm nicht gelang, die Anerkennung des führenden Ranges, auf den er Anspruch erhob, von seiten der Nobilität zu erlangen. Bei der Fortdauer des offenen Widerstandes bzw. der in der alten regierenden Klasse verbreiteten Verweigerungshaltung konnte er gar nicht anders, als die äußere Macht, die er mit militärischen Mitteln gewonnen hatte, bei Strafe des Untergangs festzuhalten. Politische Reformpläne hatte er nicht, als er den Bürgerkrieg eröffnete. Es ging ihm zunächst nur darum, ungefährdet den Konsulat des Jahres 48 zu erreichen; danach hätte er sich im Vertrauen auf sein überlegenes politisches Geschick schon weitergeholfen. Obwohl er ursprünglich nicht das Ziel verfolgte, die Staatsgewalt auf Dauer zu okkupieren, endete sein Weg in der Alleinherrschaft. Er soll zuletzt offen gesagt haben, Sulla sei ein Analphabet gewesen, daß er die Diktatur niedergelegt habe.[34] In dieser Auffassung mag ihn die Erfahrung bestärkt haben, daß von Sullas Ordnung innerhalb weniger Jahre kein Stein auf dem anderen geblieben war. Als einem Verfolgten der sullani-

---

34 Suet. Caes. 77.

schen Umwälzung war ihm auch klar, daß zu Sullas politischem Scheitern der brutale Terror beigetragen hatte, auf den er seine Neuordnung gegründet hatte. In diesem Punkt ging Caesar nach Ausbruch des Bürgerkriegs einen anderen Weg. Er setzte auf den Opportunismus der Menschen, die froh waren, durch seine Milde, die er programmatisch im Munde führte,[35] Leben und Besitz aus dem Schiffbruch des Bürgerkriegs zu retten. Da er kein eigenes politisches Programm verfolgte, sondern lediglich die Anerkennung seines Ranges als Kriegsziel verfocht, war sein Vorgehen nur konsequent. Aber Ziel (Wahrung der eigenen *dignitas*) und Mittel (Bürgerkrieg gegen die Regierung) standen in einem so grotesken Mißverhältnis, daß alle Milde und Bereitschaft zur Versöhnung die Angehörigen der Gegenpartei innerlich nicht gewinnen konnten. Wer äußerlich seinen Frieden mit dem Sieger machte, war von schlechtem Gewissen geplagt, und wie in den Kreisen der Gegenpartei wirklich gedacht wurde, kam zutage, als Caesars hartnäckigster Gegner, M. Porcius Cato, sich im Jahre 46 nach Caesars Sieg in Nordafrika weigerte, seine Gnade anzunehmen, und sich in Utica selbst umbrachte.[36] Caesar sah sich herausgefordert, die rühmenden Nachrufe, die Cicero und Brutus dem unbeugsamen Republikaner widmeten, mit dessen Verunglimpfung zu beantworten. Er wußte genau, daß das Tischtuch zwischen ihm und den Repräsentanten der alten regierenden Klasse zerschnitten war und er ihnen zutiefst verhaßt war. So konnte er die Macht bei Gefahr des eigenen Untergangs nicht mehr loslassen, und er mochte sich einreden, daß, nachdem so viele Interessen seiner Parteigänger und seiner Soldaten mit seinem Schicksal verbunden waren, jedermann seine persönliche Sicherheit als letzten Damm vor dem Ausbruch eines neuen, noch verheerenderen Bürgerkriegs betrachten müsse.[37]

Im Jahre 49 war jedoch alles dem Ziel des Konsulats untergeordnet, nicht zuletzt die Wahldiktatur, die er im Dezember 49 bekleidete, damit bei Abwesenheit der Konsuln überhaupt Konsulwahlen stattfinden konnten.[38] Als nach dem Sieg über Pompeius absehbar wurde, daß er im Jahre 48 nicht mehr nach Rom zurückkehren würde, ernannte ihn sein dort anwesender Kollege,

---

35 Caesar setzte ein Zeichen, als er prominente Feinde, die ihm in Corfinium in die Hände gefallen waren, demonstrativ begnadigte und freiließ, und er unterstützte die propagandistische Wirkung dieses wohlkalkulierten Aktes der Großzügigkeit durch einen an seine Agenten Oppius und Balbus gerichteten offenen Brief. Die Cicero überlassene Abschrift ist uns erhalten geblieben: Cic. Att. 9,7C.
36 Er faßte seine Weigerung in die Worte: ‚Wollte ich durch Caesars Gnade mein Leben retten, so brauchte ich nicht mehr zu tun, als selber zu ihm zu gehen. Aber ich mag dem Tyrannen für seine Mißachtung der Gesetze nicht auch noch Dank schuldig sein. Denn er mißachtet die Gesetze, wenn er als Herr und Gebieter Menschen begnadigt, über die ihm keine Gewalt zusteht.' (Plut. Cato Utic. 66,2).
37 Vgl. seine Worte bei Suet. Caes. 86,2.
38 Zu dieser Konstruktion s. J. Jahn, Interregnum und Wahldiktatur, Frankfurter Althistorische Studien 3, Kallmünz 1970, 32 ff.; zu Caesars Wahldiktatur s. 181–186.

der Konsul P. Servilius Isauricus, im September erneut zum Diktator, und Caesar bestimmte seinerseits M. Antonius zu seinem weisungsgebundenen Stellvertreter, zum *magister equitum*. Dieser führte den größten Teil des siegreichen Heeres nach Italien zurück und leitete im Auftrag Caesars die laufenden Geschäfte in Rom und Italien. So behielt Caesar in Abwesenheit die letzte Kontrolle über Staat und Reich. Erst Anfang Oktober 47 kehrte er aus dem Osten zurück und ließ zwei seiner Anhänger für den Rest des Jahres sowie sich selbst und den späteren Triumvirn M. Aemilius Lepidus für das folgende Jahr zu Konsuln wählen. Dann legte er die Diktatur nieder.

Im Frühjahr 46 brach er zum Feldzug gegen die Republikaner nach Nordafrika auf, und als er am 25. Juli 46 wieder in Rom eintraf, hatte ihm der Senat neben zahlreichen anderen Ehrungen die Diktatur für zehn Jahre übertragen. Die so gewonnene Macht, die Caesar vom üblichen Kleinkrieg gegen die Methoden der politischen Obstruktion befreite, machte den Weg für eine Auflösung des Reformstaus frei. Einzelne Maßnahmen hatte Caesar bereits im Jahre 49 getroffen. Diese dienten im wesentlichen der Verbreiterung seiner Anhängerschaft oder waren aus der Not geboren wie die Regulierung des durch den Bürgerkrieg verschärften Schuldenproblems.[39] Als er nach seinem Sieg in Nordafrika sich für einige Monate in Rom aufhielt, leitete er eine Serie innerer Reformen ein (**Q 48**). Neben technokratischen Verbesserungen wie der epochalen Kalenderreform knüpften sie an die Maßnahmen an, mit denen Pompeius in seinem dritten Konsulat eine innere Stabilisierung der Republik einzuleiten versucht hatte. Caesar ging daran, die Zahl der Getreideempfänger drastisch zu vermindern, um die Belastung der Staatskasse zu erleichtern und der Gewalt der Straße den Nährboden zu entziehen. Nicht zuletzt um dieses Zieles willen plante er eine großangelegte Kolonisation in Übersee. Der Verminderung der *plebs frumentaria* entsprach das Verbot der Nachbarschaftsvereine, die der Volkstribun Clodius zur organisatorischen Grundlage für die Mobilisierung der Straße gemacht hatte, und mit seinen Koloniegründungen verknüpfte Caesar die beiden traditionellen Gesichtspunkte der Versorgung Bedürftiger und der strategischen Herrschaftssicherung. Während bei der Neugründung von Korinth und Karthago der erste Gesichtspunkt im Mittelpunkt stand, ging es beispielsweise bei der Anlage der Bürgerkolonien von Ludgunum (Lyon) und von Raurica (Augst) am Hochrhein eher um den an zweiter Stelle genannten Zweck. In der kurzen Lebenszeit, die Caesar noch blieb, brachte er vieles auf den Weg, vollenden konnte er nur weniges. Die beiden Kolonien Lugdunum und Raurica wurden erst nach Caesars Ermordung von dem Statthalter Galliens L. Munatius Plancus deduziert, und in Spanien setzte der Konsul M. Antonius das in der Kanzlei Caesars ausgear-

---

39 Vgl. dazu M. W. Frederiksen, Caesar, Cicero and the Problem of Debt, JRS 56, 1966, 128–141.

beitete Stadtrecht der Colonia Genetiva Iulia in Urso (Osuna) ebenfalls erst nach den Iden des März in Kraft.[40]

Der Befriedung des innenpolitischen Raumes diente nicht zuletzt auch die Beseitigung des politischen Konkurrenzkampfes: Wahlen schaffte Caesar zwar nicht ab, aber der Diktator übernahm in der Funktion als Wahlleiter und aufgrund eines ihm erteilten Empfehlungsrechts die Regie. Und was die Gesetzgebung anbelangt, so wurden der Volksversammlung nur auf seine Initiative hin Anträge vorgelegt. Vermutlich in der Absicht die Bestechlichkeit der Richter zu bekämpfen strich er die Klasse der Aerartribunen wieder aus der Richterliste und konstituierte die nur noch mit Senatoren und Rittern besetzten Gerichte neu. Ganz im Sinne der Ermahnung, die Cicero im September 46 an ihn richtete, trug er somit für den Neubeginn einer geordneten Rechtspflege Sorge. Ja, er griff sogar auf den Plan zurück, mit dem Pompeius sich in seinem dritten Konsulat getragen hatte, den unübersichtlichen Rechtsstoff in einer zusammenfassenden Kodifikation zu ordnen.[41] Nicht nur in diesem Punkt führte Caesar das auf eine innere Befriedung gerichtete Programm des Pompeius fort, er knüpfte auch an dessen Normierung des Amtsrechts mit dem Ziel an, die Gefahrenquelle zu beseitigen, die der politischen Ordnung von seiten der Verselbständigung der Promagistratur erwachsen war. Dabei ging er so weit, daß er eine Karriere wie die seine für die Zukunft unmöglich zu machen versuchte, indem er die langjährigen außerordentlichen Kommandos kurzerhand verbot.

Für eine Verbesserung der Sicherheit auf dem Lande wurde durch die Vorschrift gesorgt, daß die Besitzer großer Herden mindestens zu einem Drittel Freigeborene als Hirten zu beschäftigen hatten. Auf diese Weise sollte das Sicherheitsrisiko, das die Ausbreitung unbeaufsichtigter Hirtensklaven darstellte, minimiert und zugleich der freien Landbevölkerung eine zusätzliche Verdienstmöglichkeit gegeben werden. Auf Caesar gehen auch die ersten Anfänge einer staatlichen Bildungsförderung in Rom zurück. Griechischen Ärzten und Lehrern der höheren Bildungsdisziplinen, Grammatikern und Rhetoren, verlieh er das römische Bürgerrecht, wenn sie ihren dauernden Wohnsitz in Rom nahmen, und er plante nach dem Vorbild hellenistischer Könige die Gründung einer großen Bibliothek, die Sammlungen der griechischen und lateinischen Literatur aufnehmen sollte.

Alles in allem nahm Caesar das Reformprogramm in Angriff, das Cicero in seiner Dankesrede für die Begnadigung des Marcellus in knappen Umris-

---

40 Der Text des größtenteils erhaltenen Statuts ist veröffentlicht in CIL I^2, 594 = II Suppl. 5439 und unter Einschluß eines 1925 gefundenen Fragments in: A. D'Ors, Epigrafia juridica de la Espana Romana, Madrid 1953, 167ff. Aus Kapitel 104 geht hervor, daß das Statut erst nach Caesars Tod aufgrund eines Gesetzes des Konsuls M. Antonius in Kraft gesetzt wurde.
41 Vgl. dazu E. Pólay, Der Kodifizierungsplan des Julius Caesar, Iura 16, 1965, 27–51.

sen skizziert hatte, und es lag durchaus auf der Linie einer Befriedung des politischen Binnenraums, die Pompeius im Jahre 52 eingeleitet hatte. Aber was unter anderen Voraussetzungen als Maßnahmen zur Stabilisierung der krisengeschüttelten Republik hätte gelten können, bedeutete unter der Diktatur Caesars nichts anderes als die Verfestigung der Alleinherrschaft. Daß er es darauf abgesehen hatte, konnte je länger desto weniger einem Zweifel unterliegen. Denn nachdem er in Spanien im Jahre 45 seinen Sieg über die Söhne des Pompeius errungen hatte, verlieh ihm der Senat neben anderen Ehrungen und Privilegien die Diktatur auf Lebenszeit.

Caesars Regierungsstil machte jedem, der sehen wollte, einen radikalen Paradigmenwechsel deutlich (**Q 49**). Schon im April 49 hatte er dem in Rom versammelten Rumpfsenat unmißverständlich erklärt, daß er, wenn sich der Senat ihm verweigere, die Leitung des Staates selbst in die Hand nehmen würde, und so verfuhr er denn auch. Caesar regierte aus der Mitte seines Kabinetts, und er bediente sich zur Realisierung seiner Absichten eines riesigen Stabes. Besonders nahe standen ihm persönlich ergebene, sachkundige und tüchtige Vertraute wie die in den Quellen häufig genannten Oppius und Balbus, die der politischen Klasse selber nicht angehörten und keinerlei selbstständiges Gewicht in der Politik besaßen.[42] Diejenigen, die nach republikanischem Brauch dazu berufen gewesen wären, den politischen Kurs des Staates mitzubestimmen, wurden nicht einmal mehr nach ihrer Meinung gefragt und erhielten vielfach keine Kenntnis von dem, was der Diktator plante und tat. Zwar blieben die Organe der *res publica*, Magistrate, Senat und Volksversammlung, erhalten, aber sie hatten bestenfalls nur zu bestätigen, was Caesar wollte. Oftmals machte sich Caesar nicht einmal die Mühe, seinen Willen von Senat und Volk absegnen zu lassen. Seine zahllosen Verfügungen über den Status und die Besitzverhältnisse von Königen und Dynasten wurden zwar in die Form von Senatsbeschlüssen oder Volksgesetzen gekleidet, aber bei Überprüfung nach seinem Tod stellte sich dann heraus, daß ihre Rechtsverbindlichkeit aufgrund von Formfehlern fragwürdig war. Durch den jüdischen Historiker Josephus wissen wir, daß der Senat am 9. Februar 44 alle Verfügungen Caesars zugunsten des jüdischen Tempelstaates durch einen flüchtig redigierten Beschluß zusammenfaßte. Dieser war jedoch bei Caesars Tod weder ordnungsgemäß registriert noch publiziert, so daß am 11. April ein erneuter Beschluß zur Gewährleistung der Rechtssicherheit gefaßt werden mußte.[43]

Der autokratischen, auf unbegrenzte Dauer angelegten Regierung des Diktators entsprachen die Bemühungen um Legitimierung auf der einen und Ent-

---

42 Vgl. dazu J. Malitz, Die Kanzlei Caesars, Historia 36, 1987, 51–72.
43 Vgl. Ph.-St. Freber, Der hellenistische Osten und das Illyricum unter Caesar, Palingenesia XLII, Stuttgart 1993, 52–63.

larvung des Tyrannen auf der anderen Seite. Sie konzentrierten sich auf das Thema der Königswürde und Göttlichkeit Caesars und berührten damit einen empfindlichen Punkt des republikanischen Bewußtseins. In der städtischen Bevölkerung gab es eine Empfänglichkeit für den griechischen Herrscherkult, die Verehrung der normales Menschenmaß übersteigenden göttlichen Potenz eines sterblichen Menschen. Mit Caesar zog nun diese Form der höchsten Ehrung in den römischen Staatskult ein.[44] Im Mai 45 beschloß der Senat, daß seine im Tempel der kapitolinischen Trias aufgestellte Statue bei Zirkusprozessionen im Aufzug der Götterbilder mitzuführen sei. Zwei andere, im Tempel des Quirinus und auf dem Kapitol aufgestellte Statuen trugen die Inschrift ‚Dem unbesiegten Gott'; sein Haus sollte wie ein Tempel mit einem Giebel versehen werden, und der Senat faßte den Beschluß, ihn gemeinsam mit Clementia, der göttlichen Potenz der Milde, in einem eigenen Tempel als Gott zu verehren. M. Antonius wurde zu seinem künftigen Opferpriester (*flamen*) bestimmt. Für überzeugte Republikaner war der Gott Caesar eine Provokation. Als Cicero davon erfuhr, daß Caesar zum Tempelgenossen des Quirinus erhoben worden war, bemerkte er: „Als Tempelgenosse des Quirinus ist er mir lieber als der Göttin des Heils (*salus*)."[45] Cicero wünschte Caesar also den Tod, und so kam es auch, als klar wurde, daß Caesar nicht nur an der Alleinherrschaft festhielt, sondern sie in den Formen des altrömischen Königtums stilisierte.

Die Schlüsselszene fand am 15. Februar 44 statt. Am Luperkalienfest, das zu Ehren des Romulus gefeiert wurde, machte Caesar von dem ihm verliehenen Titel eines Diktators auf Lebenszeit zum ersten Mal in der Öffentlichkeit Gebrauch, und er zeigte sich im Ornat und mit den Symbolen des altrömischen Königtums (**Q 50**). Er trug den goldenen Kranz und das Purpurgewand, und er saß auf einem goldenen Thronsessel, als der Konsul M. Antonius ihm ein Diadem, das Zeichen des hellenistischen Königtums, anbot, und er es zurückwies. Der theatralischen Szene waren anonyme Versuche vorausgegangen, Caesar mit dem Königsnamen (*rex*) und dem Königssymbol des Diadems in Zusammenhang zu bringen. Offenbar wollte Caesar an den Luperkalien Klarheit schaffen. Nicht das hellenistische, das M. Antonius ihm auf Absprache anbot, sondern das altrömische Königtum sollte die Form sein, unter der seine Alleinherrschaft legitimiert und mit den Ursprüngen Roms verknüpft werden sollte. Damit war der Republik der Totenschein ausgestellt. Einen Monat später, wenige Tage, bevor Caesar zu seinem Feldzug in den Osten aufbrechen wollte, fiel er an den Iden des März unter den Dolchen senatorischer Verschwörer.

---

44 Vgl. dazu neuerdings M. Clauss, Kaiser und Gott. Herrscherkult im römischen Reich, Stuttgart 1999, 46–53 (mit Quellen und Literatur).
45 Cic. Att. 12,45,2.

Noch im Jahre 44 folgte aus der Feder Ciceros das Totengericht über Caesar. Cicero war unbefangen genug, die Genialität Caesars, die Überlegenheit und Spannkraft seines Geistes und seine große Energie voll anzuerkennen, aber er hatte ein klares Gespür dafür, daß Caesar die Bindung an die Werte der Gemeinschaft fehlte, zu der ihn die Unbedingtheit seines persönlichen Geltungsanspruchs in einen unauflösbaren Widerspruch gebracht hatte. Für Cicero war Caesar ein König geworden, der mit dem Heer des römischen Volkes das römische Volk unterjocht hatte, und er versah dieses Königtum mit dem Kainsmal einer Vernichtung von Freiheit und Gesetzlichkeit (**Q 51**). Dies war das Ethos der Verschwörer, zu denen Cicero übrigens nicht gehörte, und von ihrem Standpunkt aus gesehen hatten sie recht. Aber der rückblickende Historiker kann die Augen nicht vor der Komplexität des Problems verschließen, das die Rolle Caesars und die Frage der Überlebensfähigkeit der Republik der historischen Urteilsbildung aufgeben. Darauf wird in der Schlußbetrachtung noch einzugehen sein.

Der letzte Kampf für die Republik[46]

Der Kreis der Verschwörer, der mehr als 60 Personen umfaßt haben soll – sein führender Kopf war M. Iunius Brutus[47] –, war bei der Vorbereitung des Attentats auf strengste Geheimhaltung angewiesen und konnte schon aus diesem Grund keine Vorbereitungen zu einer Machtübernahme nach dem Fall des Diktators treffen. Es war erwogen worden, auch Caesars Mitkonsul M. Antonius zu töten, aber Brutus hatte sich mit gutem Grund dagegen ausgesprochen. Denn in unmittelbarer Nähe Roms stand Caesars Stellvertreter, der *magister equitum* M. Aemilius Lepidus, mit Kontingenten der caesarisch gesinnten Soldaten, die er als designierter Statthalter der Provinzen Gallia Narbonensis und Hispania citerior dorthin zu verlegen beabsichtigte. Am

---

46 Auf der Basis einer günstigen Quellenlage sind dem letzten Kampf für die Republik zahlreiche Untersuchungen und Darstellungen gewidmet worden. Aus jüngster Zeit nenne ich an erster Stelle U. Gotter, Der Diktator ist tot. Politik in Rom zwischen den Iden des März und der Begründung des Zweiten Triumvirats, Historia Einzelschr., Suttgart 1996, sowie U. Orthmann, Cicero, Brutus, Octavian – Republikaner und Caesarianer. Ihr gegenseitiges Verhältnis im Krisenjahr 44/43 v. Chr., Bonn 1987. Zur Rolle der Soldaten ist auf die vorzügliche Dissertation von H. Botermann zu verweisen: Die Soldaten und die römische Politik in der Zeit von Caesars Tod bis zur Begründung des Zweiten Triumvirats, Zetemata 46, München 1968.
47 Zu seiner Person s. M. Gelzer, s. v. M. Iunius Brutus, in: RE X 1 (1918), 973–1020 und zu seinem politischen Konzept im Jahre 44 E. Wistrand, The Policy of Brutus the Tyrannicide, Göteborg 1981.

Abend des 15. März ließ er das Forum besetzen und rief das Volk zur Rache für Caesar auf. Dazu kam es zwar nicht, aber es war deutlich, daß es die Caesarianer waren, die über die bewaffnete Macht verfügten und somit am längeren Hebel saßen. Eingeklemmt zwischen Lepidus und den Caesarmördern, über deren Anhängerschaft Unklarheit bestand, steuerte der Konsul M. Antonius zunächst einen Kompromißkurs: Caesars Verfügungen und die auf ihn zurückgehende Ämterverteilung wurden vom Senat am 17. März bestätigt, und dafür erhielten die Caesarmörder Amnestie (womit freilich ihre Tat nicht als berechtigte Tötung eines Tyrannen sondern als Mord qualifiziert war). Drei Tage später nutzte dann Antonius die Empörung des Stadtvolkes bei der Leichenfeier für Caesar dazu, seine Mörder, vor allem die beiden amtierenden Praetoren, M. Brutus und C. Cassius, von der politischen Bühne in Rom zu entfernen, ohne die Amnestie aufzukündigen (**Q 52**).

Aber in Gestalt des Erben Caesars erwuchs Antonius ein gefährlicher Rivale. Caesar besaß keinen Sohn, und so hatte er seinen Großneffen C. Octavius zum Haupterben mit der Auflage eingesetzt, seinen Namen zu tragen. Den Achtzehnjährigen hatte er bereits vorher in das oberste Gremium der Staatsreligion, in den Kreis der *pontifices*, sowie in den Uradel des Patriziats aufnehmen lassen; ja, der junge Mann war dazu ausersehen, Lepidus als Stellvertreter des Diktators abzulösen und seinen Großonkel auf dem Feldzug gegen die Parther zu begleiten. Mit Caesars Ermordung war dieser Plan hinfällig geworden, aber die Erbschaft und der Name besaßen in der römischen Gesellschaft großes Gewicht. Denn nicht nur das private Vermögen und die privaten Verbindlichkeiten wurden vererbt, sondern zur Erbmasse gehörten auch die politischen Gefolgschaften und Verpflichtungen. Dies war die Chance Octavians (wie wir den adoptieren C. Octavius zu nennen pflegen), aber es war zugleich eine gefährliche Last. Mutter und Stiefvater rieten dem unerfahrenen jungen Mann ab, aber dieser nahm das Erbe an und ging, beraten von den Freunden Caesars,[48] sofort daran, aus dem Erbe politisches Kapital zu schlagen. Ihm kam zu Hilfe, daß beim Tod Caesars schon viele vitale Interessen mit seiner Person und seiner Sache verbunden waren: vor allem seine Soldaten und Veteranen, deren Ansiedlung noch längst nicht abgeschlossen war und die um ihre Versorgung bangten, die städtische Plebs, die Caesar in seinem Testament mit einem Geldgeschenk in Höhe von 300 Sesterzen (= 75 Denare) pro Kopf bedacht hatte, sowie die von Caesar in Amt und Würden gebrachten Anhänger, Opportunisten ebenso wie ihm persön-

---

48 Daß Octavian sich des Rates und der Hilfe der Freunde und Anhänger seines Adoptivvaters bediente, ist vielfältig belegt, aber wir können nicht wissen, ob sein Aufstieg von Caesars grauen Eminenzen Oppius und Balbus mit dem Ziel gesteuert wurde, die caesarische Monarchie neu zu begründen: so jedoch A. Alföldi, Der Aufstieg Octavians, Bonn 1976.

lich verbundene Freunde, die ihn ehrlich betrauerten. Im Sommer 44 wurde Cicero auf das Problem aufmerksam, das in der Bindung der Freunde an den toten Diktator lag, und wir besitzen dazu noch seinen aufschlußreichen Briefwechsel mit C. Matius und einen diesbezüglichen Exkurs in seinem Dialog „Über die Freundschaft" (**Q 53**).

Der Konsul Antonius geriet im Sommer 44 in eine schwierige Lage. Einerseits sah er in dem Erben Caesars einen gefährlichen Rivalen, andererseits waren ihm die Hände gebunden, da er die Caesarianer nicht brüskieren durfte, und außerdem hatte er es mit den Anhängern der Caesarmörder zu tun. Im Juni 44 versuchte er einen Befreiungsschlag: Er ließ ein Gesetzgebungspaket verabschieden, dessen Kernstück das Gesetz über den Provinztausch war.[49] Dieses Gesetz sprach Antonius anstelle der Provinz Macedonia das Diesseitige und Jenseitige Gallien für die Dauer von fünf Jahren zu und bestimmte, daß die für den Partherkrieg in Makedonien stehenden Eliteeinheiten mit nach Gallien transferiert werden sollten. Brutus und Cassius wurden aus Italien entfernt. Zuerst sollten sie die untergeordnete Aufgabe einer Getreidebeschaffung übernehmen, dann wurden ihnen die entfernten, demilitarisierten Provinzen Creta und Cyrene zugewiesen. Dieser Kurs brachte alle Republikaner gegen Antonius auf – er drohte, künftig genau die Stellung einzunehmen, von der Caesar aus die Macht im Staat erobert hatte – und stärkte seine Position gegenüber dem Rivalen im caesarischen Lager nicht. Vom 20. bis 30. Juli richtete Octavian mit Hilfe der Freunde Caesars und gegen den Widerstand des Konsuls die Spiele zu Ehren des Sieges Caesars aus, die der Senat im Jahre 46 beschlossen hatte. Als während dieser Zeit ein Komet am Himmel erschien, wurde das von der Masse der stadtrömischen Bevölkerung als sichtbares Zeichen der Vergottung Caesars aufgenommen, und Octavian, der junge Caesar, hatte den Gewinn, als Sohn eines Gottes zu gelten.[50] Es zeigte sich, daß der Konsul schon keine Macht mehr hatte, den jungen Privatmann in die Schranken zu verweisen. Abordnungen der Soldaten erzwangen Versöhnungen, die nicht hielten. Im August und September regte sich auch im Senat offener Widerstand gegen die Politik des Konsuls, dem zuerst Caesars Schwiegervater L. Calpurnius Piso Ausdruck gab, dann folgte Cicero mit einer Senatsrede und mit einem maßlosen Pamphlet gegen Antonius, der Zweiten Philippischen Rede.

Die Schwierigkeiten, mit denen Antonius zu kämpfen hatte, machten Octavian Mut, den Weg des Hochverrats zu gehen, eine Privatarmee aus den Veteranen Caesars aufzustellen und ein Bündnis mit der republikanischen

---

49 Zu den Junigesetzen des Antonius s. zuletzt U. Gotter, a.a.O. (s. oben Anm. 46) 53 ff.
50 Daß er durch das Sternzeichen begünstigt wurde, hat er selbst in seiner Autobiographie zum Ausdruck gebracht: Plin. N.H. 2,94 = H. Malcovati, Imperatoris Caesaris Augusti Operum Fragmenta, Turin 1969³, F VI.

Opposition anzuknüpfen. Zwar scheiterte im November sein erster Marsch auf Rom, aber es gelang ihm, dem Konsul zwei seiner makedonischen Legionen auf ihrem Marsch durch Italien mit Hilfe verteilter Handgelder und horrender Geldversprechen abspenstig zu machen. Cicero ließ sich gegen fremde und eigene Bedenken dazu verleiten, das unehrliche Bündnis zwischen dem Erben Caesars und den Republikanern zu vermitteln (**Q 54**). Obwohl er gewarnt wurde, verführte ihn sein Haß gegen Antonius zu der Erwartung, er könne den unerfahrenen jungen Mann, der innerhalb des caesarischen Lagers die stärkste Potenz war, zur Vernichtung des Antonius benutzen, um dann die caesarische ‚Partei' zu zerschlagen. Zu Hilfe kam Cicero, daß im Dezember der amtierende Statthalter des Diesseitigen Gallien, D. Brutus, sich weigerte, seine Provinz an Antonius abzugeben. Das war ebenfalls ein hochverräterischer Akt, denn die Provinz war Antonius durch ein Gesetz zugesprochen worden. Aber Cicero setzte durch, daß der Senat dieses Vorgehen ebenso sanktionierte wie die hochverräterischen Aktionen Octavians.[51] Dieser erhielt Anfang Januar 43 neben anderen Privilegien und Ehrungen ein außerordentliches Kommando. Die Konsuln mobilisierten in Italien weitere Truppen, und zusammen mit der Armee Octavians kamen sie D. Brutus, den Antonius in Mutina (Modena) einschloß, zu Hilfe. Zwar verweigerte der Senat Cicero die Ächtung des Antonius als Staatsfeind (*hostis*). Ein Antonius verbundener Caesarianer, der Konsular Q. Fufius Calenus, verstand es geschickt, die verständliche Scheu der Senatoren vor einem Bürgerkrieg dazu zu benutzen, daß noch über eine Beilegung des Konflikts verhandelt wurde. Aber angestachelt von Ciceros Willen zur Vernichtung des Antonius trieb die Entwicklung dem offenen Bürgerkrieg zu. Cicero zog Gewinn aus dem Umstand, daß es den Caesarmördern M. Brutus und C. Cassius in den ersten Monaten des Jahres 43 gelang, sich der wichtigen Militärprovinzen des Ostens, Makedoniens mit dem Illyricum und Syriens, zu bemächtigen. Das waren ebenfalls ungesetzliche Usurpationen, aber Cicero setzte auch in diesem Fall die nachträgliche Legalisierung durch Senatsbeschlüsse durch.[52]

Im April kam Cicero dem Sieg scheinbar ganz nahe. Antonius wurde zur Aufgabe der Belagerung von Mutina und zur Flucht über die Alpen in das Jenseitige Gallien gezwungen. Erst nach diesem Erfolg folgte der Senat Ciceros Konfrontationskurs ohne Einschränkung und erklärte Antonius und sei-

---

51 Der Wortlaut der entscheidenden Beschlußanträge Ciceros vom 20.12.44 und vom 1.1.43 sind erhalten: Cic. In Ant. 3,37-39 und In Ant. 5,46.
52 Der Beschluß, der Brutus das Militärkommando in den Provinzen der Balkanhalbinsel übertrug, erging Ende Februar/Anfang März 43, der weitere, der die Usurpation des Cassius durch seine Beauftragung mit der Kriegführung gegen den zum Staatsfeind erklärten P. Cornelius Dolabella in Asien legalisierte, wurde am 27. April gefaßt: vgl. K.-M. Girardet, Die Rechtsstellung der Caesarattentäter Brutus und Cassius in den Jahren 44–42, Chiron 23, 1993, 207–232.

ne Anhänger zu Staatsfeinden. Darüber hinaus faßte er Beschlüsse, die Octavian und seine Soldaten brüskierten und den Oberbefehl D. Brutus gaben. In diesem Augenblick trat die Brüchigkeit des von Cicero verfolgten Kurses klar zutage. Die Statthalter des Westens, M. Aemilius Lepidus in der Gallia Narbonensis und in Hispania citerior, L. Munatius Plancus in der von Caesar eroberten Gallia comata und C. Asinius Pollio in Hispania ulterior, ließen sich trotz aller Bemühungen Ciceros nicht auf dessen Kurs festlegen, und sie waren jedenfalls nicht gewillt, sich auf dem Altar der Freiheit zu opfern. Octavian aber verweigerte sich der Fortsetzung des Krieges und machte deutlich, daß er sich von Cicero nicht zum Werkzeug seiner Politik machen ließ (**Q 55**). In dieser Konstellation lag der Grund für das endgültige Scheitern des Kurses, für den Cicero alles, sein Leben und die Existenz der Republik, aufs Spiel setzte. Am 29. Mai vereinigten sich die caesarisch gesinnten Truppen des Antonius und des Lepidus, und am 11. Juni erfolgte die Vereinigung der gegen sie herangeführten Legionen des D. Brutus mit denen des Munatius Plancus. Während sich beide Heere gegenüberlagen, nutzte Octavian den Umstand, daß beide Konsuln bei den Kämpfen im April den Tod gefunden hatten und er als einziger über eine schlagkräftige Armee in Italien verfügte, zu der Forderung nach dem Führungsamt der Republik, dem Konsulat. Gegen den Widerstand des Senats erzwang er an der Spitze seiner Armee am 19. August seine irreguläre Wahl zum Konsul.[53] Dann ließ er die Maske fallen und sagte sich von dem kompromittierenden Bündnis mit Cicero los. Die Amnestie der Caesarmörder wurde aufgehoben, und der neue Konsul ließ einen Schauprozeß gegen die Teilnehmer der Verschwörung gegen Caesar inszenieren. Die Beschlüsse, die erst Antonius und dann Lepidus zu Staatsfeinden erklärt hatten, wurden aufgehoben. Schnell zeigten sich die Folgen dieses Umschwungs: Im September verließ Munatius Plancus das untergehende Schiff der Republik und machte seinen Frieden mit Antonius und Lepidus. Die republikanische Armee des D. Brutus löste sich auf, er selbst fand auf der Flucht zu M. Brutus nach Makedonien den Tod. Cicero hatte sich und M. Brutus schon vorher eingestehen müssen, daß er gescheitert war (**Q 56**). Er war einer der ersten, der dieses Scheitern mit seinem Leben bezahlen mußte. Ende Oktober schlossen die drei Führer der Caesarianer, Octavian, Antonius und Lepidus, ein neues Machtkartell, den Zweiten Triumvirat, der im Gegensatz zum Ersten durch tribunizisches Gesetz die Gestalt einer kollektiven Diktatur (unter Vermeidung des Namens) mit der Zwecksetzung annahm, die Feinde der Verbündeten, die mit den Feinden des Staates gleichge-

---

53 Vgl. dazu U. Gotter, a.a.O. (s. oben Anm. 46) 190–192 und zu der Verfassungsproblematik der Wahl J. Jahn, a.a.O. (s. oben Anm. 38) 188–190.

setzt wurden, zu vernichten.⁵⁴ Über Italien kam erneut das Grauen der Proskriptionen, der Enteignungen und Vertreibungen, und die Caesarmörder im Osten fanden im Oktober und November in der Doppelschlacht von Philippi ihr Ende. Wie Tacitus sich sinngemäß ausdrückt,⁵⁵ verfügte die Republik über keinerlei bewaffnete Macht mehr, mit der sie den drei Kriegsherren und ihren Heeresgefolgschaften Paroli hätte bieten können. Sie hatte für immer ausgespielt.

---

54 Vgl. K. Bringmann, Das Zweite Triumvirat. Bemerkungen zu Mommsens Lehre von der außerordentlichen konstituierenden Gewalt, in: P. Kneißl/V. Losemann, Alte Geschichte und Wissenschaftsgeschichte, Festschrift f. K. Christ zum 65. Geburtstag, Darmstadt 1988, 26 f. = Ausgewählte Schriften, 260 f.
55 Tac. Ann. 1,2,1.

Schlußbetrachtung:
Der Untergang der Republik –
Kontingenz oder Notwendigkeit?

In seiner „Philosophie der Geschichte" konstatierte Hegel, daß „nicht die Zufälligkeit Caesars..., sondern die Notwendigkeit die Republik stürzte".[1] Um die Überlebenskraft dieser Republik war es nach seinem Urteil allerdings schlecht bestellt: „Denn er (sc. Caesar) stand freilich der Republik gegenüber, aber eigentlich nur ihrem Schatten, denn machtlos war alles, was von der Republik noch übrig war." Schon Montesquieu, dem die epochale Einsicht verdankt wird, daß die Republik nicht überdauern konnte, weil in der Zeit der entstehenden Weltherrschaft die Feldherren und Heere eigene partikulare Interessen verfolgten, war weit davon entfernt zu meinen, daß es allein der Ehrgeiz bestimmter Individuen war, der einer lebensfähigen Republik das Ende bereitet hätte: „Wenn Caesar und Pompeius wie Cato gedacht hätten", heißt es im elften Kapitel seiner Betrachtungen, „so würden andere wie Caesar und Pompeius gedacht haben, und die einmal zum Untergang bestimmte Republik wäre durch eine andere Hand in den Abgrund gerissen worden."[2] Mag der Historiker auch von dem bei Hegel metaphysisch aufgeladenen Begriff der Notwendigkeit absehen: Sowohl Hegel als auch Montesquieu stellten Caesar in den Kontext einer Entwicklung, die die Funktions- und Überlebensfähigkeit der aristokratischen Republik so geschwächt hatte, daß ein Schlag wie der von Caesar geführte sie fällte und auch die Ermordung des Diktators sie nicht mehr ins Leben zurückrufen konnte.

Dies ist mit gutem Grund die vorherrschende Auffassung, aber unbestritten geblieben ist sie nicht. Im Jahre 1974 vertrat Erich S. Gruen in seinem Buch „The Last Generation of the Roman Republic" die These, daß der Bürgerkrieg des Jahres 49 die Ursache des Untergangs der Republik gewesen sei und nicht der Niedergang der Republik die Ursache des Bürgerkriegs.[3] Er meinte, daß dieser Bürgerkrieg weder in der Erwartung eines Endes der Re-

---

1 G. W. Hegel, Philosophie der Geschichte, Stuttgart 1961, 431 f.
2 Montesquieu, a.a.O. (s. oben Einleitung : Anm. 7) 71.
3 Die folgende Kritik bezieht sich auf die These des Verfassers, nicht auf die Details des sorgfältig gearbeiteten Buches.

publik, geschweige denn mit dem Ziel geführt worden sei, es herbeizuführen (was zweifellos richtig ist), daß er weder geplant noch unausweichlich war, sondern einer Serie von Fehlkalkulationen beider Seiten entsprang. Mit anderen Worten: Man schlitterte in den Krieg, und da man nicht mehr die Kontrolle über die Dynamik des Krieges gewann, ging die Republik zugrunde. Es ist leicht zu sehen, daß dies eine kurzschlüssige Argumentation ist, die völlig von den Voraussetzungen des Bürgerkriegs absieht. Ausgeblendet oder in ihrer Bedeutung heruntergespielt werden die tiefgreifende Polarisierung innerhalb der regierenden Klasse, die Emanzipierung der großen außerordentlichen Heereskommandos von der Kontrolle durch die zentrale Regierung, die Existenz der Heeresklientel, die es einem widerspenstigen Prokonsul erst ermöglichte, seine Abberufung mit der Eröffnung eines Bürgerkrieges zu beantworten, sowie die Voraussetzung für dies alles, die in der Wandlung der Heeresverfassung und der ungelösten Frage der Veteranenversorgung lag. Gruens These beruht auf einer unzulässigen Isolierung der kontingenten Umstände, die im Jahre 50/49 in den Bürgerkrieg führten, und sie ist ein Rückschritt hinter die thukydideische Unterscheidung von äußeren Anlässen und tieferen Ursachen.[4] Schließlich sind der Ausbruch des amerikanischen Bürgerkriegs und der Untergang der Sklavenhaltergesellschaft des Südens auch nicht nur die Folge einer unglücklichen Verkettung von Ereignissen der Jahre 1860/61 gewesen.

Zwei jüngst erschienene Arbeiten knüpfen, mit unterschiedlicher Akzentsetzung, an die punktuelle Betrachtungsweise Gruens an und leugnen die Existenz einer Krise oder zumindest die Zwangsläufigkeit des Endes der Republik. K. M. Girardet sieht in der Nachfolge H. Strasburgers[5] in Caesar den Alleinschuldigen am Untergang der Republik, ohne die Verhältnisse zu bedenken, die einen Caesar und den Konflikt des Jahres 50/49 erst möglich machten.[6] Dies geschieht unter ausdrücklicher Zurückweisung aller Faktoren, die „außerhalb der Verantwortlichkeit des politischen Individuums" liegen, wie „Entwicklung", „Verhältnisse", „System" und „Strukturen". Das aber

---

4 Thuk. 1,23,5 f.
5 H. Strasburger, Caesar im Urteil der Zeitgenossen, HZ 175, 1953, 225–264; 2. durchgesehene und ergänzte und durch ein Nachwort erweiterte Auflage, in: Libelli 158, Darmstadt 1968 = Studien zur Alten Geschichte, hrsg. von W. Schmitthenner u. R. Zoepffel I, Hildesheim 1982, 343–421 sowie die postum publizierte unvollendete Monographie: Ciceros philosophisches Spätwerk als Aufruf gegen die Herrschaft Caesars, hrsg. von G. Strasburger, Spudasmata 45, Hildesheim 1990 = Studien III, 407–498. Zu Strasburgers Auseinandersetzung mit Caesar vgl. die ausgewogene Stellungnahme von K. Christ, Caesar. Annäherungen an einen Diktator, München 1994, 183–222.
6 K. M. Girardet, Politische Verantwortung im Ernstfall. Cicero, die Diktatur und der Diktator Caesar, in: Chr. Mueller-Goldingen/K. Sier (Hrsg.), Ληναικα. Festschrift f. C. W. Mueller zum 65. Geburtstag am 28.1.1996, 217–251.

heißt nichts anderes, als hinter das Modell historischer Erkenntnis zurückzufallen, das seit dem Aufkommen der modernen Geschichtswissenschaft zum herrschenden geworden ist und das besagt, daß die kontingente Ereignisgeschichte mit den jeweils herrschenden Verhältnissen in einen sinnvollen Rapport zu setzen ist.[7] Ähnlich wie Girardet leugnet auch K.-W. Welwei, daß die republikanische Ordnung prinzipielle Schwächen aufwies.[8] Er hält sie für überlebensfähig und lehnt die moderne Vorstellung von der historischen Notwendigkeit eines monarchischen Systems in Rom als „bloße Fiktion" ausdrücklich ab. Aber so richtig es ist, daß das bekämpfte Konzept der historischen Notwendigkeit in den Köpfen zurückblickender Historiker, übrigens schon der antiken,[9] entstanden ist, so wenig kann das Bild einer funktionierenden republikanischen Verfassung überzeugen, die allein den kontingenten Aktionen eines Caesar und Augustus zum Opfer gefallen sein soll. Im einzelnen hat J. Deininger gezeigt, daß die Auffassungen Girardets und Welweis einer allzu punktuellen und selektiven Betrachtungsweise geschuldet sind. Für alle Einzelheiten sei auf seine Kritik ausdrücklich hingewiesen.[10]

Tatsächlich kann und sollte nicht geleugnet werden, daß das politische System der Republik überfordert war, als mit den Versuchen begonnen wurde, den aus der weltpolitischen Orientierung hervorgegangenen Problemstau durch Reformen aufzulösen. Seit den Gracchen spaltete sich die regierende Klasse über den Sach- und Machtfragen, die auf die politische Tagesordnung kamen, und sie verlor dabei den Zusammenhalt, der die Grundbedingung ihres kollektiven Regiments war. Das politische System setzte den Grundkonsens der regierenden Klasse voraus. Sofern er nicht mehr gegeben war, mußte das Gegeneinander des magistratischen Initiativrechts und der ausgeklügelten Interzessions- und Obstruktionsmethoden, die die Verfassung zur Blockierung magistratischer Initiativen an die Hand gab, notwendigerweise entweder in die Handlungsunfähigkeit oder in die politisch motivierte Gewalttätigkeit führen. Unter der progressiven Steigerung von Gewalt sind alle Versuche zu grundlegenden Reformen gescheitert. Die Gewalt durchlief alle Stadien vom politischen Mord über den Terror der Straße bis zum Bürger-

---

7 Vgl. dazu die Bemerkungen von A. Heuß, Vom historischen Wissen, HZ 239, 1984, 11–21 = Gesammelte Schriften III, 2116–2127.
8 K.-W. Welwei, Caesars Diktatur, der Prinzipat des Augustus und die Fiktion der historischen Notwendigkeit, Gymnasium 103, 1996, 477–499.
9 Vgl. D. Flach, Tacitus in der Tradition der antiken Geschichtsschreibung, Hypomnemata 39, Göttingen 1973, 219 ff.
10 J. Deininger, Zur Kontroverse über die Lebensfähigkeit der Republik in Rom, in: P. Kneißl/V. Losemann, Imperium Romanum. Studien zu Geschichte und Rezeption. Festschrift f. K. Christ zum 75. Geburtstag, Stuttgart 1998, 123–136; vgl. auch J. Bleicken, Gedanken zum Untergang der römischen Republik, SB der Wiss. Gesellsch. an d. J. W. Goethe-Universität 33, H. 4, Stuttgart 1995 = Gesammelte Schriften II, 1998, 683–704.

krieg im Weltmaßstab. Der letzte Versuch einer umfassenden Reform mit friedlichen Mitteln, der des Livius Drusus, endete in einer Katastrophe, und als Sulla am Ende eines verheerenden Bürgerkriegs das kollektive Regiment des Senats durch seine Gesetzgebung auf eine feste Grundlage stellen wollte, da geschah das unter einem solchen Exzeß von Gewalt und Terror, daß er nicht die Stabilisierung, sondern die Destabilisierung der politischen Ordnung bewirkte. Seitdem Sulla zum Mittel des Bürgerkriegs gegriffen hatte, stand Rom unter der latenten Drohung, daß auch andere sich seiner bedienen würden. Vor allem aber war, wie oben beschrieben wurde, eine Folge der römischen Weltherrschaft, daß eine Konzentration materieller und militärischer Machtmittel in der Hand derjenigen erfolgte, die in den Besitz der großen außerordentlichen Kommandos gelangten. Die fehlende „Organkontrolle", die Welwei als den einzigen Mangel des politischen Systems konzediert, war in der Tat ein todbringender Mangel. Unter den Bedingungen der römischen Weltherrschaft war die Republik mit der Aufgabe einer effektiven Kontrolle der einzelnen Herrschaftsträger schlicht überfordert. Selbst in den kleinen Verhältnissen der griechischen Polis konnte beispielsweise die ausgeklügelte „Organkontrolle", mit der sich in Athen die Demokratie zu schützen versuchte, nicht ihren Sturz in den Krisen eines verlorengehenden Krieges in den Jahren 411 und 404 verhindern. Um so weniger war die in sich zerfallene Senatsaristokratie in der Lage, die in ihren auswärtigen Militärkommandos wie absolute Monarchen schaltenden Konsuln und Prokonsuln zu kontrollieren.

Gewiß folgte aus diesen Voraussetzungen nicht zwingend der Untergang der Republik zu einem bestimmten Zeitpunkt. Aber ebenso sicher ist, daß das schwer angeschlagene System nicht durch die vagen Reformpläne heilbar war, wie sie sich in den beiden Staatsschriften Ciceros finden.[11] Ciceros Vorstellungen waren ohnehin nichts anderes als die Idealisierung der alten Optimatenrepublik, die ihre Reformunfähigkeit jedermann, der sehen wollte und konnte, hinlänglich unter Beweis gestellt hatte. Aber ohne die kontingenten Umstände der Jahre 50/49 und die Entschlossenheit Caesars, seinen politischen Untergang um den Preis eines Bürgerkriegs zu verhindern und dann an der im Krieg gewonnenen Macht festzuhalten, hätte sich die Krise der Republik ohne Aussicht auf eine Gesundung an Haupt und Gliedern auf unabsehbare Zeit fortschleppen können.[12] Und so könnte man das oben zitierte Wort

---

11 Ihre praktische Bedeutung wird überschätzt von: K. M. Girardet, Die Ordnung der Welt. Ein Beitrag zur philosophischen und politischen Interpretation von Ciceros Schrift De legibus, Historia Einzelschr. 42, 1983 und G. A. Lehmann, Politische Reformvorschläge in der Krise der späten römischen Republik. Cicero De legibus III und Sallusts Sendschreiben an Caesar, Meisenheim/Glan 1980.

12 So zu Recht A. Heuß in: G. Mann/A. Heuß (Hrsg.), Propyläen Weltgeschichte 4. Rom. Die römische Welt, Berlin – Frankfurt – Wien 1963, 295.

Montesquieus wie folgt abwandeln: „Wenn Caesar wie Pompeius gedacht hätte und wie dieser auf den Einsatz der Armee zur Durchsetzung seiner persönlichen Ziele verzichtet hätte, dann hätte ein anderer wie Caesar gedacht und der Republik den Untergang bereitet." Es lag an den Verhältnissen, daß die Mittel dazu bereit standen.

Caesars Alleinherrschaft präfigurierte die Lösung, die die Krise durch den Prinzipat des Augustus fand. Die Alleinherrschaft war, wie schon Tacitus sagt, das einzige Mittel, das den Bürgerkrieg sistieren konnte[13] und das, wie zu ergänzen ist, auch der Reformunfähigkeit der Republik ein Ende setzte. Aber Caesars Verachtung der alten *res publica* und der demonstrative Ausschluß der alten politischen Elite von der Gestaltung der Politik hatte Auswirkungen, die seine Meinung Lügen straften, daß die Republik ein bloßer Name, ein Schatten ohne Substanz sei.[14] Sein Erbe erkannte, daß er die ebenfalls durch Bürgerkrieg gewonnene Macht nur unter Rückgriff auf die Werte der Republik, die diese selbst nicht durchzusetzen vermochte, stabilisieren konnte. Gemeint sind Recht und Gesetz sowie die ideale Norm des *mos maiorum*, deren Verlust Cicero mit dem Verlust der *res publica* gleichsetzte.[15] Und nicht der faktische Ausschluß der Senatoren von der Regierung, sondern ihre Integration in die Ordnung des Prinzipats, dessen eigentliche Machtgrundlage das außerordentliche Militärkommando auf Lebenszeit war, gewannen dem Prinzeps Augustus die Zustimmung, die Caesar verweigert worden war. In seiner langen Regierungszeit löste Augustus auch das Problem, an dem die Republik vor allen Dingen gescheitert war und von dessen Lösung auch Caesar noch denkbar weit entfernt war: Augustus wurde zum Schöpfer der Berufsarmee der Kaiserzeit, und er befreite das System der Veteranenversorgung von der fatalen Bindung an Landverteilung und Besitzumwälzung.[16] Ebenso gelang ihm als Inhaber einer auf Dauer gestellten übergeordneten Befehlsgewalt über die Provinzen und Heere des Reiches die Kontrolle über diejenigen, die in seinem oder im Auftrag des Senats in den einzelnen Provinzen das Imperium ausübten. Im Gegensatz zur Republik

---

13 Der locus classicus ist Tac. Ann. 1,9,4; vgl. 4,33,2 mit der Konjektur von K. Bringmann, Historia 20, 1971, 376–379 (übernommen in die Teubnerausgabe der Annalen von H. Heubner).
14 Suet. Caes. 77.
15 Cic. De re publ. 5,1f. (Text in **Q 3**): vgl. dazu K. Bringmann, Von der *res publica amissa* zur *res publica restituta*. Zu zwei Schlagworten aus der Zeit zwischen Republik und Prinzipat, in: J. Spielvogel (Hrsg.), Res publica reperta. Zur Verfassung und Gesellschaft der römischen Republik und des frühen Prinzipats. Festschrift f. J. Bleicken zum 75. Geburtstag, Hermes-Sonderband, Stuttgart 2002, 113–123.
16 Vgl. dazu K. Bringmann/Th. Schäfer, Augustus und die Begründung des römischen Kaisertums, Studienbücher. Geschichte und Kultur der Alten Welt, Berlin 2002, 69–73 und 213–220 (mit Quellen in Übersetzung).

konnte das Kaisertum in den beiden ersten Jahrhunderten seiner Existenz, von ganz wenigen Ausnahmen abgesehen, eine hinreichend wirksame „Organkontrolle" ausüben. Die Republik mußte fallen, damit der „Krise ohne Alternative" ein Ende bereitet werden konnte.

II. Quellen

Einleitung:
Krise und Untergang der römischen Republik in antiker und moderner Sicht

Q 1: Die Geschichte der späten Republik in der Deutung Sallusts

C. Sallustius Crispus (86–34) schloß sich Caesar im Bürgerkrieg an und nahm als Praetor im Jahre 46 an dessen Feldzug in Nordafrika teil. Er war der erste Statthalter der von Caesar neugeschaffenen Provinz Africa nova. Der gegen ihn angestrengte Prozeß wegen Ausplünderung der Provinzialen wurde von Caesar niedergeschlagen. Nach dessen Ermordung zog er sich aus der Politik zurück und verfaßte drei Geschichtswerke, die Monographien „Verschwörung des Catilina", den „Jugurthinischen Krieg" und die „Historien", eine Gesamtdarstellung der nachsullanischen Zeit von 78 bis 67. Die beiden ersten Werke sind vollständig erhalten, von dem dritten nur Auszüge (Reden und Briefe) sowie Fragmente. Daneben existieren zwei Denkschriften an Caesar und ein gegen Cicero gerichtetes Pamphlet, die sogenannte Invektive. Ihre Echtheit ist umstritten.

Zweisprachige Ausgabe: Sallust, Werke (einschl. der umstrittenen Werke sowie der Reden und Briefe aus den Historien), lat.-dt., hrsg. von W. Eisenhut und J. Lindner, München – Zürich 1994².

Über den Historiker Sallust und die ihm gewidmete Literatur orientieren C. Becker, Sallust, in: ANRW I.3 (1973), 720–754 und D. Flach, Römische Geschichtsschreibung, Darmstadt 1998³, 109–131. Dort findet sich eine ebenso nüchterne wie zutreffende Beurteilung des Geschichtsbildes, das den unten abgedruckten Exkursen aus Catilina und Iugurtha zugrunde liegt. Speziell zu dem an erster Stelle abgedruckten Text vgl. auch die Studie von K. Heldmann, Sallust über die römische Weltherrschaft: ein Geschichtsmodell im Catilina und seine Tradition in der hellenistischen Historiographie, Beiträge zur Altertumskunde 34, Stuttgart 1993.

Sall. Cat. 10,1-12,5

(10,1) Aber sobald das Gemeinwesen aufgrund von Anstrengung und Gerechtigkeit gewachsen, mächtige Könige durch Krieg bezwungen, wilde Stämme und riesige Völkerschaften gewaltsam niedergeworfen waren, Karthago, das mit Rom um die Herrschaft gewetteifert hatte, von Grund auf vernichtet war und alle Länder und Meere den Römern offenstanden, da begann das launische Glück zu wüten und alles in Verwirrung zu stürzen. (2) Denen, die Mühen und Gefahren, unsichere und widrige Umstände leicht ertragen hatten, wurden Frieden und Reichtum, sonst wünschenswerte Dinge, zur Belastung und zum Unglück. (3) Von daher wuchs zuerst die Geldgier, dann die Machtgier. (4) Die Habgier untergrub Treu und Glauben, Rechtschaffenheit und alle guten Eigenschaften; an deren Stelle lehrte sie Übermut, Grausamkeit, die Götter zu mißachten und alles für käuflich zu halten. (5) Und die Machtgier brachte viele dazu, unehrlich zu werden, ihre Meinung im Herzen verschlossen zu halten und etwas anderes auf der Zunge zu tragen, Freundschaften und Feindschaften nicht nach ihrem wahren Wert, sondern nach dem Vorteil einzuschätzen sowie eher eine glatte Miene aufzusetzen als eine gute Gesinnung zu haben. (6) Sobald dann die Krankheit wie eine Seuche ausgebrochen war, trat ein moralischer Niedergang der Bürgerschaft ein, und aus der besten und gerechtesten entstand eine grausame und unerträgliche Herrschaft.

(11,1) Aber zu Beginn trieb eher die Herrschsucht als die Habsucht die Gemüter um, ein Laster, das gleichwohl einem moralischen Wert näher steht (als die Geldgier). (2) Denn Ruhm, Ehre und Herrschaft wünschen sich in gleicher Weise der Tüchtige und der Schlechte; aber der eine erstrebt sie auf dem richtigen Wege, der andere kämpft, weil ihm die guten Eigenschaften fehlen, mit List und Tücke. (3) Der Habsucht aber liegt die Gier nach dem Geld zugrunde, einem Gut, das kein Weiser begehrt: Wie mit einem bösen Gift durchtränkt verweichlicht sie einen männlichen Körper und Geist, sie ist maßlos und unersättlich, weder Überfluß noch Mangel kann sie mindern. (4) Aber nachdem L. Sulla mit Waffengewalt sich des Gemeinwesens bemächtigt und für gute Anfänge ein schlimmes Ende gefunden hatte, da begannen alle zu rauben und zu plündern, der eine begehrte ein Haus, andere (wiederum) Ländereien, und die Sieger kannten (dabei) kein Maß und keine Schranke und begingen an ihren Mitbürgern scheußliche Verbrechen. (5) Hinzu kam, daß L. Sulla das Heer, das er in Asien kommandiert hatte, gegen die Sitte der Vorfahren mit einem Luxusleben und übergroßer Freigiebigkeit verwöhnte, um sich seiner Treue zu versichern. Die Lieblichkeit des Landes mit seinen Vergnügungen hatte im Müßiggang mit Leichtigkeit den kriegerischen Sinn der Soldaten verweichlicht. (6) Dort gewöhnte sich das Heer des römischen Volkes zum ersten Mal daran, zu lieben und zu zechen, Standbilder, Gemälde, Gefäße aus getriebenem Metall zu bewundern und für sich und für den Staat zu rauben, Heiligtümer auszuplündern und alles Göttliche und Menschliche zu besudeln. (7) Also ließ diese Soldateska, nachdem sie den Sieg (im Bürgerkrieg) errungen hatte, den Besiegten nichts mehr übrig. (8) Das Glück untergräbt schon die Moral weiser Männer, geschweige denn daß diese Leute in ihrer Verderbtheit maßvoll im Sieg hätten sein können.

(12,1) Nachdem Reichtum als Ehre zu gelten begonnen hatte und ihm die höchste Amtsgewalt und die Macht folgten, begann die alte Integrität und Tüchtigkeit (*virtus*) abzustumpfen, Armut als Schande zu gelten und Integrität als Böswilligkeit. (2) Aufgrund des Reichtums erfaßten also Luxus und Habgier die Jugend: sie rafften und konsumierten, gingen mit dem Eigenen nicht sorgsam um und begehrten fremdes Gut, Scham und Rücksichtnahme, Göttliches und Menschliches waren ihnen einerlei, und Maß und Verantwortung waren ihnen fremd. (3) Es ist der Mühe wert, wenn man sieht, wie sie ihre Stadt- und Landhäuser in den Dimensionen ganzer Städte errichten lassen, die Tempel der Götter zu betrachten, die unsere Vorfahren, die denkbar frömmsten Menschen, erbauten. (4) Wahrlich, sie pflegten die Heiligtümer der Götter mit Frömmigkeit, ihre eigenen Häuser mit Ruhm zu schmücken, und den Besiegten nahmen sie nichts außer der Freiheit zum Unrechttun. (5) Dagegen nehmen die Heutigen, nichtswürdige Kreaturen, mit größter Ruchlosigkeit den Bundesgenossen alles, was die Vorfahren, die tapfersten Männer, als Sieger ihnen gelassen hatten: ganz so, als sei Unrechttun der Inbegriff der Herrschaftsausübung.

Q 2: Sallust über den Kampf zwischen Popularen und Optimaten

Sall. Iug. 41,1-42,5

(41,1) Im übrigen entstanden der Brauch von Parteien- und Cliquenbildung und die daraus folgenden schlechten Verhaltensweisen wenige Jahre zuvor in Rom aufgrund des Friedens und des Überflusses an den Dingen, die die Menschen für vorrangig halten. (2) Denn vor der Zerstörung Karthagos regierten das Volk und der römische Senat gemeinsam das Gemeinwesen ruhig und gemäßigt, es gab keinen Streit zwischen den Bürgern weder um Ruhm noch um Herrschaft, die Angst vor dem Feind bewahrte die Bürgerschaft in moralisch rechtschaffenem Verhalten. (3) Als aber jene Furcht aus dem Denken wich, trat naturgemäß das auf, was glückliche Zeiten mit sich bringen, Zügellosigkeit und Hochmut, (4) so daß der (endlich) erlangte Frieden, den sie in schlechten Zeiten ersehnt hatten, härter und bitterer (als die vorherige äußere Bedrohung) war. (5) Denn die Nobilität begann ihren Rang, das Volk seine Freiheit in beliebige Willkür zu verwandeln, ein jeder rechnete, raubte und raffte für sich. So wurde alles in zwei Teile gerissen, das Gemeinwesen, das die Mitte gebildet hatte, zerfleischt.

(6) Im übrigen war die Nobilität durch enge Gruppenbildung stärker, die Kraft des Volkes (dagegen), ungebündelt und unorganisiert in der Menge, vermochte weniger auszurichten. (7) Nach dem Beschluß weniger Männer wurde Krieg geführt und Frieden geschlossen. In der Gewalt derselben Leute lagen der Staatsschatz, die Provinzen, Ämter, Ehren und Triumphe. Das Volk wurde bedrängt durch Wehrdienst und Not, die Kriegsbeute plünderten die Feldherren mit einigen wenigen. (8) Derweil wurden die Eltern und kleinen Kinder der Soldaten, gerade so wie ein jeder einen Mächtigeren zum Nachbarn hatte, von ihren Wohnsitzen vertrieben.

(9) So drang mit der Macht Habgier ohne Maß und Beschränkung ein, die alles besudelte und verwüstete, die keine Wertmaßstäbe kannte, der nichts heilig war, bis sie sich selbst zu Fall brachte. (10) Denn sobald sich innerhalb der Nobilität Leute fanden, die wahren Ruhm ungerechter Macht voranstellten, begann die Bürgerschaft in Bewegung zu geraten, und eine innere Entzweiung wie ein Erdbeben entstand. (42,1) Denn nachdem Tib. und C. Gracchus, deren Vorfahren im Punischen und in anderen Kriegen vieles zum Wohl des Staates beigetragen hatten, das Volk in die Freiheit zu führen und die Verbrechen der wenigen offenzulegen begannen, trat die Nobilität, schuldig und daher aufgeschreckt, bald durch die Bundesgenossen und das Volk der Latiner, dann durch die römischen Ritter, die die Hoffnung auf ein Bündnis (mit der Nobilität) vom Volk entfernte, den Aktionen der Gracchen entgegen, und zuerst tötete man durch das Schwert Tiberius, dann wenige Jahre später Gaius, als er den gleichen Weg beschritt, zusammen mit M. Fulvius Flaccus, Tribun der eine, der andere Triumvir zur Errichtung von Kolonien.

(2) Gewiß hatten die Gracchen durch ihre Begierde zu siegen keine ausreichend moderate Einstellung. (3) Für einen moralisch rechtschaffen handelnden Mann ist es jedoch befriedigender, besiegt zu werden als mit schlechtem Verhalten die Ungerechtigkeit zu besiegen.[1] (4) So vernichtete die Nobilität, indem sie ihren Sieg nach ihrem Gutdünken nützte, viele Existenzen mit dem Schwert oder durch die Verbannung und erwarb sich bei den übrigen mehr Angst als Macht. Dies hat oft große Staaten zugrunde gerichtet, wenn die einen die anderen gleich auf welche Art besiegen und die Besiegten sich mit übermäßiger Härte rächen wollen. (5) Aber wenn ich vorhätte, die Leidenschaften der Parteiungen und den sittlichen Zustand des ganzen Staates im einzelnen und entsprechend ihrer Bedeutung zu erörtern, dürfte mir eher die Zeit als der Stoff ausgehen. Deshalb will ich mich wieder dem bereits Begonnenen zuwenden.

---

1 Die Interpretation dieses Satzes ist umstritten. Gegenüber der Auffassung, daß die Maxime sich ausschließlich gegen die Optimaten richtet, hat K. Bringmann sie auf beide Seiten, die Gracchen wie ihre Gegner, bezogen: Zum Parteienexkurs in Sallusts Bellum Iugurthinum, RM 117, 1974, 95–103. Dies ist akzeptiert worden von D. Flach, a.a.O. (s. oben) 127.

Q 3: Cicero über die Krise der Republik

M. Tullius Cicero (106–43) ist nicht nur als Schriftsteller, sondern auch als Politiker eine der herausragenden Persönlichkeiten der späten Republik. Sein Oeuvre, insbesondere der 804 Stücke umfassende Briefwechsel, ist eine einzigartige, für antike Verhältnisse ungewöhnlich reichhaltige Quelle. Ausgeschöpft wurde dieser Reichtum durch den RE Artikel von M. Gelzer über ‚Cicero als Politiker' (1939) und die auf dieser Grundlage geschriebene Biographie desselben Verfassers: Cicero. Ein biographischer Versuch, Wiesbaden 1969. Danach sind mehrere Monographien entstanden. Erwähnt sei nur die ebenso konzise wie zuverlässige von Chr. Habicht, Cicero der Politiker, München 1990. Eine knappe Orientierung über Leben und Werk enthält der Artikel von K. Bringmann/J. Leonhardt, s. v. Cicero, in: Der Neue Pauly 2 (1997), 1191–2002.

Die Staatsschrift, aus der unten zitiert wird, ist in den Jahren 54–51 entstanden.

Zweisprachige Ausgabe: Cicero, Staatstheoretische Schriften (De re publica, De legibus), lt.-dt., hrsg., übers. u. erläutert von K. Ziegler, Berlin 1974; 1988³.

Cic. De re publ. 5,2-3

(5,2) ‚Auf der Väter Sitte und Männern ihrer Art ruht der römische Staat.'
Diesen Vers scheint er (Ennius)² mir, sei es wegen seiner Kürze, sei es wegen seines Wahrheitsgehalts, wie aus einem Orakel verkündet zu haben. Denn weder hätten die Männer, wenn dies nicht die Sitte der Bürgerschaft gewesen wäre, noch die Sitte, wenn nicht solche Männer an der Spitze gestanden hätten, den Staat begründen oder eine so große und eine so weit ausgebreitete Herrschaft ausüben und so lange bewahren können. Also verfügte vor unserer Zeit die Sitte der Vorfahren über herausragende Männer, und an der Sitte und den Einrichtungen der Vorfahren hielten diese herausragenden Männer fest. (3) Obwohl unsere Zeit den Staat wie ein vorzügliches, jedoch altershalber schon verblassendes Gemälde empfangen hatte, hat sie es nicht nur versäumt, es in den Farben zu erneuern, mit denen es gemalt war, sondern hat nicht einmal dafür gesorgt, daß es wenigstens die Form und die äußeren Umrisse bewahrte. Denn was bleibt von der Sitte, von der der Dichter gesagt hat, daß auf ihr der römische Staat ruht? Wir sehen, daß sie so in Vergessenheit gera-

---

2 Q. Ennius (239–169), vielseitiger römischer Dichter und Schöpfer des vorvergilischen Nationalepos, das unter dem Titel ‚Annales' die römische Geschichte von den legendären Ursprüngen bis zum Jahr 171 in 18 Büchern darstellte. Erhalten sind nur Fragmente. Das Zitat findet sich in der Ausgabe von J. Vahlen unter F. 500 (V²).

ten ist, daß nach ihr nicht nur nicht gelebt, sondern sie nicht einmal mehr gekannt wird. Und was soll ich noch von den Männern reden, denn die Sitte selbst ist aus Mangel an entsprechenden Männern zugrunde gegangen. Für dieses große Übel haben wir nicht nur Rechenschaft zu geben, sondern müssen uns wie Angeklagte in einem Kapitalprozeß verteidigen. Denn durch unsere Verfehlungen, nicht aus irgendeinem Zufall bewahren wir den römischen Staat nur noch dem Namen nach, in Wahrheit haben wir ihn längst aufgegeben.

Q 4: Tacitus über die Verfassungsentwicklung Roms

P. (?) Cornelius Tacitus (ca. 155–120), der bedeutendste Historiker der frühen römischen Kaiserzeit, stellte in zwei Geschichtswerken, den Annalen und den Historien, die Geschichte der Julisch-Claudischen und der Flavischen Dynastie (14–96) dar. Beide Werke sind nur teilweise erhalten.

Zweisprachige Ausgabe der Annalen: Tacitus, Annalen, lat.-dt., hrsg. von E. Heller, München 1982.

Zu Tacitus als Historiker vgl. D. Flach, a.a.O. (s. Einleitung zu Q 1), 190–256 mit Literaturhinweisen.

Tac. Ann. 1,1,1

Die Stadt Rom war anfangs in Besitz von Königen. Freiheit und Konsulat stiftete L. Brutus. Von Zeit zu Zeit griff man zu (dem Ausnahmeamt) der Diktatur. Das Amt der Zehnmänner[3] dauerte nicht länger als zwei Jahre, und auch die konsularische Gewalt der Militärtribunen[4] währte nicht lange. Nicht Cinnas, nicht Sullas Gewaltherrschaft war dauerhaft, und die Macht eines Pompeius und eines Crassus ging schnell auf Caesar, die Waffengewalt eines Lepidus und eines Antonius auf Augustus über, der die Herrschaft (*imperium*) über das gesamte durch Bürgerkriege erschöpfte Gemeinwesen unter dem Namen des Ersten Bürgers (*princeps*) in seine Hand nahm.

---

3 Die Zehnmänner (*decemviri*) waren nach historiographischer Tradition das Gremium, das in den Jahren 451–450 die Kodifikation des Zwölftafelrechts vornahm. Zu den Erfindungen, die die römische Annalistik an die Bestallung und Tätigkeit dieser Kommission knüpfte, vgl. D. Flach, Die Gesetze der frühen römischen Republik, Darmstadt 1994, 103–108.

4 Der historiographischen Tradition zufolge fungierte unter diesem Titel in der Zeit zwischen 444 und 367 ein drei- bzw. sechsstelliges Kollegium als Inhaber der höchsten militärischen und zivilen Amtsgewalt. Der Zusatz „mit konsularischer Amtsgewalt" (*consulari potestate*) ist freilich anachronistisch, da Name und Amt des Konsulats erst im Jahre 367/366 entstanden sind. Die wahrscheinlichste Theorie über Entstehung und Funktion des betreffenden Militärtribunats hat D. Flach, a.a.O. (s. vorige Anm.) 16 f., aufgestellt.

Die Weltherrschaft und ihre Folgen

Geldwirtschaft und Agrarverfassung

Q 5: Vom Aes rude zum Denar

Abb. 1: Aes rude oder aes infectum = Roherz oder Rohkupfer, Gewicht: 111 gr. Der Begriff findet sich bei Plin. N.H. 33,43. Die einzelnen Stücke werden raudera oder rauduscula genannt. Es sind Brocken von unregelmäßiger Form und ohne normiertes Gewicht (2 gr.–2,5 kg). Die Verwendung als Geld wird durch die Vergesellschaftung mit Münzen oder durch das Vorkommen als Brunnen-, Quellen- oder Grabfunde belegt. Aes rude findet sich vom 9/8. Jh. bis zum 4. Jh. in Mittelitalien, Sizilien und auf dem Balkan. (Fotonachweis: Auctiones 5, 1975, 247)

Abb. 2: Ramo secco, Teil eines Bronzebarrens, auf beiden Seiten mit einem unbelaubten, trockenen Zweig (ital: ramo secco) versehen; etruskisch, 6.–3. Jh.; Gewicht: 690 gr.; 85:82 mm, Dicke: 23 mm.
Die von italienischen Numismatikern gebrauchte Bezeichnung „ramo secco" für das Muster, von anderen auch als Fischgräte beschrieben, ist zum terminus technicus für diese Art von Barren geworden, die eigentlich schon zum aes signatum zählen (s. Abb. 3).
(Haeberlin, Taf. 5,2; Fotonachweis: MMAG, Basel, 47, 1972, 1)

Abb. 3: Aes signatum, Bronzebarren, Münzstätte: Rom; um 320/300 bis Mitte 3. Jh.; Gewicht: 1535 gr.
Auf der einen Seite: Elefant läuft mit erhobenem Rüssel nach rechts; auf der anderen Seite: Schwein läuft nach links.
Der Ausdruck „aes signatum" findet sich bei Plin. N.H. 18,12; 33,43; 43,1 und auch bei Festus p. 237a und bezeichnet einen mit einem Bild versehenen, beprägten Bronzebarren. Nach der bei Aelian überlieferten Legende sollen die Elefanten des Pyrrhos durch grunzende Schweine in die Flucht geschlagen worden sein. Die Abbildungen beziehen sich entweder auf die Schlacht von Ausculum (279) oder von Beneventum (275).
(Haeberlin, Taf. 59,2; Fotonachweis: MMAG, Basel, 47, 1972, 7)

Abb. 4: Aes grave, As, Gewicht: 230 gr.; um 230/220; Vs.: Bärtiger Januskopf, darunter Wertzeichen I (liegend); Rs.: Schiffsschnabel nach rechts, darüber Wertzeichen I.
Der Schiffsschnabel erinnert an verschiedene Seesiege Roms über die karthagische Flotte im Ersten Punischen Krieg.
(Haeberlin, Taf. 10,1; Fotonachweis: MMAG, Basel, 47, 1972, 9)

Abb. 5: Doppeldrachme, ab 280 geprägt, Gewicht: 6,56 gr.; Vs.: Bärtiger Kopf des Mars mit korinthischem Helm nach links, dahinter Eichenblatt; Rs.: Pferdekopf, dahinter Kornähre: darunter kleine längliche Tafel mit der Aufschrift ROMANO(rum) = (Münze) der Römer.
Die Doppeldrachmen wurden in Unteritalien ab 280 im Zusammenhang mit dem Pyrrhoskrieg für die Römer geprägt. Sie gehören nach Bild, Stil, Machart und Münzfuß in das griechische Münzsystem und dokumentieren die Anpassung an das in Unteritalien zirkulierende Geld. Der Pferdekopf auf der Rückseite belegt den Einfluß karthagischer Prägungen.
(Sydenham 1; Fotonachweis: MMAG, Basel, 52, 1975, 287)

Abb. 6: Victoriat, ab 211 geprägt, Gewicht: 3,42 gr.; Vs.: Bärtiger Jupiterkopf nach rechts, unter dem Kinn: V; Rs.: Victoria nach rechts, bekränzt ein Tropaion, im Abschnitt unten: ROMA.
Der Victoriat entspricht einer Drachme mit vermindertem Gewicht (3/4 eines Denars). Er ist eine Ausgleichs- und Übergangswährung zwischen dem Gebiet des Denars in Mittelitalien und Unter- bzw. Norditalien.
(Crawford 28/3; Fotonachweis: MMAG, Basel, 52, 1975, 300)

Abb. 7: Denar, ab 211 in Rom geprägt, Gewicht: 4,40 gr.; Vs.: Kopf der Roma nach rechts mit geflügeltem Helm und Greif, dahinter X; Rs.: Die beiden Dioskuren Castor und Pollux reiten nach rechts mit eingelegten Lanzen und wehenden Mänteln, darüber zwei Sterne. Im Abschnitt unten Tafel mit eingeprägter Schrift: ROMA.
Der Denar (vgl. Plin. N.H. 33,43) wiegt 1/72 des römischen Pfundes (327,45 gr.), also 4,5 gr. Er ist 10 Asses zu je 54,6 gr. Kupfer wert und trägt deshalb die Wertziffer für 10, lat. X, auf der Vorderseite.
(Crawford 54/1; Fotonachweis: MMAG, Basel, 52, 1975, 301)

Abb. 8: Denar, 140 in Rom geprägt, Gewicht: 3,6 gr.; Vs.: Romakopf mit Flügelhelm nach rechts, unter dem Kinn RVS, links Wertangabe: XVI; Rs.: Jupiter in Quadriga nach rechts, Szepter und Zügel in der Linken, Blitzbündel in der Rechten, unter den Pferden M. AVF (VF ligiert), im Abschnitt ROMA.
(Crawford 227/1d; Fotonachweis: MMAG, Basel, 38, 1968, 119)

Q 6: Geldgewinnung durch Ausbeutung der spanischen Edelmetallvorkommen

Zur Ausbeutung der spanischen Ressourcen im zweiten Jahrhundert vgl. J. S. Richardson, The Spanish Mines and the Development of Provincial Taxation in the Second Century B.C., JRS 66, 1976, 139 ff.

Polyb. 34,9,8-11

Polybios von Megalopolis (ca. 200–120) war auf Betreiben politischer Gegner nach der Vernichtung der makedonischen Monarchie (168) in Rom interniert worden und verfaßte eine Universalgeschichte in 40 Büchern. Das sukzessive entstandene Riesenwerk umfaßte die Zeit von 264 bis 145 und fand seine Mitte in der Vorstellung, daß durch Roms Aufstieg zur Weltmacht die verschiedenen Teile der mediterranen Welt zu einem Ganzen zusammenwuchsen, das es erst ermöglichte, Weltgeschichte im eigentlichen Wortsinn zu schreiben. Das Werk ist in großen Teilen im Original oder in Zitaten späterer Autoren erhalten.

Dt.-Übersetzung: Polybios, Geschichte, 2 Bde., eingeleitet und übertragen von H. Drexler, Zürich – München 1978².

Zu Leben und Werk s. K. Meister, Die griechische Geschichtsschreibung, Stuttgart – Berlin – Köln 1990, 153–166 und O. Lendle, Einführung in die griechische Geschichtsschreibung, Darmstadt 1992, 221–243 (beide Werke mit Literaturangaben im Anhang).

> (8) Polybios sagt anläßlich der Erwähnung der Silberminen in der Nähe von Neukarthago, daß sie sehr groß und ungefähr 20 Stadien von der Stadt entfernt seien: Sie erstreckten sich in einem Umkreis von 400 Stadien. (9) Hier lebten 40.000 Minenarbeiter, die damals dem römischen Staat täglich 25.000 Drachmen einbrächten. (10) Die Arbeitsvorgänge lasse ich im übrigen beiseite – denn das ist eine lange Geschichte –, aber er sagt, daß die ausgewaschenen silberhaltigen Brocken zerkleinert und in einem Sieb gewaschen würden. Der im Sieb verbleibende Rückstand werde wiederum zerkleinert und gewaschen und bei ablaufendem Wasser wieder zerschlagen. (11) Der fünfte Rückstand werde dann geschmolzen und nach Entfernung des (beigemischten) Bleis erhalte man reines Silber.

Diod. 5,38,1

Diodoros aus dem sizilischen Agyrion lebte in caesarischer und frühaugusteischer Zeit (genaue Lebensdaten unbekannt) und verfaßte in Rom unter dem

Titel ‚Bibliothek' eine Universalgeschichte in 40 Büchern, die von der Urgeschichte bis in caesarische Zeit (60/59) reichte. Es handelt sich um eine Kompilation aus früheren Geschichtswerken. Eine ebenso knappe wie gute Übersicht über die Quellenverhältnisse gibt K. Meister, a.a.O., 171–181, speziell 178f. Die Quelle des zitierten Textstückes ist die Universalgeschichte des Stoikers Poseidonios von Apameia, der das Werk des Polybios bis zum Jahre 88 fortsetzte.

Die in den Metallbergwerken arbeitenden (Sklaven) gewinnen ihren Herren Ausbeute in unglaublicher Höhe, sie selber aber reiben sich auf, indem sie Tag und Nacht unter Tage in den Schächten arbeiten, viele sterben infolge des Übermaßes an Leiden. Denn es gibt keine Unterbrechung oder Pause der Arbeit für sie, sondern angetrieben von den Schlägen der Aufseher werden sie gezwungen, das Schreckliche ihrer Leiden auszuhalten, und verlieren so auf diese Weise ihr Leben. Die wenigen aber, die aufgrund ihrer körperlichen Stärke und seelischen Widerstandskraft aushalten, haben lediglich das Elend länger zu ertragen. Denn der Tod ist wegen der Größe der Quälerei dem Leben vorzuziehen.

Q 7: Die Rolle der publicani und die Entwicklung der Geldwirtschaft

Polyb. 6,17,2-5

(2) Für alle öffentlichen Arbeiten, die in ganz Italien von den Zensoren vergeben werden zur Wiederherstellung oder Neuerrichtung von Bauten – es wäre nicht leicht, sie alle aufzuzählen –, für alle Pachtungen von Zöllen an Flüssen und Häfen, von Gärten, Bergwerken, Ländereien – kurz: allem, was der römischen Herrschaft untersteht, (3) für all dies kommen die Unternehmer aus der Masse des Volkes, und sozusagen fast jeder Bürger ist an den betreffenden Submissionen und Pachtungen beteiligt. (4) Die einen erstehen selbst von den Zensoren die ausgebotenen Projekte und Pachtungen, die anderen treten als Teilhaber ins Geschäft, andere leisten dafür Bürgschaft, wieder andere zahlen aus ihrem Vermögen in die Staatskasse. (5) Die Entscheidung über all diese Dinge liegt beim Senat. Er kann Zahlungsaufschub bewilligen, bei einem Unglück Nachlaß gewähren, oder wenn ein Hindernis die Ausführung der Arbeit gänzlich unmöglich macht, von den Verpflichtungen aus dem Werkvertrag ganz entbinden.

Liv. 23,48,4-49,4

T. Livius (59 v. Chr. ?–17 n. Chr.) verfaßte eine Geschichte Roms von der Gründung der Stadt bis zum Jahre 9 n. Chr. in 142 Büchern. Erhalten sind die

Bücher 1–10 (bis 293) und 20–45 (219–167). Abgesehen von Fragmenten existieren für das gesamte Werk Zusammenfassungen (Periochae) aus dem vierten Jahrhundert n. Chr.

Zweisprachige Ausgabe: Livius, Römische Geschichte, 11 Bde., lt.-dt., hrsg. J. Feix und H. J. Hillen, München – Zürich 1988–1999 (1.–4. Auflage).

Zum Charakter des auf der Zeitenwende zwischen Republik und Prinzipat stehenden Riesenwerkes s. D. Flach, Römische Geschichtsschreibung, 135–158 und 173 (Literaturangaben). Livius' Quellen für die Darstellung des Hannibalkrieges sind neben Polybios die römischen Historiker Coelius Antipater, Valerius Antias und Claudius Quadrigarius.

(48,4) Am Ende des Sommers, in dem die von uns beschriebenen Ereignisse stattfanden (215 v. Chr.), kam ein Brief von P. und Cn. Scipio[5] über ihre großen und erfolgreichen Operationen in Spanien; aber Geld für Sold, Bekleidung und Getreide für das Heer fehle und für die in der Flotte dienenden Bundesgenossen ebenfalls alles. (5) Was den Sold anbelange, so würden sie, wenn die Staatskasse leer sei, einen Weg finden, auf dem sie das Geld von den Spaniern beschafften; alles übrige aber müsse unbedingt von Rom geschickt werden, auf andere Weise könne weder das Heer unterhalten noch die Provinz gehalten werden. (6) Als der Brief verlesen worden war, gab es niemanden, der nicht zugab, daß der Lagebericht den Tatsachen entsprach und die Forderungen angemessen waren; aber ihnen stand vor Augen, welche großen Heere sie zu Lande und zu Wasser unterhielten, daß bald eine große Flotte zum Auslaufen bereit gemacht werden müsse, falls ein Krieg mit Makedonien ausbreche: (7) Sizilien und Sardinien, die vor dem Krieg Naturalabgaben beisteuerten, ernährten kaum noch die dort stationierten Heere; durch die auf das Einkommen (der Bürger) erhobenen Umlagen würden die Ausgaben aufgebracht; (8) doch die Zahl der diese Umlagen Aufbringenden sei durch die großen Verluste der Heere am Trasimenischen See und bei Cannae vermindert; die wenigen, die übrig seien, würden, wenn sie durch Vervielfältigung der Umlagen belastet würden, an dieser anderen Katastrophe zugrunde gehen: (9) Wenn man sich nicht auf einen Kredit stützen könne, werde die Staatskasse aus eigenen Mitteln nicht für den Bedarf einstehen können: (10) Der Praetor Fulvius[6] solle vor die Volksversammlung treten, dem Volk den Bedarf des Staates darlegen und an diejenigen appellieren, die durch die Kontrakte mit dem Staat ihr Vermögen vermehrt hätten, (11) daß sie dem Staat Zeit gäben und einen Kontrakt schlössen, unter der Bedingung zu liefern, was für das Heer in

---

5 Die beiden Brüder kommandierten seit 217 gemeinsam das römische Expeditionsheer in Spanien.

6 Q. Fulvius Flaccus war 215 Stadtpraetor und bekleidete als politisch einflußreiches Mitglied der Nobilität insgesamt viermal den Konsulat (327, 224, 212 und 209).

Spanien nötig sei, daß sie als erste bezahlt würden, sobald wieder Geld in der Staatskasse sei. (12) So sprach der Praetor vor der Versammlung und legte einen Termin fest, an dem die Aufträge zur Lieferung von Kleidung und Getreide für das Heer sowie den sonstigen Bedarf für die bundesgenössischen Flottenmannschaften vergeben würden. (49,1) Als der Tag gekommen war, fanden sich drei Gesellschaften mit 21 Personen zur Übernahme der Kontrakte ein und stellten zwei Forderungen: (2) einmal Freistellung vom Militärdienst, solange sie für den Staat tätig seien, sodann daß der Staat das Risiko für die Schiffsladungen in Hinblick auf Feindeinwirkungen und Sturmschäden übernehme. (3) Beides wurde gewährt. So schlossen sie die Lieferungskontrakte ab, und der Staatsbedarf wurde mit privatem Geld beschafft. Eine solche Einstellung der Vaterlandsliebe beherrschte ohne Einschränkung alle Stände. (4) So wie alle Kontrakte mit großzügiger Gesinnung geschlossen waren, so wurde mit größter Vertragstreue und keineswegs sparsamer den Soldaten geliefert, als wenn sie wie früher von einer wohlgefüllten Staatskasse unterhalten worden wären.

Liv. 25,3,8-15 und 4,9-11

(3,8) Die Aushebungen der Konsuln behinderte das Verhalten des M. Postumius aus Pyrgi,[7] und dabei wäre es fast zu einem großen Aufruhr gekommen. (9) Postumius war ein Unternehmer, der für den Staat tätig war (*publicanus*), dem viele Jahre lang in der Bürgerschaft niemand gleichkam, was Betrug und Habgier betrifft, mit Ausnahme von T. Pomponius aus Veji, den die Karthager unter Führung von Hanno im Vorjahr gefangengenommen hatten, als er unvorsichtigerweise das offene Land in Lukanien verheerte.[8] (10) Diese Männer hatten, da der Staat das Risiko des Verlusts von Heereslieferungen durch Sturmschäden trug, fingierte Schiffsverluste gemeldet, und selbst diejenigen, die sie wahrheitsgemäß angezeigt hatten, waren auf Grund betrügerischer Manipulation nicht durch Zufall geschehen. (11) Sie hatten in alte, angeschlagene Schiffe wenige Güter von geringem Wert geladen, sie auf hoher See versenken lassen – die Schiffsbesatzungen waren vorher in vorbereitete Rettungsboote aufgenommen worden –, und dann machten sie fälschlicherweise den Verlust eines Vielfachen vom Wert der Ladungen geltend. (12) Diese betrügerischen Praktiken waren im Vorjahr dem Praetor M. Aemilius[9] angezeigt und von ihm dem Senat zur Kenntnis gebracht worden. Dennoch

---

[7] Pyrgi war die Hafenstadt des etruskischen Caere, das Teil des römischen Staatsgebietes war.

[8] Zu seiner Gefangennahme s. Liv. 25,1,3f.

[9] M. Aemilius Lepidus bekleidete die Praetur im Jahre 213, nachdem er sie 218 zum ersten Mal und möglicherweise auch 216 innegehabt hatte.

war der Senat nicht mit einem Beschluß dagegen vorgegangen, weil die Senatoren in der gegebenen Notlage es sich nicht mit der Klasse der Unternehmer (*publicani*) verderben wollten. (13) Das Volk war ein strengerer Ahnder des Betrugs, und endlich traten zwei Volkstribune auf, Sp. und L. Carvilius,[10] und belegten M. Postumius nach Untersuchung der Unwillen erregenden und schändlichen Affäre mit einer Strafe von 200.000 Assen. (14) Als der Tag des Einspruchs gegen diese Strafsumme gekommen war und die Plebs so zahlreich zur Versammlung erschienen war, daß der Platz auf dem Kapitol die Menge kaum fassen konnte, (15) gab es nach dem Plädoyer für Postumius nur noch die eine Hoffnung, daß der Volkstribun C. Servilius Casca,[11] sein Blutsverwandter, sein Veto vor Abstimmungsbeginn einlegte.

Da Servilius dies angesichts der Stimmung des Volkes und der Beweislage nicht wagte, erregten die *publicani* einen Aufruhr und erzwangen den Abbruch der Versammlung. Die Konsuln brachten die Angelegenheit vor den Senat, und dieser stellte fest, daß Postumius Gewalt gegen den Staat geübt und ein gefährliches Beispiel gegeben habe. Daraufhin setzten die beiden Volkstribune das Verfahren zur Festsetzung der Geldstrafe ab und beraumten stattdessen ein kapitales Strafverfahren gegen Postumius an, zu dem der Angeklagte jedoch nicht erschien.

(4,9) Daraufhin beantragten die Volkstribune und das Volk ratifizierte den Antrag, daß, wenn M. Postumius sich nicht vor dem 1. Mai stelle und der Ladung bis zu diesem Tage nicht Folge leiste oder sein Nichterscheinen (mit triftigen Gründen) entschuldige, er zu erkennen gegeben habe, daß er sich dem Verfahren durch das (selbstgewählte) Exil entzogen habe, seine Güter verkauft würden und er selbst geächtet (wörtlich: von Feuer und Wasser ausgeschlossen) sei. (10) Gegen die Urheber des Aufruhrs und der Unruhen wurden einzelne kapitale Verfahren anberaumt und Sicherheiten (für ihr Erscheinen vor dem Volksgericht) gefordert. (11) Zuerst setzten die Volkstribune die gefangen, die die geforderten Sicherheiten nicht (fristgerecht) gegeben hatten, dann auch diejenigen, die sie (noch fristgerecht) geben konnten. Um diese Gefahr zu vermeiden, begaben sich die meisten (freiwillig) ins Exil.

---

10 Sp. und L. Carvilius, vielleicht Brüder, gehörten einer plebejischen Familie an, die im dritten Jahrhundert in die Nobilität aufgestiegen war.
11 Es ist fraglich, ob hier eine Verwechslung mit C. Servilius Geminus vorliegt: vgl. E. Badian, The House of the Servilii Gemini, PBSR 52, 1984, 66.

Q 8: Cicero über die Verflechtung von provinzialer Herrschaft und Kapitalinteressen

Cicero befürwortete 66 als Praetor den Antrag des Volkstribunen C. Manilius, Pompeius, der soeben den Krieg gegen die Seeräuber gewonnen hatte, mit dem Oberbefehl gegen König Mithradates VI. von Pontos zu betrauen. Der Dritte Mithradatische Krieg war 74 ausgebrochen und bedrohte, nachdem die Römer erhebliche Rückschläge erlitten hatten, die Provinz Asia. Damit waren nicht zuletzt die Kapitalinteressen der römischen Steuerpächter und Geschäftsleute betroffen, und in seiner Ansprache an das Volk hat Cicero neben anderen Gesichtspunkten dies mit Nachdruck hervorgehoben.

Dt. Übersetzung der Reden: Cicero, Sämtliche Reden, übersetzt von M. Fuhrmann, 7 Bde., Zürich – Stuttgart 1970 1982.

Cic. De imp. Cn. Pompei 14-19

(14) Die Steuereinnahmen aus den übrigen Provinzen sind so gering, ihr Bürger, daß sie uns kaum für den Schutz der Provinzen selbst genügen können. Asia dagegen ist so reich, daß es durch die Ergiebigkeit seiner Landwirtschaft, die Vielfalt seiner Erträge, die Größe seines Weidelandes und die Menge der für die Ausfuhr bestimmten Waren alle anderen Länder übertrifft. Ihr müßt daher diese Provinz, wenn ihr das, was den Nutzen für den Krieg und einen würdevollen Frieden begründet, behalten wollt, ihr Bürger, nicht nur vor Unheil bewahren, sondern sogar vor der bloßen Befürchtung eines Unheils. (15) Denn sonst hat man den Schaden erst, wenn das Unheil eintritt. Doch bei den Steuereinnahmen bringt nicht erst der Eintritt eines Übels, sondern schon die bloße Befürchtung Verluste mit sich. Denn wenn die feindlichen Truppen nicht weit sind – es braucht noch gar kein Einfall stattgefunden zu haben –, so verläßt man gleichwohl die Herden, gibt die Feldarbeit auf und stellt die Handelsschiffahrt ein. Unter diesen Umständen lassen sich weder aus dem Hafenzoll noch aus dem Zehnten (des Ernteertrags) noch aus den Weidenutzungsgebühren Einnahmen erzielen. Daher gehen oft die Einnahmen eines ganzen Jahres verloren, wenn nur einmal das Gerücht einer Gefahr aufkommt oder ein Krieg auszubrechen scheint. (16) Wie stellt ihr euch demnach die Stimmung derer vor, die uns Steuern zahlen oder die sie verwalten oder eintreiben, wenn sich zwei Könige[12] mit riesigen Heeren in unmittelbarer Nähe befinden, wenn ein Streifzug der Reiterei in kürzester Zeit das Steueraufkom-

---

12 Gemeint sind Mithradates VI. von Pontos und sein mit ihm verbündeter Schwiegersohn, König Tigranes III. von Armenien.

men eines ganzen Jahres hinwegraffen kann, wenn die Steuerpächter glauben, daß ihre zahlreichen Bediensteten, die sie auf den Salzfeldern, auf den Ländereien, in den Häfen und an den Verkehrskontrollstellen beschäftigen, sich in großer Gefahr befinden? Glaubt ihr, aus all dem noch Nutzen ziehen zu können, es sei denn, ihr bewahrt diejenigen, die euch von Nutzen sind, nicht allein vor dem Unheil, sondern, wie ich schon sagte, auch vor dem Schreckbild eines Unheils? (17) Und auch den Gesichtspunkt solltet ihr nicht geringachten, den ich mir an letzter Stelle vorgenommen hatte, als ich über die Beschaffenheit des Krieges zu sprechen begann: Er betrifft das Vermögen zahlreicher römischer Bürger. Ihr sollet darauf, wenn ihr vernünftig seid, sorgsam Bedacht nehmen. Denn erstens haben die Steuerpächter, hochangesehene und vermögende Leute, ihre Gelder und Mittel in dieser Provinz angelegt. Deren Interessen und Verhältnisse müssen um ihrer selbst willen eure Teilnahme erregen. Denn wenn uns die Steuereinnahmen stets als der Nerv des Staates gegolten haben, so dürfen wir mit Recht behaupten, daß der Stand, der sie verwaltet, die Stütze der übrigen Stände ist. (18) Das sind zweitens Angehörige der übrigen Stände, tüchtige und regsame Leute. Sie treiben zum Teil selbst in Asien Geschäfte, und ihr müßt euch in ihrer Abwesenheit um sie kümmern, teils haben sie beträchtliche Kapitalien in dieser Provinz angelegt. Ihr seid es demnach eurer Menschlichkeit schuldig, eine große Zahl von Bürgern vor dem Unglück zu bewahren, und eurer Klugheit, einzusehen, daß die allgemeine Wohlfahrt nicht unabhängig von dem Unglück vieler Bürger bestehen kann. Denn einmal will es wenig heißen, daß ihr den Pächtern die verlorenen Steuern hernach durch euren Sieg wieder verschaffen könnt; denn den bisherigen Bewerbern (um den Zuschlag der Pacht) werden wegen der Verluste die Mittel zur Pacht und anderen aus Furcht die Bereitschaft dazu fehlen. (19) Zum anderen, was uns eben dies Asien und eben dieser Mithradates zu Beginn des asiatischen Krieges (im Jahre 88) gezeigt haben, das müssen wir, durch Schaden klug geworden, jetzt unbedingt im Auge behalten. Denn wir wissen ja, daß, als in Asien sehr vielen Leuten große Vermögenswerte verlorengingen, in Rom der Zahlungsverkehr stockte und der Kredit zusammenbrach. Wenn nämlich in einem Staat viele Leute Geld und Vermögen einbüßen, kann es nicht ausbleiben, daß sie andere mit in dasselbe Verderben ziehen: Bewahrt unser Gemeinwesen vor dieser Gefahr! Denn glaubt mir, was ihr ja selber seht: das Kredit- und Geldwesen, das in Rom, das hier auf dem Forum seine Stätte hat, ist mit den Kapitalien in Asien verflochten und davon abhängig. Jene Kapitalien können nicht zusammenbrechen, ohne daß der hiesige Geldmarkt, von derselben Bewegung erschüttert, in Verfall gerät.

Q 9: Cato über die Korruption in der regierenden Klasse

M. Porcius Cato (234–149) stieg als erster seiner aus Tusculum stammenden Familie in die Nobilität auf, war 195 Konsul und 184 Zensor. Er war ein Verfechter der alten Vätersitte und zugleich ein umsichtiger Mehrer des eigenen Vermögens, der die Konjunktur der Geldwirtschaft zu nutzen verstand. Er ist der Verfasser des ersten, ‚Ursprünge' (Origines) genannten Geschichtswerks in lateinischer Sprache und eines Lehrbuchs über Landwirtschaft (De agricultura). Dieses ist als einziges seiner Werke erhalten geblieben. Das meiste, u. a. das Geschichtswerk und die Reden, ist nur in Fragmenten faßbar. Die Rede ‚Über seinen Aufwand' (De sumptu suo) ist, wie aus Gell. 13,24,1 hervorgeht, in seinem 70. Lebensjahr, also 164, gehalten worden.

Zweisprachige Gesamtausgabe: M. Porcius Cato, Vom Landbau, Fragmente, lt.-dt., hrsg. O. Schönberger, München 1980.

Zu Cato als Politiker s. D. Kienast, Cato der Zensor, München 1954; ND 1979 und A. E. Astin, Cato the Censor, London 1978. Zu Cato als Schriftsteller s. F. Leo, Geschichte der römischen Literatur I, Berlin 1913; ND 1958 und 1967, 265–300.

Aus der Rede ‚Über seinen Aufwand':
F. 44 Malcovati = 282 Schönberger

Ich ließ das Buch aus dem Schrank holen, auf dessen Holztafeln die Rede aufgeschrieben war, die ich im Sponsionsprozeß mit M. Cornelius[13] gehalten hatte. Es wurde gebracht. Ich ließ mir die Taten der Vorfahren vorlesen, dann was ich selber für den Staat getan hatte. Nachdem das beides zu Ende gelesen war, stand in der Rede geschrieben: „Ich habe niemals weder mein noch der Bundesgenossen Geld verschenkt, um Anhänger zu gewinnen." „Halt" rief ich da „nur ja nicht, beileibe nicht das, sie wollen's nicht hören." Darauf las er: „Niemals habe ich Präfekten über die Städte eurer Bundesgenossen geschickt, um ihre Güter zu plündern und ihre Kinder zu rauben." – „Auch das streich' aus, sie wollen's nicht hören. Lies weiter." – „Niemals habe ich die Beute oder die Gefangenen oder das Beutegeld unter ein paar gute Freunde verteilt und die darum gebracht, die es gewonnen hatten." – „Auch das streich' aus, nichts wollen sie weniger hören als das; das braucht's nicht, lies weiter." –

---

13 Unter einem Sponsionsprozeß versteht man ein zivilrechtliches Verfahren, durch das dem Gewinner die Zahlung einer von den Prozeßparteien vereinbarten Geldsumme zugesprochen wurde. Die Person des Prozeßgegners M. Cornelius und der Gegenstand des Rechtstreites sind unbekannt.

„Niemals habe ich Scheine für Staatsfuhren an gute Freunde vergeben, damit sie auf meinen Namen große Profite machten." – „Nur weiter gestrichen, und das ganz besonders!" – „Niemals habe ich Geld für Weinspenden an meine Diener und Freunde verteilt und sie zum öffentlichen Schaden bereichert." – „Um Himmelswillen, das kratze weg bis aufs Holz." Nun mögt ihr sehen, wie weit es mit dem Staat gekommen ist: was ich dem Staat zum Wohle getan hatte, wofür man mir damals dankte, dasselbe wage ich jetzt nicht zu erwähnen, damit es nicht Übelwollen wecke. So ist es aufgekommen, daß man ungestraft unrecht handeln, nicht ungestraft recht handeln darf. (Übersetzung nach Friedrich Leo)

Q 10: Cato über marktorientierte Landwirtschaft

Über italische Gutswirtschaft zur Zeit Catos orientieren H. Dohr, Die italischen Gutshöfe nach den Schriften Catos und Varros, Diss. Köln 1965 und D. Flach, Römische Agrargeschichte, in: HdAW III.9, München 1990, 184ff. und 250ff.

Cato, De agricult. praef. und 1,1-3,2

(praef. 1) Es kommt wohl vor, daß es sich mehr empfiehlt, durch Handel Vermögen zu erwerben, wenn es nur nicht so gefahrvoll wäre, und ebenso durch Geldleihen, wenn es nur ehrbarer wäre. Unsere Vorfahren haben es so gehalten und es so in Gesetzen bestimmt, daß ein Dieb zum doppelten, ein Wucherer zum vierfachen Ersatz zu verurteilen sei: ein wie viel schlechterer Bürger nach ihrem Ermessen der Wucherer war als der Dieb, kann man hiernach ermessen. (2) Und wenn sie einen als braven Mann loben wollten, lobten sie ihn als braven Ackerbauer und braven Landwirt. Wer so gelobt wurde, dem, meinte man, sei das ehrenvollste Lob geworden. (3) Was nun den Kaufmann anbetrifft, so ist er meines Ermessens ein wackerer und eifrig auf Erwerb bedachter Mann, aber, wie ich bereits sagte, sein Geschäft ist Unfall und Gefahren ausgesetzt. (4) Aber die Ackerbauern haben die tapfersten Männer und wackersten Soldaten zu Söhnen, und der Erwerb aus dem Ackerbau ist der schuldloseste und gleichmäßigste und am wenigsten dem Neide ausgesetzt, und am wenigsten haben, die mit dieser Arbeit beschäftigt sind, böse Gedanken. Nun, um wieder zur Sache zu kommen, soll dies der Anfang des Werkes sein, das ich angekündigt habe.
(1,1) Wenn du ein Gut zu erwerben gedenkst, so nimm dir vor, nicht begierig zu kaufen und es an deiner Mühe im Besichtigen nicht fehlen zu lassen und es nicht für genügend zu halten, wenn du einen Umgang machst. Wie oft du

herumgehst, so oft wird dir besser gefallen, was gut ist. (2) In welcher Art die Nachbarn gedeihen, darauf achte genau: in einer guten Gegend wird man notwendig gut gedeihen. Du sieh zu, daß du so hineingehst und dich umschaust, daß du den Weg wieder hinaus findest. Guten Himmel soll es haben, nicht Wetter und Hagel ausgesetzt sein. Von gutem Boden, durch seine Natur kräftig soll es sein. (3) Womöglich soll es am Fuß eines Gebirges liegen, nach Mittag blicken, in gesunder Lage, freie Arbeiter sollen zu haben sein, und eine gute Tränke; in der Nähe sei eine bedeutende Stadt oder das Meer oder ein Fluß, auf dem Schiffe verkehren, oder eine gute und volkreiche Straße. (4) Das Gut soll zu denen gehören, die nicht oft die Herren wechseln; die in dieser Gegend Güter verkauft haben, denen soll es leid tun verkauft zu haben. Die Gebäude sollen gut sein. Hüte dich, eine fremde Ordnung leichthin zu verachten: von einem Besitzer, der ein guter Landwirt und guter Bauherr ist, wird besser kaufen sein. Wenn du zum Gutshause kommst, sieh zu, ob das Inventar für Keltern, Pressen und Aufbewahren reichlich ist; (5) wenn es nicht der Fall ist, so bedenke, daß der Gewinn nach dem Verhältnis geht. Sieh zu, daß das Gut so wenig Gerätschaft wie möglich brauche und nicht viel verbrauche. (6) Bedenke, daß ein Gut ist wie ein Mensch, daß, wenn es noch so viel erwirbt, aber viel verbraucht, nicht viel übrig bleibt. (7) Wenn du mich fragst, was für ein Gut allen voransteht, so sage ich: von aller Art Land und bestem Boden hundert Joch; Weinland ist das erste, wenn es guten und vielen Wein trägt, an zweiter Stelle bewässertes Gartenland, an dritter Weidicht, an vierter Ölland, an fünfter Wiese, an sechster Getreidefeld, an siebenter schlagfähiger Wald, an achter Baumpflanzung, an neunter Waldweide.

(2,1) Wenn der Hausherr aufs Gut gekommen ist und den Hausgeist (*lar*) begrüßt hat, soll er an demselben Tage, wenn er kann, den Umgang um sein Land machen; wenn nicht am selben Tage, doch am nächsten. Wenn er sich überzeugt hat, auf welche Weise das Land bebaut ist und welche Arbeiten getan und ungetan sind, soll er am Tage danach den Inspektor rufen, ihn fragen, was von Arbeit getan sei, was noch zu tun sei, ob die Arbeiten zur richtigen Zeit ausgeführt seien, ob er, was übrig sei, ausführen könne und was von Wein, Getreide und allen andern Dingen eingebracht sei. (2) Wenn er das angehört hat, muß er auf die Berechnung der Arbeitskräfte und Tage eingehen. Wenn die Arbeit nicht stimmt, der Inspektor sagt, er habe getan, was er konnte, es seien Sklaven krank geworden, es sei schlechtes Wetter gewesen, es seien Sklaven durchgegangen, er habe öffentliche Arbeit leisten müssen, wenn er diese und andre Entschuldigungen viele vorgebracht hat, so rufe ihn zur Rechenschaft über Arbeiten und Arbeitskräfte zurück: (3) wenn Regenzeit gewesen sei, welche Arbeiten bei Regen hätten gemacht werden können, Fässer auswaschen, verpichen, das Haus reinigen, Getreide umlegen, Mist hinausbringen, Misthaufen anlegen, Samen reinigen, Seile flicken, neue machen; ihre Röcke und Kapuzen hätten sich die Leute flicken sollen. (4) An den Feier-

tagen konnten die alten Gräben ausgefegt, die Landstraße verbessert, Dornenhecken gestutzt, der Garten umgegraben, die Wiese gereinigt, Ruten gebunden, Dornen gejätet, Korn gemahlen, alle Räume geputzt werden. Wenn Sklaven krank waren, hätten nicht so viel Lebensmittel ausgegeben zu werden brauchen. (5) Wenn dies mit Gelassenheit durchgesprochen ist, soll er sorgen, daß ausgeführt wird, was von Arbeiten übrig ist, die Geld- und Getreiderechnung abnehmen und was des Futters wegen angeschafft ist; die Wein- und Ölrechnung, was verkauft, was eingekommen ist, was aussteht, was noch zu verkaufen ist; wo Sicherheit anzunehmen ist, muß sie angenommen werden; (6) was übrig ist, muß zur Stelle sein. Wenn etwas fürs Jahr fehlt, muß es angeschafft werden, was überflüssig ist, verkauft werden; was verdingt werden muß, soll verdingt werden; welche Arbeiten er ausgeführt, welche er verdingt haben will, soll er befehlen und das schriftlich zurücklassen. Das Vieh soll er in Augenschein nehmen. (7) Er soll einen öffentlichen Verkauf anstellen: Öl, wenn es seinen Wert hat, Wein, Getreide, soviel übrig ist, soll er verkaufen; alte Ochsen, entwöhntes Großvieh, entwöhnte Schafe, Wolle, Felle, altes Fahrzeug, altes Eisenzeug, altgewordene Sklaven, kränkliche Sklaven und was es sonst Überflüssiges gibt, soll er verkaufen. Ein Hausherr soll verkaufslustig, nicht kauflustig sein.
(3,1) In der frühen Jugend soll der Hausherr das Land bepflanzen; zu bauen soll er sich lange bedenken, zu pflanzen soll er sich nicht bedenken, sondern er soll es tun. Wenn das Leben an die 36 gekommen ist, dann soll man bauen, wenn man das Land bepflanzt sieht. Baue so, daß das Haus sich nicht nach dem Grund und Boden umsehen muß und Grund und Boden sich nicht nach dem Hause. (2) Es ist zum besten des Besitzers, ein wohlerbautes ländliches Haus zu haben, einen Öl- und Weinkeller und viele Fässer, daß er gern ein teures Jahr abwarten mag; das wird ihm zum Gewinn, zum Verdienst und Ruhm gereichen. (Übersetzung nach Friedrich Leo)

Q 11: Die Abfindung von Staatsgläubigern und die Belohnung von Bundesgenossen durch Zuweisung von Staatsland

Nach Liv. 26,36,10-12 fanden sich im Jahre 210 die Vermögen aller Stände zu einer (zinslosen) Kriegsanleihe bereit. Sechs Jahre später wurde beschlossen, die Schuld in drei Raten, 204, 202 und 200, zu tilgen (Liv. 29,16,1-3). Tatsächlich aber wurde die letzte Rate erst 196 zurückgezahlt (Liv. 33,42,3). Das aber heißt, daß im Jahre 202 keine Tilgung erfolgte und im Jahre 200 die Tilgung dieser zweiten Rate (die Nennung der dritten Rate in Liv. 33,13,2 beruht auf einem Irrtum des Historikers) von den Gläubigern zwar angemahnt wurde, aber wegen Zahlungsunfähigkeit des Staates nicht möglich war. Statt dessen erhielten die Gläubiger Staatsland zur privaten Nutzung.

Liv. 31,13,2-9 (zum Jahr 200 v. Chr.)

(2) Privatleute, denen dieses Jahr die dritte Rückzahlungsrate von dem Geld geschuldet wurde, das sie im Konsulatsjahr des M. Valerius und des M. Claudius (210) als Kredit (dem Staat) gegeben hatten, wurden in großer Zahl im Senat vorstellig, (3) weil die Konsuln wegen des bevorstehenden neuen Krieges (mit König Philipp V. von Makedonien), der mit einer großen Flotte und großen Heeren geführt werden müsse und dem die Staatskasse kaum gewachsen sei, ihnen erklärt hätten, es gebe keine Mittel, von denen die fällige Rate jetzt gezahlt werden könne. (4) Der Senat konnte ihren Klagen nichts entgegenhalten: Wenn der Staat das für den Punischen Krieg zur Verfügung gestellte Geld auch für den Makedonischen nutzen wolle und ein Krieg sich an den anderen reihe, was wäre dies anderes, als daß ihr Geld zur Vergeltung einer Wohltat wie zur Strafe für ein Verbrechen vom Staat beschlagnahmt würde? (5) Da also die Forderungen der Privatleute recht und billig waren, doch die Staatskasse zur Ablösung der Schuld nicht in der Lage war, (6) so faßten sie einen Beschluß, der die Mitte zwischen Billigkeit und Staatsinteresse hielt: Da ein großer Teil der Petenten geltend machte, es stünden Ländereien zum Verkauf und sie brauchten das Geld für Landkäufe, sollte ihnen der Zugriff auf Staatsland innerhalb des 50. Meilensteins (also im Umkreis von ca. 75 km um Rom) gegeben werden. (7) Die Konsuln sollten eine Schätzung des Landes vornehmen und je Morgen eine Abgabe von einem As als Beleg dafür, daß es sich um Staatsland handle, mit der Maßgabe festlegen, (8) daß, wenn einer bei Zahlungsfähigkeit des Staates Geld dem Besitz von Staatsland vorzöge, er das Land dem Staat zurückerstatten könne. (9) Die privaten Geldgeber nahmen dieses Angebot gerne an. Das betreffende Land wurde das drittteilige (*trientabulum*) genannt, weil es für den dritten Teil des geschuldeten Geldes gegeben worden war.

Das Agrargesetz von 111 v. Chr. über Staatsland, das Kolonien, Munizipien und Staatsgläubigern überlassen war

Das Land, mit dem im Jahr 200 die Staatsgläubiger abgefunden worden waren, bildete seitdem eine besondere Bodenkategorie. Es war nach strengem Recht Staatsland, aber sofern die Besitzer nicht verlangten, ausgezahlt zu werden (vgl. oben Liv. 31,13,9), war ihr Besitz auch gegen Rückgabeansprüche des Staates geschützt. Der unten zitierte Passus aus dem inschriftlich erhaltenen bzw. rekonstruierbaren Agrargesetz von 111 zeigt, daß dieses Land vererbt, übereignet und veräußert worden war und dementsprechend die Besitzgarantie auf die Rechtsnachfolger der im Jahre 200 mit Staatsland abgefundenen Gläubiger ausgedehnt wurde.

Zu den Einzelheiten vgl. den sorgfältigen Kommentar von K. Johannsen, Die lex agraria des Jahres 111 v. Chr. Text und Kommentar, Diss. München 1970.

CIL I² 585,31–32

(31) Wenn Kolonien bzw. Munizipien bzw. Ansiedlungen römischer Bürger oder latinischen Namens, die Munizipien bzw. Kolonien gleichgestellt sind, von Staats wegen bzw. auf Senatsbeschluß Land zur Nutzung gegeben wurde oder wenn es unter das Dritteilland fällt, so gilt für die, die es als Bewohner von Kolonien, Munizipien oder Städten im Rang von Munizipien nutzen werden, oder für die, die es stellvertretend für eine Kolonie, ein Munizipium oder Munizipien nutzen werden, oder für die, die es als Dritteilland nutzen werden: (32) Soweit sie dieses Land als Bewohner von Kolonien, Munizipien oder Städten im Rang von Munizipien haben werden, oder soweit sie es von einer Kolonie, einem Munizipium oder Städten im Rang von Kolonien haben werden, bzw. soweit ihnen dieses Land als Dritteilland durch Testament, Erbschaft oder Übergabe zufiel bzw. zufällt, sollen die, denen es vor Beantragung dieses Gesetzes gestattet war, diesen Grund und Boden in Pacht zu haben, zu nutzen, zu besitzen und (gegen Ansprüche Dritter) zu verteidigen, dies außer dem Grund und Boden, der nach diesem Gesetz wird verkauft, vergeben oder als Gegenleistung gegeben werden muß, nach Beantragung dieses Gesetzes so haben, gebrauchen, nutzen, besitzen und (gegen Ansprüche Dritter) verteidigen dürfen wie alles, was einem jeden vor Verabschiedung dieses Gesetzes gestattet war...

Q 12: Appian über die Vorgeschichte des gracchischen Agrargesetzes

Appian von Alexandrien (ca. 95–165) beendete seinen Dienst in der römischen Administration im Rang (nicht in der Funktion) eines kaiserlichen Prokurators und schrieb seit der Mitte des zweiten Jahrhunderts eine Römische Geschichte von den Anfängen bis Kaiser Trajan in 24 Büchern. Das Werk, das eine ethnographisch-geographische Gliederung entsprechend der Abfolge der römischen Expansion aufweist, ist nur in Teilen erhalten. Aus dem Rahmen dieser Gliederung fallen die erhaltenen fünf Bücher über die Bürgerkriege (133–35), die unsere bedeutendste historiographische Darstellung der Geschichte der späten Republik sind.

Dt. Übersetzung: Appian von Alexandria, Römische Geschichte, 2 Bde., übersetzt von O. Veh, durchgesehen, eingeleitet und erläutert von K. Brodersen und W. Will, Stuttgart 1987–1989.

Appian wird die ausführlichste Darstellung der Vorgeschichte der gracchischen Agrarreform verdankt. Aber er bietet kein authentischen Bild der Verhältnisse, von denen er durch einen Abstand von mehr als 300 Jahren getrennt ist. Er weiß sowenig wie die sonstige Überlieferung, daß das sogenannte Vorläufergesetz aus der Zeit um 180 stammte und nicht den Zweck verfolgte, verdrängten Kleinbauern wieder zu Land zu verhelfen. Die Angabe, daß der Gesetzgeber erwartet habe, daß die Reichen Land in kleinen Parzellen an die Armen verkauften, ist eine reine Hilfskonstruktion des Historikers und eine schlechte Erfindung dazu. Zu weiteren Anachronismen seiner Darstellung s. K. Bringmann, Das ‚Licinisch-Sextische' Ackergesetz und die gracchische Agrarreform (1986), 65 f. = Ausgewählte Schriften, 199 f.

App. b.c. 1,26-34

(26) Als die Römer Italien nach und nach durch Krieg in ihre Hand gebracht hatten, pflegten sie einen Teil des Landes in Besitz zu nehmen und Städte zu erbauen oder in schon vorher bestehende Siedler einzureihen, die von ihnen selbst kamen. (27) Dies sahen sie anstelle von Besatzungen vor. Von dem Land, das sie jeweils erbeuteten, teilten sie das bebaute sogleich den Siedlern zu oder verkauften oder verpachteten es. Das infolge des Krieges unbestellte Land aber, das sich am weitesten ausdehnte, ließen sie unterdessen, ohne noch die Zeit zu finden, es durch Los zu verteilen, durch öffentliche Ausrufung denen anbieten, die bereit waren, es gegen eine Abgabe von der jährlichen Ernte, und zwar eines Zehntels vom Getreide und eines Fünftels vom Obst, zu bebauen. Für die aber, die Vieh hielten, wurden Abgaben von Groß- und Kleinvieh festgesetzt. (28) Sie taten dies, um die Bevölkerung des italischen Stammes zu mehren, in dem sie den zähesten erblickten, und versprachen sich davon, blutsverwandte Bundesgenossen zu haben. Doch trat das Gegenteil ein. (29) Die Reichen nämlich, die den größten Teil des unverteilten Landes in Besitz nahmen und sich im Laufe der Zeit ermutigt fühlten zu glauben, man werde ihnen ihren Besitz nicht streitig machen, gingen dazu über, das in ihrer Nachbarschaft gelegene Land aufzukaufen und teils mit Gewalt an sich zu ziehen, erschlossen weite Landstriche anstelle einzelner Grundstücke und benutzten Sklaven als Bauern und Hirten, um nicht befürchten zu müssen, daß die Freien vom Ackerbau zum Kriegsdienst abgezogen würden. Zur gleichen Zeit brachte ihnen dieser Besitz beträchtlichen Gewinn infolge des Kinderreichtums der Sklaven, konnten sie sich doch dank ihrer Befreiung vom Kriegsdienst ohne Gefahr vermehren. (30) So kam es, daß die Mächtigen vollends

reich wurden und die Menschenklasse der Sklaven sich über das ganze Land ausbreitete, die Italiker aber unter einem Rückgang in der Bevölkerungszahl und einem Mangel an Männern litten, da sie von Armut, Abgaben und Kriegsdienst hart getroffen wurden. (31) Auch wenn sie davon Ruhe hatten, versanken sie in Untätigkeit, da die Reichen das Land in ihrer Hand hatten und statt Freigeborener Sklaven als Bauern verwandten.

(32) Aus diesen Gründen beunruhigte sich das Volk darüber, daß seine Bundesgenossen aus Italien schlecht gestellt waren und seine Herrschaft wegen der großen Zahl von Sklaven in Gefahr zu geraten drohte. (33) Doch kam ihnen keine Möglichkeit zur Abhilfe in den Sinn, da es ja auch weder leicht war noch allen Seiten gerecht wurde, nach so langer Zeit so vielen Männern einen so großen Besitz an eigenen Bäumen, Gebäuden und Gerätschaften wegzunehmen. Schließlich bestimmten sie auf Antrag der Volkstribunen, daß einer weder mehr als 500 Morgen von diesem Land haben solle noch mehr als 100 Stück Großvieh und 500 Stück Kleinvieh halten dürfe. Dazu machten sie ihnen zur Auflage, eine Zahl von Freigeborenen zu beschäftigen, die überwachen und melden sollten, was vorging. (34) Nachdem sie dies alles in ein Gesetz gefaßt hatten, leisteten sie auf dieses Gesetz den Eid und setzten eine Strafe für Verstöße fest, beides in der Erwartung, daß das übrigbleibende Land sogleich in kleinen Parzellen an die Armen verkauft werde. Doch kümmerte man sich weder um die gesetzlichen Bestimmungen noch um die Eide, sondern soweit man sich darum zu kümmern schien, trat man das Land zum Schein an die Verwandten ab, während die Mehrzahl sie überhaupt mißachtete.

Q 13: Römische Kolonisation zwischen 218/200 bis 174/157 v. Chr.

	Gründungs-datum	Zahl der Siedler	Quelle
I. Latinische Kolonien			
1. Placentia	218	6.000	Polyb. 3,40,3-5
2. Cremona	218	6.000	Polyb. 3,40,3-5
3. Copia	193	3.300	Liv. 35,9,7
4. Vibo Valentia	192	4.000	Liv. 35,40,5
5. Bononia	189	3.000	Liv. 37,57,7f.
6. Aquileia	181	über 3.000	Liv. 40,34,2
II. Römische Kolonien			
7. Castra Hannibalis	194	300	Liv. 32,7,3
8. Volturnum	194	300	Liv. 32,29,3f.; 34,45,1-3
9. Liternum	194	300	dto.
10. Puteoli	194	300	dto.
11. Salernum	194	300	dto.
12. Buxentum	194	300	dto.

13. Tempsa	194	300	dto.
14. Croto	194	300	dto.
15. Sipontum	194	300	dto.
16. Potentia	184	300?	Liv. 39,44,10
17. Pisaurum	184	300?	dto.
18. Mutina	183	2.000	Liv. 39,55,6-8
19. Parma	183	2.000	dto.
20. Saturnia	183	300?	Liv. 39,55,9
21. Gravisca	181	300?	Liv. 40,29,1 f.
22. Luna	177	2.000	Liv. 41,13,5
23. Auximum	174 oder 157	?	Vell. 1,15,3

Römische Kolonien zwischen 218/ 200 v. Chr. – 157 v. Chr.

Karte 3

Nachdeduktionen in bestehende Kolonien

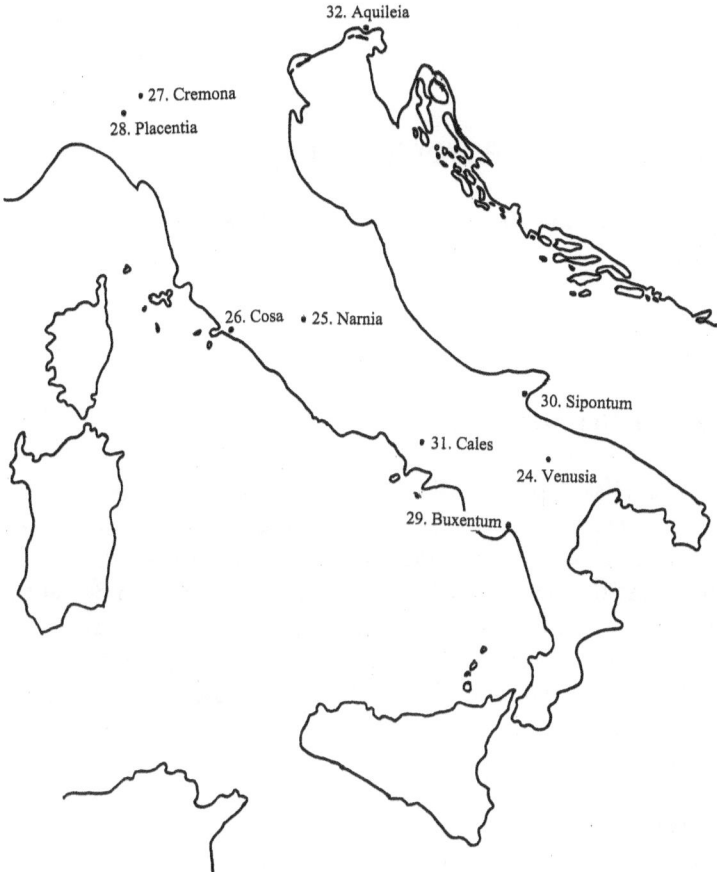

Karte 4

Das Datum der Gründung der Bürgerkolonie Auximum ist ungesichert: nach Liv. 41,27,10 ließen die Zensoren 174 die Stadt mit einer Stadtmauer befestigen, was für die Anwesenheit römischer Bürger schon zu diesem Zeitpunkt spricht. Velleius gibt jedoch eine Datierung, die auf das Jahr 157 führt.

Im ersten Drittel des 2. Jh. sind außerdem mehrfach Siedler in bereits bestehende Kolonien deduziert worden, so nach:

24. Venusia	200	?	Liv. 31,49,6
25. Narnia	199	?	Liv. 32,2,6f.
26. Cosa	197	1.000	Liv. 33,24,8f.
27. Cremona	190	zusammen	Liv. 37,46,9-11
28. Placentia	190	6.000	dto.

29. Buxentum	186	?	Liv. 39,23,3 f.
30. Sipontum	186	?	dto.
31. Cales	184	?	ILS I³, 45
32. Aquileia	169	1.500	Liv. 43,17,1

Die Krise der Heeresverfassung

Q 14: Polybios über die Heeresverfassung des zweiten Jahrhunderts

Zu den Einzelheiten der polybianischen Schilderung s. F. W. Walbank, Commentary on Polybius I, 697–709.

Polyb. 6,19,1-21,10 und 26,1-9

(19,1) Nachdem sie die Konsuln gewählt haben, ernennen sie die Kriegstribunen, vierzehn aus denen, die fünf Jahre lang, (2) zehn aus denen, die zehn Jahre lang im Felde gestanden haben. Von den übrigen müssen die Reiter zehn, Fußsoldaten sechzehn[14] Jahre lang bis zur Erreichung des sechsundvierzigsten Lebensjahres Felddienst tun, (3) mit Ausnahme derjenigen, deren Vermögen unter vierhundert Drachmen liegt. Diese stellen sie zum Dienst auf der Flotte ab. Im Fall dringender Gefahr (4) müssen die Fußsoldaten zwanzig Jahre lang dienen. Ein staatliches Amt darf nur erhalten, (5) wer zehn Jahre lang im Felde gestanden hat.

Wenn die Konsuln Aushebungen vornehmen wollen, dann setzen sie durch öffentliche Bekanntgabe einen Tag fest, an dem sich alle Römer im waffenfähigen Alter einzufinden haben. (6) Dies geschieht jedes Jahr. Wenn der Tag gekommen ist und die Dienstpflichtigen in Rom erschienen (7) und auf dem Kapitol versammelt sind, dann teilen sich die jüngeren Kriegstribunen, nach der Reihenfolge (?), in der sie vom Volk oder von den Konsuln gewählt worden sind, in vier Gruppen, denn die erste Unterabteilung des Gesamtheeres ist die in vier Legionen. (8) Die vier zuerst ernannten Tribunen werden der ersten Legion zugeteilt, die nächsten drei der zweiten, die nächsten vier der dritten, die letzten drei der vierten. (9) Von den älteren Tribunen kommen die beiden

---

14 Der Text ist an dieser Stelle verderbt. Lesbar ist das griechische Wort für sechs, die folgenden Buchstaben ergeben keinen Sinn. Die Ergänzung der verderbten Zahl zu sechzehn triff aller Wahrscheinlichkeit nach das Richtige. Alle Angaben des Textes sind so zu verstehen, daß die Wehrpflichtigen sich bei der jährlichen Mobilisierung bis zu sechzehnmal, unter Umständen sogar bis zu zwanzigmal in Rom melden mußten, aber es heißt nicht, daß sie auch sovielmal tatsächlich in den Legionen dienten.

ersten in die erste, die nächsten drei in die zweite, die nächsten zwei in die dritte, die letzten drei in die vierte Legion. (20,1) Nachdem die Verteilung und Einsetzung der Tribunen erfolgt ist, in der Weise, daß alle vier Legionen die gleiche Anzahl Tribunen haben, (2) dann setzen sich die Tribunen jeder Legion für sich an einen bestimmten Platz, losen die Tribus einzeln nacheinander aus und rufen die, deren Los zuerst gezogen ist, herbei. (3) Aus dieser wählen sie vier junge Leute aus, die an Alter und körperlichem Zustand ungefähr gleich sind. (4) Sind diese angetreten, wählen zuerst die Tribunen der ersten Legion, dann die der zweiten, dann die der dritten, zuletzt die der vierten. (5) Bei den nächsten vier, die man hat vortreten lassen, wählen zuerst die Tribunen der zweiten Legion und so fort, zuletzt die der ersten. (6) Das nächste mal haben die Tribunen der dritten Legion die erste Wahl, die der zweiten die letzte. (7) Da das Recht der ersten Wahl in dieser Weise im Kreise herumgeht, ist die Qualität der Mannschaften, die den einzelnen Legionen zugeteilt werden, genau die gleiche. (8) Wenn sie die bestimmte Zahl ausgewählt haben – das heißt manchmal auf jede Legion viertausendzweihundert Mann zu Fuß, manchmal fünftausend Mann, falls ein schwerer Krieg bevorsteht –, (9) pflegen sie nach älterem Brauch die Reiter, deren Liste der Zensor nach dem Vermögen aufgestellt hat, zuletzt, nach den viertausend Mann zu Fuß, zu mustern, jetzt aber zuerst, dreihundert auf jede Legion.

(21,1) Nachdem die Musterung in dieser Weise vorgenommen ist, versammeln die dazu bestimmten Tribunen die Ausgehobenen legionsweise, greifen einen heraus, der ihnen besonders geeignet scheint, (2) und vereidigen ihn, den Vorgesetzten zu gehorchen und ihre Befehle nach bestem Vermögen auszuführen. (3) Ebenso schwören alle anderen, einzeln vortretend, mit der vereinfachten Formel, sie würden alles ebenso tun wie der erste.

(4) Zur gleichen Zeit senden die Konsuln Befehle an die Bundesgenossenstädte in Italien, die Truppen für den Feldzug stellen sollen, mit Angabe der Zahl, des Tages und des Ortes, an dem sich die Aufgebotenen einzufinden haben. (5) Die Städte nehmen die Aushebung und Vereidigung in ähnlicher Weise vor und schicken dann die Leute ins Feld, unter Führung eines von ihnen bestimmten Kommandeurs, dem ein Zahlmeister beigegeben ist.

(6) Nach der Vereidigung setzen die Tribunen in Rom für jede Legion einen Tag und Ort an, an dem sie, ohne Waffen, zur Stelle zu sein haben, und entlassen sie dann. (7) Wenn sie sich nun an dem festgesetzten Tag eingefunden haben, wählen sie aus den Leuten die Jüngsten und Ärmsten für die Truppengattung der *velites* aus, die nächsten werden *hastati*, die Männer in der Vollkraft der Jahre *principes*, die älteren *triarii* genannt: (8) so heißen die verschiedenen Unterabteilungen jeder Legion nach dem Lebensalter und der Art der Bewaffnung; (9) und zwar teilen sie sie so ein, daß die Zahl der Ältesten, der *triarii*, sechshundert, die der *principes* und *hastati* je zwölfhundert beträgt, der Rest auf die Jüngsten, die *velites*, entfällt. (10) Wenn die Legion stärker ist als

viertausend Mann, dann sind auch die Mannschaftsstärken der einzelnen Unterabteilungen entsprechend höher, mit Ausnahme der *triarii*, deren Zahl immer gleich bleibt.
(26,1) Nachdem die Tribunen dergestalt die Legionen eingeteilt und die Bewaffnung geregelt haben, schicken sie die Männer noch einmal nach Hause. (2) Wenn aber der Tag kommt, an dem sie geschworen haben, sich alle miteinander an dem von den Konsuln angegebenen Ort zu versammeln – (3) jeder der beiden Konsuln bestimmt in der Regel einen besondern Platz für seine Legionen, denn jeder erhält zwei Legionen und die Hälfte der Bundesgenossenkontingente; (4) alle Ausgehobenen aber kommen mit unfehlbarer Sicherheit, denn es gibt für die Vereidigten keinen anderen zulässigen Entschuldigungsgrund als ungünstige Auspizien und höhere Gewalt –; (5) wenn sich also alle, Römer und Bundesgenossen, versammelt haben, dann liegen bei den letzteren sämtliche Führungsaufgaben in den Händen der von den Konsuln eingesetzten Führer, die Praefekten heißen, zwölf an der Zahl. (6) Diese wählen zuerst für die Konsuln aus allen Bundesgenossen die für den Einsatz im Kampf geeignetsten Reiter und Fußsoldaten aus: man nennt sie *extraordinarii*, was soviel wie Ausgewählte heißt. (7) Die Zahl der Bundesgenossen zu Fuß ist in der Regel die gleiche wie die der Römer, die Zahl der Reiter dreimal so groß. (8) Aus den Bundesgenossen nehmen sie zu den *extraordinarii* von den Reitern ungefähr ein Drittel, vom Fußvolk ein Fünftel. (9) Die übrigen teilen sie in zwei Teile und nennen den einen den rechten, den anderen den linken Flügel (*ala*).
(Übersetzung nach H. Drexler)

Q 15: Die Karriere eines Berufsoldaten: Der Fall des Sp. Ligustinus

Die Einlassung des Sp. Ligustinus erfolgte anläßlich der Aushebungen des Jahres 171 im Kontext eines Konflikts, der über der Frage ausgebrochen war, ob ehemalige Zenturionen Anspruch auf eine Wiederverwendung in ihrem alten Rang hätten.

Liv. 42,34,5-11

(5) Soldat wurde ich unter den Konsuln P. Sulpicius und C. Aurelius (200 v. Chr.). In dem Heer, das nach Makedonien geschickt wurde, diente ich zwei Jahre als einfacher Soldat gegen König Philipp. Im dritten Jahr beförderte mich wegen Tapferkeit T. Quinctius Flamininus zum Zenturio im zehnten Manipel des ersten Treffens. (6) Als wir nach dem Sieg über Philipp und die Makedonen nach Italien zurückgebracht und entlassen worden waren, ging ich sofort als Freiwilliger mit dem Konsul M. Porcius (Cato) nach Spanien (195 v. Chr.). (7) Daß keiner von allen heute lebenden Feldherren ein schärferer Beurteiler und

Richter bewiesener Tapferkeit ist, wissen (alle), die ihn und andere Führer im langen Militärdienst kennengelernt haben. Dieser Feldherr hielt mich für würdig, zum Zenturio der ersten Zenturie des ersten Treffens befördert zu werden. (8) Zum dritten Mal trat ich als Freiwilliger in das Heer ein, das gegen die Ätoler und König Antiochos (III.) eingesetzt wurde (191 v. Chr.). Von M.' Acilius (Glabrio) wurde ich zum Zenturio der ersten Zenturie des zweiten Treffens befördert. (9) Nach Vertreibung des Königs Antiochos und nach Unterwerfung der Ätoler wurden wir nach Italien zurückgebracht; und anschließend diente ich zweimal in Jahresfeldzügen, dann zweimal in Spanien, zuerst unter dem Praetor Q. Fulvius Flaccus (181 v. Chr.), dann unter Tib. Sempronius Gracchus (180 v. Chr.). (10) Von Flaccus wurde ich mit den übrigen, die er wegen bewiesener Tapferkeit zu seinem Triumph mit (nach Rom) nahm, zurückgebracht; auf Bitten des Tib. Gracchus ging ich mit ihm in seine Provinz. (11) Viermal bekleidete ich in wenigen Jahren die Stelle des ranghöchsten Zenturio; vierunddreißigmal bin ich von meinem Feldherren ausgezeichnet worden; sechs Bürgerkronen[15] habe ich erhalten. Ich habe 22 Jahre im Heer gedient und bin über 50 Jahre alt.

Sp. Ligustinus gehörte zu der großen Zahl von Zenturionen und Veteranen, die sich freiwillig im Jahre 171 v. Chr. für den Kriegsdienst in Makedonien meldeten. Über ihre Motive heißt es:

Liv. 42,32,6

(Der Konsul) Licinius begann, auch ehemalige Soldaten und Zenturionen in die Listen aufzunehmen. Viele meldeten sich freiwillig, weil sie diejenigen wohlhabend sahen, die in dem vorangegangenen Makedonischen Krieg oder in dem Krieg gegen Antiochos in Asien gedient hatten.

Q 16: Wehrdienstverweigerung und Zusammenbruch des alten Rekrutierungssystems

Polyb. 35,4,1-9 (zum Jahr 151)

(1) Je eifriger der Senat auf die Fortsetzung des Krieges in Spanien aus war, desto unerwarteter für ihn entwickelte sich die Sache. (2) Denn als Quintus,[16] der im vergangenen Jahr das Kommando in Spanien innegehabt hatte, und

---

15 Die Bürgerkrone (*corona civica*) wurde für die Rettung von Bürgern aus Lebensgefahr verliehen.
16 Gemeint ist Q. Fulvius Nobilior, Konsul 153, der in Spanien im Kampf mit den Keltiberern schwere Verluste erlitten hatte (App. Ib. 184–197).

die, die mit ihm im Felde gestanden hatten, in Rom von den ununterbrochenen Kämpfen, der Höhe der Verluste und dem Kampfesmut der Keltiberer berichteten, (3) Marcellus[17] aber offensichtlich vor dem Krieg zurückschreckte, wurden die jungen Leute von solcher Panik ergriffen, wie sie nach Aussage der Älteren noch nie vorgekommen war. (4) Dieser Ausbruch von Feigheit ging so weit, daß weder geeignete Männer sich für den Militärtribunat meldeten und die Posten unbesetzt blieben, während früher viel mehr Leute sich gemeldet hatten, als gebraucht wurden, (5) noch die von den Konsuln benannten Legaten, die den Feldherren folgen sollten, zum Dienst bereit waren; (6) der Gipfel aber war, daß die jungen Männer sich der Aushebung verweigerten und Ausflüchte gebrauchten, die auszusprechen eine Schande, zu überprüfen unziemlich, zu widerlegen unmöglich war. (7) Als schließlich der Senat und die Magistrate ratlos waren, welches Ende dieses schamlose Verhalten der jungen (Wehrpflichtigen) – denn mit diesem Wort mußte man es aufgrund der Umstände bezeichnen – nehmen würde, (8) stand P. Cornelius[18] auf, der selber ein junger Mann war, aber als Befürworter des Krieges galt..., (9) und erklärte, als er den Senat hilflos sah, man könne ihn als Tribun oder als Legaten mit dem Konsul nach Spanien schicken, er sei zu beidem bereit.

App. Ib. 273-275 (zum Jahr 145)

(273) Als man in Rom (von den Niederlagen in Spanien) erfuhr, schickte man Fabius Maximus Aemilianus,[19] den Sohn des Aemilius Paullus, der den makedonischen König Perseus besiegt hatte, nach Spanien und erlaubte ihm, ein (neues) Heer auszuheben. (274) Da die Römer gerade Karthago und Griechenland besiegt und auch den dritten Makedonischen Krieg zu einem erfolgreichen Ende gebracht hatten, verschonte er die von dort zurückkehrenden Soldaten und hob zwei Legionen junger Rekruten aus, die noch gar keine Kriegserfahrung besaßen. Von den Bundesgenossen forderte er zusätzliche Verstärkungen und kam mit insgesamt 15.000 Mann zu Fuß und 2.000 Reitern im spanischen Orso an. (275) Er ließ sich in keine Schlacht ein, bevor er sein Heer eingeübt hatte, und er segelte von dort (Orso) nach Gades, um dem Herakles ein Opfer darzubringen.

---

17 M. Claudius Marcellus, Konsul 152, errang in Spanien Erfolge und schloß 151 einen Vorfrieden mit keltiberischen Stämmen, den der Senat jedoch verwarf (App. Ib. 198–208).
18 Gemeint ist P. Cornelius Scipio Aemilianus, der Sohn des L. Aemilius Paullus, der durch Adoption in die Familie der Scipionen gelangte und später Karthago (146) und in Spanien Numantia (133) eroberte.
19 Er war der ältere Bruder des P. Cornelius Scipio Aemilianus. Im Jahre 145 war er Konsul.

App. Ib. 334-337 (zum Jahr 140)

(334) Auf diese (schlechten Nachrichten) hin kamen eine Senatskommission zu Pompeius[20] und anstelle der (zu entlassenden) Soldaten (denn die Sechsjahresperiode war abgelaufen) neu ausgehobene Rekruten, die noch ungeübt und kriegsunerfahren waren. (235) Mit ihnen blieb Pompeius, der sich für seine Mißerfolge schämte und darauf aus war, die Schmach zu tilgen, im Winterlager. (336) Die jungen Soldaten, die ohne Behausungen der Kälte ausgesetzt waren und sich gerade erst an das Wasser und Klima des Landes gewöhnen mußten, litten an Magen- und Darmkrankheiten, und manch einer kam zu Tode. (337) Als ein Teil zum Fouragieren ausgeschickt wurde, legten ihnen die Numantiner in der Nähe des römischen Lagers einen Hinterhalt und provozierten die Römer mit Wurfgeschossen so lange, bis sie es nicht mehr ertrugen und angriffen. In diesem Augenblick erhoben (ihre Gegner) sich aus dem Hinterhalt. Und von den Römern kamen viele von den Mannschaften, viele auch von den Offizieren zu Tode. Die Numantiner aber fingen auch diejenigen ab, die Getreide brachten, und töteten auch von diesen viele.

App. Ib. 363-366 (zum Jahr 134)

(363) In Rom wählte das Volk ermüdet vom Krieg gegen die Numantiner, der sich wider Erwarten als langwierig und schwer erwiesen hatte, Cornelius Scipio, den Eroberer Karthagos, zum zweiten Mal zum Konsul in der Erwartung, daß er der Numantiner Herr werde. (364) Noch immer hatte er das gesetzlich vorgeschriebene Mindestalter für den Konsulat nicht erreicht.[21] Also beschloß der Senat wie zu der Zeit, als er gegen die Karthager gewählt wurde, daß die Volkstribunen das Gesetz über das Mindestalter aufheben und im folgenden Jahr neu einbringen sollten. (365) So zum zweiten Mal gewählt brach Scipio eilends nach Numantia auf, ohne ein neu ausgehobenes Heer zu erhalten, da es viele Kriege gab und viele Männer bereits in Spanien standen, sondern mit Zustimmung des Senats nur eine gewisse Zahl von Freiwilligen, die ihm aus persönlicher Verbundenheit Städte und Könige schickten, sowie 500 Klienten und Freunde aus Rom, die er zu einem Verband vereinte und die „Formation der Freunde" nannte. (366) Diese alle, insgesamt 4000 Mann, stellte er unter das Kommando seines Neffen namens Buteo...

---

20 Q. Pompeius war Konsul im Jahre 141 und bis 140 Oberkommandierender im Diesseitigen Spanien. Zu seinen Mißerfolgen s. H. Simon, a.a.O. (Darstellung: Anm. 20), 108–116.

21 Hier liegt ein Versehen Appians vor. Scipio war nicht zu jung für die Bekleidung des Konsulats (er war damals immerhin 50 Jahre alt), sondern er wurde unter Umgehung des im Jahre 151 verfügten Verbots der Iteration (Liv. Perioch. 56) zum zweiten Mal zum Konsul gewählt.

Q 17: Politische Konflikte um die Aushebungspraxis

Liv. Perioch. 48 (zum Jahr 151)

Als die Konsuln L. Licinius Lucullus und A. Postumius Albinus mit Strenge die Aushebungen vornahmen und niemandem aus Gefälligkeit Befreiung gewährten, wurden sie von den Volkstribunen, die für ihre Freunde keine Dienstbefreiung erhalten konnten, ins Gefängnis geworfen. Der Krieg in Spanien, in dem mehrfach unglücklich gekämpft worden war, verursachte eine solche Verwirrung in der Bürgerschaft, daß nicht einmal Männer gefunden wurden, die bereit waren, die Stellen der Militärtribune zu besetzen oder als Legaten (nach Spanien) zu gehen.[22]

Liv. Perioch. Oxyrrh. 54 (zum Jahr 140)

Im Konsulatsjahr des Q. (Servilius) Caepio und des C. Laelius Sapiens setzte Ap. Claudius[23] durch, daß im Jahr nicht zwei Aushebungen stattfinden sollten... Als der Konsul Caepio merkte, daß der Volkstribun Tib. Claudius Asellus[24] im Begriff war, seinen Aufbruch (nach Spanien) zu verhindern, zog er sein Schwert und vertrieb den Amtsdiener (des Tribunen).

Liv. Perioch. 55 (zum Jahr 138)

Als die Konsuln P. Cornelius Nasica, dem der Volkstribun Curiatius[25] den Spottnamen Serapio beigelegt hatte, und D. Iunius Brutus Aushebungen vornahmen, trat in Gegenwart der Rekruten ein Ereignis ein, das ihnen ein heilsames Exempel gab. C. Matienius wurde vor den Volkstribunen angeklagt, daß er in Spanien Fahnenflucht begangen habe, und er wurde zum Joch (d. h. zum Verkauf in die Sklaverei) verurteilt: Er wurde einer langen Prügelstrafe unterzogen und dann für einen Sesterz verkauft.

---

22 Näheres in Polyb. 35,4,1-9: Text unter **Q 16**.
23 Gemeint ist wahrscheinlich Ap. Claudius Pulcher, der Schwiegervater des Tib. Gracchus, Konsul 143 und Zensor 136.
24 Tib. Claudius Asellus stand dem obengenannten Ap. Claudius Pulcher nah und war wie dieser ein Gegner des Scipio Aemilianus, der ihm in seiner Zensur (142) das Ritterpferd hatte nehmen wollen. In seinem Tribunat zog er deswegen unter einem anderen Vorwand Scipio vor Gericht: Gell. 3,4,1; 4,17,1 und Cic. De or. 2,258; 268.
25 Im Streit um die Aushebungen für Spanien setzte der Volkstribun C. Curiatius zusammen mit seinem Kollegen Sex. Licinius die Konsuln gefangen: Cic. De legg. 3,20 und Liv. Perioch. Oxyrrh. 55 (s. den nächsten Text). Curiatius geriet auch in der Frage der Abgabe von Getreide an die hungerleidende städtische Plebs in Konflikt mit den Konsuln: Val. Max. 3,7,3.

Liv. Perioch. Oxyrrh. 55

Als die Volkstribunen Sex. Licinius und C. Curiatius die Konsuln P. Scipio und D. Brutus ins Gefängnis gebracht hatten, wurde ihnen auf Bitten des Volkes die Geldstrafe erlassen...

Die Überforderung des politischen Systems

Q 18: Polybios über die politische Verfassung Roms

Im sechsten Buch seines Geschichtswerkes erklärt Polybios die Fähigkeit Roms, die vernichtenden Niederlagen zu überstehen, die Hannibal der Stadt in den Jahren 218–216 zufügte, mit der Stärke des römischen Wehrpotentials (s. **Q 14**) und mit der Stabilität der politischen Verfassung. Der Gedanke der Vorbildlichkeit der politischen Ordnung Roms kam bei den Griechen im dritten Jahrhundert im Zuge der großen außenpolitischen Erfolge der aufsteigenden neuen Großmacht auf. Aristoteles nennt in der Durchmusterung der für vorbildlich gehaltenen Verfassungen zwar die karthagische (Politik 2,11), aber er schweigt von der römischen. Aber um die Mitte des dritten Jahrhunderts rühmt sie der alexandrinische Gelehrte Eratosthenes von Kyrene in einem Atemzug mit der karthagischen (Eratosth. bei Strab. 1,4,9).

Für alle Einzelheiten des abgedruckten Textes ist auf F. W. Walbank, Commentary on Polybius I, 673–697 und auf das oben erwähnte Buch von K. von Fritz (s. Darstellung: Anm. 39) zu verweisen.

Polyb. 6,11,11-18,8

(11,11) Es gab also, wie ich oben gesagt habe, drei Teile, die im Staat Gewalt hatten. So gerecht und angemessen aber war alles geordnet, waren die Rollen verteilt und wurden in diesem Zusammenspiel die staatlichen Aufgaben gelöst, daß auch von den Einheimischen niemand mit Bestimmtheit hätte sagen können, ob die ganze Verfassung aristokratisch, demokratisch oder monarchisch war. Und so mußte es jedem Betrachter ergehen. (12) Denn wenn man seinen Blick auf die Machtvollkommenheit der Konsuln richtete, erschien die Staatsform vollkommen monarchisch und königlich, wenn auf die des Senats, wiederum aristokratisch, und wenn man die Befugnisse des Volkes sah, erschien sie unzweifelhaft demokratisch. (13) Die Bereiche des Staatslebens nun, in denen jedes dieser drei Elemente den bestimmenden Einfluß hatte, damals und auch jetzt noch mit geringen Ausnahmen, sind diese.

(12,1) Solange die Konsuln in Rom anwesend sind, das heißt, ehe sie ins Feld ziehen, haben sie in der Stadt die Entscheidung über alle staatlichen Angelegenheiten. (2) Denn alle anderen Beamten, mit Ausnahme der Volkstribunen, sind ihnen untergeordnet und zum Gehorsam verpflichtet. Sie führen die Gesandtschaften in den Senat ein; (3) ferner berichten sie über alle wichtigen Angelegenheiten an den Senat und befragen ihn nach seiner Meinung; in ihrer Hand liegt die Ausführung der Beschlüsse. (4) In allen politischen Fragen, in denen die Entscheidung beim Volke liegt, haben sie das Notwendige zu veranlassen, die Volksversammlung einzuberufen, Vorschläge zu machen und Anträge einzubringen und für die Ausführung der Beschlüsse der Mehrheit zu sorgen. (5) In der Vorbereitung und Rüstung für den Krieg und in der gesamten Führung der Operationen besitzen sie eine fast unumschränkte Gewalt. (6) Ihnen steht zu, von den Bundesgenossen nach freiem Ermessen die Stellung der erforderlichen Kontingente zu fordern, die Kriegstribunen zu ernennen, die Soldaten zu mustern und die Tauglichsten auszuheben. (7) Ferner sind sie befugt, im Felde von ihren Untergebenen zu bestrafen, wen sie wollen. (8) Sie sind berechtigt, aus öffentlichen Mitteln Ausgaben in jeder Höhe zu machen, die ihnen notwendig scheint, und der Quaestor, der ihnen beigegeben ist, führt anstandslos jeden ihrer Befehle aus. (9) Wenn man daher auf diesen Teil der staatlichen Gewalten sieht, kann man mit Fug und Recht sagen, es liege eine rein monarchische und königliche Verfassung vor. (10) Wenn aber hiervon oder von dem, was im folgenden berichtet werden wird, irgend etwas in der Gegenwart oder in der Zukunft eine Veränderung erfährt, dann berührt das in keiner Weise die Richtigkeit meiner jetzigen Angaben.

(13,1) Der Senat sodann hat erstens die Finanzhoheit. Er verfügt über alle Einnahmen und ebenso über die Ausgaben. (2) Denn unter keinem einzigen Titel können die Quaestoren Zahlungen leisten, ohne daß ein Senatsbeschluß dafür vorliegt, mit Ausnahme der Zahlungen an die Konsuln. (3) Ebenso hat der Senat die Entscheidung über die bei weitem größten und wichtigsten Aufwendungen, die die Zensoren alle vier Jahre für die öffentlichen Arbeiten, Reparaturen und Neubauten, machen; er muß ihnen das Geld bewilligen. (4) Alle Verbrechen ferner in Italien, die eine staatliche Untersuchung notwendig machen, zum Beispiel Verrat, Verschwörungen, Giftmord, Meuchelmord, unterliegen der Jurisdiktion des Senats. (5) Wenn eine Privatperson oder eine Gemeinde in Italien der Schlichtung von Streitigkeiten, der Rüge, des Beistandes oder Schutzes bedarf, liegt es dem Senat ob, dafür Sorge zu tragen. (6) Wenn es ferner notwendig wird, an einen außeritalischen Staat eine Gesandtschaft zu schicken, entweder um Frieden zu vermitteln, Rat und Mahnungen oder auch Befehle zu erteilen, die Unterwerfung anzunehmen oder Krieg zu erklären, dann ist der Senat dafür zuständig. (7) Ebenso bestimmt er, wie die Gesandtschaften, die nach Rom kommen, empfangen werden und welchen Bescheid sie erhalten sollen. (8) Wenn man infolgedessen während der Abwesenheit der Konsuln nach Rom kommt, erscheint die Verfassung als rein aristokratisch, (9) und dies ist die Überzeugung vieler Griechen und vieler Könige, denn fast über ihre sämtlichen Angelegenheiten entscheidet der Senat.

(14,1) Es liegt danach nahe zu fragen, was für ein Anteil innerhalb der Verfassung denn noch für das Volk übrigbleibt, (2) da doch der Senat in all den genannten Dingen zuständig ist, vor allem aber über die Einkünfte und Ausgaben verfügt, die Konsuln wiederum eine unbeschränkte Machtvollkommenheit in der Vorbereitung auf den Krieg und in der Kriegführung selbst haben. (3) Nun, es bleibt immer noch ein Anteil, und ein äußerst wichtiger. (4) Denn allein das Volk entscheidet über Ehrung und Bestrafung, hat also das Band in der Hand, das allein obrigkeitlich gelenkte wie konstitutionelle Staaten und überhaupt das gesamte menschliche Leben zusammen und in Ordnung hält. (5) Denn wo man die Bedeutung des einen und des anderen nicht kennt, oder wenn man sie kennt, diese beiden entgegengesetzten Mittel schlecht anwendet, da ist die sinngemäße Erfüllung der staatlichen Aufgaben unmöglich. Wie wäre das auch zu erwarten, wenn man den Guten keine höhere Schätzung entgegenbringt als den Schlechten? (6) Das Volk verhängt also oft eine Geldstrafe, wenn dies der Schwere des Vergehens entspricht, vor allem auch gegen Männer, die die höchsten Ämter bekleidet haben. Das Todesurteil aber kann allein es aussprechen. (7) Hierbei haben sie einen anerkennens- und bemerkenswerten Brauch. Während die Abstimmung über die Todesstrafe läuft, steht es nach römischer Sitte denen, die der Verurteilung entgegensehen, frei, sich in aller Öffentlichkeit zu entfernen, auch wenn nur die Stimme einer einzigen Tribus an der Entscheidung fehlt, und so freiwillige Verbannung über sich zu verhängen. (8) Und die Verbannten finden Aufnahme und Sicherheit in Neapel, Praeneste, Tibur und anderen Städten, mit denen Rom einen Bündnisvertrag hat. (9) Aber auch die Ämter vergibt das Volk an die, die ihm dessen würdig erscheinen: der schönste Preis in einem Staat für hervorragende Eigenschaften. (10) Es entscheidet ferner über die Annahme oder Ablehnung von Gesetzen, und, was das Wichtigste ist, es berät über Krieg und Frieden. (11) Es bestätigt schließlich oder verwirft Bündnis- und Friedensverträge oder andere Abkommen und gibt ihnen Rechtskraft. (12) Nach all dem könnte man daher mit gutem Grund erklären, daß der Anteil des Volkes der größte ist und daß eine demokratische Verfassung vorliegt.

(15,1) Im Vorstehenden habe ich dargelegt, wie die staatlichen Kompetenzen auf die drei Faktoren der Verfassung verteilt sind. Nun will ich zeigen, in welcher Weise sie wiederum, wenn sie wollen, einander entgegenwirken oder sich gegenseitig unterstützen können. (2) Wenn der Konsul im Besitz der geschilderten Machtvollkommenheit an der Spitze des Heeres ins Feld zieht, scheint er unumschränkte Gewalt zur Durchführung seiner Pläne zu haben, (3) in Wirklichkeit aber bleibt er auf Volk und Senat angewiesen und ist ohne diese nicht in der Lage, seine Unternehmungen zu einem guten Ende zu bringen. (4) Denn selbstverständlich bedarf das Heer der dauernden Versorgung, ohne den Willen des Senats aber kann ihm weder Brotgetreide noch Kleidung noch Sold geliefert werden, (5) so daß die Operationspläne der Feldherren undurchführbar werden, wenn der Senat sie vereiteln oder sabotieren will. (6) Und auch das hängt vom Senat ab, ob der Befehlshaber seine Pläne und Unternehmungen vollenden kann. Denn in der Macht des Senats liegt es, wenn das Amtsjahr abgelaufen ist, ihm einen Nachfolger zu schicken oder ihm das Kommando zu verlängern. (7) Ebenso steht es bei ihm, die Erfolge der Heerführer zu verherrlichen und zu feiern oder umgekehrt sie herabzusetzen und zu verdunkeln. (8) Denn die Triumphe, wie man es dort nennt, durch welche die Feldherren den Bürgern den Ruhm ihrer Taten sinnfällig vor Augen stellen, können diese nicht in würdiger Weise begehen, ja manchmal überhaupt nicht durchführen, wenn der Senat sie nicht genehmigt und die Mittel dafür bewilligt. (9) Vollends ist es für sie notwendig, die Gunst des Volkes zu gewinnen, auch wenn sie noch so weit von der Heimat entfernt sind. Denn das Volk hat wie gesagt alle Abkommen und Friedensverträge zu bestätigen oder abzulehnen. (10) Vor allem aber muß der Konsul bei der Niederlegung des Amtes vor dem Volk Rechenschaft über seine Handlungen ablegen. (11) Es ist daher in jeder Hinsicht gefährlich für die Feldherren, sich um die Sympathien von Senat und Volk nicht zu kümmern.

(16,1) Der Senat wiederum, der doch so große Macht hat, ist erstens in allen politischen Angelegenheiten gezwungen, auf die Stimmung des Volkes zu achten und seine Wünsche zu berücksichtigen. (2) Er kann die Untersuchung und Ahndung der schwersten Verbrechen gegen den Staat, auf die die Todesstrafe steht, nicht durchführen, wenn das Volk nicht die Vorentscheidung des Senats bestätigt. (3) Ebenso liegen die Dinge auch hinsichtlich seiner ureigensten Befugnisse. Wenn nämlich jemand ein Gesetz einbringt, daß dem Senat irgendein ihm nach dem Herkommen zustehendes Recht entziehen, zum Beispiel Ehrenplätze im Theater oder andere Vorrechte aberkennen oder sogar Vermögen oder Privatbesitz angreifen will, so hat das Volk auch in diesem Fall die Entscheidung, solche Anträge anzunehmen oder abzulehnen. (4) Vor allem aber, wenn nur ein einziger Volkstribun sein Veto einlegt, kann der Senat weder eine Beratung zu Ende führen noch auch nur zusammenkommen und eine Sitzung abhalten; (5) die Volkstribunen aber sind stets verpflichtet zu tun, was das Volk will, und seine Wünsche zu beachten. Aus allen diesen Gründen fürchtet der Senat die Menge und muß auf das Volk Rücksicht nehmen.

(17,1) Ebenso ist wiederum das Volk vom Senat abhängig und muß sich nach ihm richten, im staatlichen wie im privaten Leben. (2) Für alle öffentliche Arbeiten, die in ganz Italien von den Zensoren vergeben werden zur Wiederherstellung oder Neuerrichtung von Bauten – es wäre nicht leicht, sie alle aufzuzählen –, für alle Pachtungen von Zöllen an Flüssen und Häfen, von

Gärten, Bergwerken, Ländereien, kurz, allem, was der römischen Herrschaft untersteht, (3) für all dies kommen die Unternehmer aus der breiten Masse des Volkes, und sozusagen fast jeder Bürger ist an diesen Submissionen und Pachtungen beteiligt. (4) Die einen erstehen selbst von den Zensoren die ausgebotenen Unternehmungen und Pachtungen, die anderen treten als Teilnehmer ins Geschäft, andere leisten dafür Bürgschaft, wieder andere zahlen aus ihrem Vermögen in die Staatskasse. (5) Die Entscheidung aber über all diese Dinge liegt beim Senat. Er kann Zahlungsaufschub bewilligen, bei einem Unglück Nachlaß gewähren, oder wenn ein Hindernis die Ausführung der Arbeit gänzlich unmöglich macht, von den Verpflichtungen aus dem Werkvertrag ganz entbinden. (6) So hat der Senat vielerlei Möglichkeiten und Gelegenheiten, den Unternehmern großen Schaden zuzufügen und bedeutende Vorteile zuzuwenden. (7) Was aber die Hauptsache ist: Aus den Reihen der Senatoren werden die Richter gewählt für fast alle öffentlichen und privaten Prozesse, soweit es sich um schwerwiegendere Fälle handelt. (8) Da also alle Bürger sich der richterlichen Entscheidung der Senatoren anvertrauen müssen und angesichts der Ungewißheit des Ausgangs in Furcht leben, hüten sie sich wohl, den Wünschen des Senats Widerstand zu leisten und entgegenzuwirken. (9) Ebenso finden sie sich nicht leicht bereit, den Plänen der Konsuln Hindernisse in den Weg zu legen, weil jeder Einzelne und alle insgesamt im Felde ihrer Befehlsgewalt unterstehen.

(18,1) Obwohl jeder der drei Teile solche Macht hat, einander zu schaden oder zu helfen, so wirken sie doch in allen kritischen Situationen so einträchtig zusammen, daß man unmöglich ein besseres Verfassungssystem finden kann. (2) Denn wenn eine von außen her sie alle gemeinsam bedrohende Gefahr zum Zusammenstehen und gegenseitigen Beistand zwingt, dann zeigt dieser Staat eine solche Kraft, (3) daß weder eine notwendige Maßnahme versäumt wird, denn alle wetteifern miteinander, Mittel zu ersinnen, um das Unheil abzuwehren, noch die Ausführung eines Beschlusses zu spät kommt, da alle zusammen und jeder Einzelne Hand anlegt, um das Beabsichtigte durchzuführen. (4) Daher ist dieser Staat dank seiner eigentümlichen Verfassung unwiderstehlich, und er erreicht alles, was er sich vorgesetzt hat. (5) Wenn sie dann aber, nachdem die Gefahr abgewendet ist, in Genuß des Reichtums, den ihnen die Siege gebracht haben, in Glück und Überfluß leben und, durch eigenen Leichtsinn oder von Schmeichlern verführt, übermütig werden und außer Rand und Band geraten, wie dies so zu gehen pflegt, (6) da kann man erst richtig erkennen, wie die Verfassung durch sich selbst ein Heilmittel dagegen findet. (7) Denn wenn einer der drei Teile die ihm gezogene Grenze überschreitet und sich eine größere Macht anmaßt, als ihm zusteht, dann erweist sich der Vorteil dessen, daß keiner selbstherrlich ist, sondern in den anderen sein Gegengewicht hat und von ihnen in seinen Absichten gehindert werden kann: Keiner darf zu hoch hinaus, keiner alle Dämme überfluten. (8)

Dem ungestümen Machtdrang wird ein Dämpfer aufgesetzt, oder er scheut von vorn herein den zu erwartenden Widerstand der anderen und wagt sich gar nicht erst hervor, und so bleibt der verfassungsmäßige Zustand sicher erhalten. (Übersetzung nach H. Drexler)

Q 19: Die Rolle des Volkstribunats in der Krise der Republik

An der Schrift ‚Über die Gesetze' (De legibus) hat Cicero während der Entstehungszeit seines Werkes ‚Über den Staat' (De re publica) bis zum Jahre 51 gearbeitet. Das Werk war unvollendet, als er die Statthalterschaft von Kilikien übernehmen mußte, und das Vorhandene wurde postum aus seinem Nachlaß herausgegeben. Erhalten sind neben Fragmenten die ersten drei Bücher, das dritte allerdings unvollständig. Das erste enthält eine naturphilosophische Grundlegung (vgl. dazu K. M. Girardet, Die Ordnung der Welt. Ein Beitrag zur philosophischen und politischen Interpretation von Ciceros Schrift De legibus, Wiesbaden 1983), das zweite bzw. dritte eine Kodifizierung und Kommentierung der religiösen und politischen Grundordnung des römischen Staates. Speziell zum dritten Buch s. A. Heuß, Ciceros Theorie vom römischen Staat, Nachr. d. Akad. d. Wiss. Göttingen, philol.-hist. Kl. 1975, Nr 8 = Gesammelte Schriften II, 1222–1299 und unter Annahme einer praktisch-politischen Absicht Ciceros G. A. Lehmann, Politische Reformvorschläge in der Krise der römischen Republik. Cicero De legibus III und Sallusts Sendschreiben an Caesar, Meisenheim 1980.

Zweisprachige Ausgabe: s. Einleitung zu Q 3.

Cic. De legg. 3,19-26

(19) Quintus: Aber wahrhaftig, mein Bruder, ich frage, welches deine Meinung über dieses Amt ist. Denn wenigstens mir erscheint es verderblich, da es ja in einem Aufruhr und für den Aufruhr entstanden ist. Wenn wir uns zuerst an seinen Ursprung erinnern wollen, so sehen wir, daß es zwischen den Waffen der Bürger und bei Besetzung und Belagerung von Bezirken der Stadt entstanden ist. Weiterhin: obschon es schnell gleichsam wie ein durch die Zwölf-Tafel-Gesetze mit Mißgestalt gezeichneter Knabe getötet wurde, wurde es in kurzer Zeit, ich weiß nicht wie, wiederbelebt und kam noch viel abstoßender und scheußlicher zur Welt. Denn was hat es nicht (alles) hervorgebracht? Zuerst hat es, wie es einem Wesen ohne Ehrfurcht entsprach, den Patriziern alle Vorrechte entrissen, alles Niedrige dem Hohen gleich gemacht, Verwirrung gestiftet und Unordnung angerichtet. Auch nachdem es den Rang der führenden Männer des Staates angeschlagen hatte, gab es gleichwohl zu

keinem Zeitpunkt Ruhe. (20) Denn wenn ich C. Flaminius[26] und das, was bereits verjährt erscheint, wegen seines Alters beiseite lasse: Was von ihrem Recht hat den Optimaten das Tribunat des Tib. Gracchus gelassen? Wenngleich fünf Jahre zuvor der Volkstribun C. Curiatius, die niedrigste und verächtlichste Existenz, die Konsuln D. Brutus und P. Scipio – was für Männer –, in Ketten warf, was vorher nie geschehen war.[27] Hat nicht vollends der Tribunat des C. Gracchus mit den Dolchen, die er, wie er selbst sagte, auf das Forum warf, damit sich die Bürger zerfleischten, die gesamte Verfassung des Staates umgestürzt? Was soll ich gar über Saturninus, Sulpicius und die übrigen sagen? Die konnte der Staat nicht einmal von sich abwehren ohne das Schwert. (21) Warum aber soll ich eher Altes und Fremdes vorbringen als Neues und Eigenes? Wer wäre jemals so tollkühn, uns so feindlich gewesen, daß er je daran gedacht hätte, unsere Stellung ins Wanken zu bringen, es sei denn, er hätte die Schwertspitze eines Tribunen gegen uns geschärft? Als die verbrecherischsten und verkommensten Existenzen eine solche in keinem Haus, ja in keiner Sippe fanden, glaubten sie, während der trüben Lage des Staates Verwirrung unter die Sippen bringen zu sollen. Das war für uns freilich eine Auszeichnung und ruhmvoll für ewige Zeiten, daß kein Tribun für Bestechungsgeld gegen uns gefunden werden konnte, außer einem, dem es nicht einmal erlaubt war, Tribun zu sein.[28] (22) Aber welche Verheerung hat dieser Mann angerichtet! Eine solche, wie sie ohne Vernunft und ohne (positive) Hoffnung die wilde Wut einer schmutzigen Bestie, die ihrerseits von der wilden Wut vieler angefacht worden war, anrichtet. Deshalb pflichte ich wenigstens in diesem Punkt Sulla mit Nachdruck bei, der durch sein Gesetz den Volkstribunen die Macht, Unrecht zu tun, genommen hat, die Macht, Hilfe zu leisten, gelassen hat, und unseren Pompeius streiche ich in allen anderen Dingen immer mit dem glänzendsten und höchsten Lob heraus, ich schweige (jedoch) in Hinblick auf die tribunizische Gewalt. Denn es beliebt nicht zu tadeln, und loben kann ich nicht.
(23) Marcus: Die Fehler des Tribunats durchschaust du, Quintus, hervorragend, aber es ist bei der Anklageerhebung in jeder Sache unfair, das Positive auszulassen und nur die schlechten Seiten aufzuzählen und die Fehler (einseitig)

---

26 C. Flaminius setzte in seinem Volkstribunat (222) gegen den Widerstand des Senats die Aufteilung des *ager Gallicus* (südlich von Ariminum/Rimini) an römische Siedler durch.
27 Zur Sache s. Liv. Perioch. 55 und Perioch. Oxyrrh. 55: Texte unter **Q 17**.
28 Anspielung auf P. Clodius, dem der Oberpontifex Caesar in seinem Konsulat (59) den Übertritt vom Patrizier- in den Plebejerstand ermöglichte. Clodius ließ sich daraufhin zum Volkstribun wählen und schuf die gesetzlichen Grundlagen für eine Verfolgung seines persönlichen Feindes Cicero, der die Hinrichtung der Catilinarier ohne die gesetzlich vorgeschriebene richterliche Verurteilung zu verantworten hatte. Cicero entzog sich dem drohenden Verfahren durch Selbstverbannung.

auszuwählen. Denn ich sage, auf diese Weise könnte man nämlich sogar den Konsulat tadeln, wenn man die Verfehlungen der Konsuln, die ich hier nicht aufzählen will, sammelt. Denn ich sage ganz offen, diesem Amt wohnt etwas Negatives inne, aber das Positive, das mit dem Amt angestrebt ist, würden wir ohne dies Negative nicht haben können. „Zu groß ist die Amtsgewalt der Volkstribunen." Wer bestreitet das? Aber die Stärke des Volkes ist viel wilder und heftiger: dadurch, daß es einen Führer hat, ist sie bisweilen gemäßigter, als wenn es keinen Führer hätte. Denn ein Führer denkt daran, daß er auf eigene Gefahr voranschreitet, der Ansturm des Volkes nimmt keine Rücksicht auf die eigene Gefahr. (24) „Aber bisweilen verfällt (auch die Führung) in Raserei." Und gewiß wird sie oft wieder besänftigt. Denn welches Kollegium ist so wahnwitzig, daß niemand von zehn bei Verstand wäre? Selbst den Tib. Gracchus brachte der interzedierende Kollege, den er nicht nur unbeachtet ließ, sondern sogar absetzte, zu Fall. Denn was hat ihn anderes zu Boden geschmettert, als daß er dem interzedierenden Kollegen das Amt aberkennen ließ? Du aber magst die Klugheit unserer Vorfahren hieran sehen: dadurch, daß der Plebs von den Patriziern dieses Amt zugestanden wurde, fielen die Waffen (zu Boden), und der Aufruhr wurde beigelegt, d. h. es wurde ein Ausgleich gefunden, durch den die Niedrigeren glaubten, den führenden Männern gleichzukommen, und in dem allein die Rettung des Staates lag. „Aber es gab die beiden Gracchen." Und obschon du außer diesen viele aufzählen könntest: wenn (jedesmal) zehn gewählt werden, wirst du zu jeder Zeit einige gefährliche Volkstribune finden, solche die leichtfertig und keine guten Bürger waren, vielleicht noch mehr: wenigstens von Neid und Haß ist der höchste Stand frei, und die Plebs unternimmt für ihre Rechte keine gefährlichen Anstrengungen. (25) Also entweder hätten die Könige nicht vertrieben werden dürfen, oder man hätte dem Volk tatsächlich und nicht nur dem Namen nach die Freiheit geben dürfen. Doch diese ist mit der Einschränkung gegeben worden, daß es durch viele vorzügliche Verfassungseinrichtungen dazu gebracht werde, dem Einfluß der führenden Männer nachzugeben. Unser Fall aber, bester und liebster Bruder, der an die tribunizische Gewalt geriet, hat keinen Streit mit dem Tribunat (als Institution). Denn nicht die Plebs stand aufgestachelt unserer Sache haßerfüllt gegenüber, sondern die Ketten wurden gesprengt und die Sklaven wurden aufgeboten, wobei noch die Drohung mit dem Schrecken einer militärischen Intervention hinzukam. Auch ging unser Kampf nicht gegen jenes damalige Unheil, sondern gegen eine höchst schwierige Lage des Staates: wenn ich hier nicht nachgegeben hätte, hätte das Vaterland nicht auf Dauer die Frucht meiner Wohltat genießen können ... (26) ... Pompeius nämlich merkte, daß man dieser Bürgerschaft jenes Amt nicht vorenthalten dürfe. Da unser Volk es ja so sehr begehrte, als es noch unbekannt war, wie hätte es seiner entbehren können, nachdem es bekannt war? Es ist aber Aufgabe eines klugen Bürgers, eine Sache, die nicht verderblich und

so volkstümlich ist, daß man ihr keinen Widerstand leisten kann, nicht in verderblicher Weise einem Popularen zu überlassen. – Du weißt, mein Bruder, daß es bei einem derartigen Gespräch üblich ist zu sagen: „Ganz recht" oder „Genauso ist es."
Quintus: Ich zumindest stimme Dir überhaupt nicht zu. Doch fahre bitte fort.
Marcus: Du bleibst also dabei und beharrst auf Deiner Meinung.
Atticus: Und ich bin, beim Herkules, gar nicht anderer Auffassung als unser Quintus. Aber wir wollen hören, was noch aussteht.

Q 20: Cicero über die Einbindung des Konsulats in das Regierungssystem

Cic. In Ant. 1,2

Zu den politischen Beratungen, die er (der Konsul M. Antonius) zu Hause abhielt, zog er die führenden Männer des Staates heran; diesem Gremium legte er nur die besten Vorschläge vor; in Caesars Entwürfen wurde damals nur gefunden, was allen ohnehin bekannt war; auf Fragen antwortete er immer in der gleichen Weise: Ob irgendwelche Verbannte restituiert worden seien? Einer, sagte er, sonst niemand. Ob Privilegien von Abgabenfreiheit erteilt worden seien? Keines. Ja, er wollte, daß wir Ser. Sulpicius zustimmen sollten, daß nach den Iden des März keine Tafel mit einem Dekret Caesars oder einem (von ihm gewährten) Privileg noch publiziert würde.

Die Reformversuche und ihr Scheitern

Die Gracchen

Q 21: Die Hintermänner der gracchischen Agrarreform

Grundlegend für unsere Kenntnis der Zusammensetzung der grachischen Reformpartei ist F. Münzer, Römische Adelsparteien und Adelsfamilien, Stuttgart 1920; ND Darmstadt 1962, 257–270.

Plut. Tib. Gracch. 9,1

Plutarch von Chaironeia (ca. 45–120), einer der fruchtbarsten und kenntnisreichsten Schriftsteller der Kaiserzeit, verfaßte u. a. Parallelbiographien bedeutender Griechen und Römer, darunter auch die der beiden Brüder Tib. und C. Gracchus als Gegenstück zu der Lebensbeschreibung der spartanischen Reformkönige Agis und Kleomenes. Sie ist neben dem 1. Buch der ‚Bürgerkriege' Appians unsere Hauptquelle für die Geschichte der Gracchen. Dt. Übersetzung: Plutarch, Große Griechen und Römer, 6 Bde., eingel. und übers. von K. Ziegler, Zürich – Stuttgart 1954–1965 = dtv, München 1979/80. Knappe Informationen zu Plutarchs Leben und Werk bietet C. B. R. Pelling, s. v. Plutarchus, in: Der Neue Pauly 9 (2000), 1158–1165; spezielle Literatur zu den Lebensbeschreibungen: B. Scardigli, Die Römerbiographien Plutarchs. Ein Forschungsbericht, München 1979.

> Er arbeitete das Gesetz freilich nicht selbst aus, sondern er besaß Ratgeber in den tüchtigsten und angesehensten Männern der Bürgerschaft, zu denen Crassus,[1] der Vorsteher der Staatsreligion, der Rechtsgelehrte Mucius Scaevola,[2] der damals Konsul war, und Ap. Claudius,[3] sein Schwiegervater, gehörten.

---

1 P. Licinius Crassus Dives Mucianus, Praetor 134 (?) und Konsul 131, Sohn des P. Mucius Scaevola, war durch Adoption in die Familie des P. Licinius Crassus Dives gelangt.
2 Bruder des Obengenannten, bedeutender Jurist, der als Begründer der wissenschaftlichen Jurisprudenz galt: Dig. 1,2,2,39.
3 Konsul 143 sowie Zensor 136 (und *princeps senatus*).

Cic. Acad. pr. 2,13

Sie machten geltend, daß die beiden klugen und prominenten Brüder P. Crassus und P. Scaevola für Tib. Gracchus die Gesetze ausgearbeitet hätten, der eine, wie wir sehen, offen, der andere, wie vermutet wird, eher im geheimen.

Cic. De re publ. 1,31

Denn wie ihr seht, haben der Tod des Tib. Gracchus und schon vorher die ganze Art seiner tribunizischen Amtsführung das eine Volk in zwei Teile gespalten.[4] Die Widersacher und Neider des (jüngeren) Scipio aber – den Anfang machten P. Crassus und Ap. Claudius – beherrschen auch nach ihrem Tod nichtsdestoweniger den Teil des Senats, der sich unter der Führung des Metellus (Macedonicus)[5] und des P. Mucius von euch scheidet, und sie dulden nicht, daß der einzige, der dies vermag, der bereits gefährlichen Lage zu Hilfe kommt, in der die Latiner und die Bundesgenossen wegen Verletzung der Verträge erregt sind, die aufrührerischen Dreimänner der Ackerkommission täglich etwas Neues ins Werk setzen und die wohlhabenden besseren Kreise verunsichert sind.

Q 22: Der Konflikt mit den Altbesitzern

App. b.c. 1,35-42

(35) Das ging so lange, bis Tib. Sempronius Gracchus, ein hochgestellter Mann, voller Ehrgeiz und ein gewaltiger Redner und aus diesen Gründen allen wohlbekannt, als Volkstribun eine wirkungsvolle Rede über das Volk der Italiker, über seine Kriegstüchtigkeit und Verwandtschaft (mit den Römern) hielt, wie es allmählich in Not und Menschenmangel aufgerieben werde ohne Aussicht auf Besserung. (36) Er äußerte seinen Unwillen über die Sklaven, die keine Soldaten stellten und ihren Herren niemals treu seien, und führte die jüngste Katastrophe an, die die Sklavenbesitzer in Sizilien erlitten hatten, wo

---

4 Ciceros Dialog spielt im Jahr 129, kurz vor dem plötzlichen Tod des jüngeren Scipio Africanus. Die zitierten Worte sind Scipios Freund C. Laelius in den Mund gelegt.
5 Praetor 148, Konsul 143 und Zensor 131, war nicht nur ein Gegner Scipios, sondern im Unterschied zu den übrigen Genannten auch ein Gegner der gracchischen Agrarreform.

die Zahl der Sklaven mit dem Ackerbau gewachsen war, sowie den Krieg der Römer gegen sie, der weder leicht noch kurz gewesen war, sondern sich lange und wechselvoll hingezogen hatte. (37) Nachdem er das gesagt hatte, erneuerte er das Gesetz, daß niemand mehr als 500 Morgen besitzen dürfe. Für die Söhne aber fügte er, über das alte Gesetz hinausgehend, noch die Hälfte hinzu; das übrige Staatsland sollten drei gewählte Männer, die jährlich wechseln sollten, an die Armen verteilen. (38) Dies war es, was die Reichen am meisten beunruhigte, daß sie wegen der Landverteilungskommission das Gesetz nicht mehr wie früher mißachten und auch nicht den an die Siedler verteilten Boden zurückkaufen konnten. Denn Gracchus hatte das vorausgesehen und verboten zu verkaufen. (39) Also versammelten sie sich in Gruppen, klagten und hielten den Armen die Arbeit, die sie in der Vergangenheit investiert hatten, die Baumpflanzungen und Gebäude entgegen, manche auch den Kaufpreis, den sie Nachbarn gezahlt hatten, ob sie den verlieren sollten, wieder andere die Grabstätten der Vorfahren auf diesem Land und die Erbteilungen, die sozusagen auf väterlichem Grund und Boden vorgenommen worden seien; andere führten an, daß sie für dieses Land die Mitgift ihrer Frauen aufgewendet oder das Land ihren Töchtern als Aussteuer gegeben hätten, und die Geldverleiher verwiesen auf die auf diesem Land liegenden Hypotheken. Kurz: Es herrschte ein Chaos von Klagen und Äußerungen des Unmuts. (40) Die Armen wiederum beklagten, von Wohlstand zu äußerster Armut und einer daher rührenden Kinderlosigkeit, da sie keine Kinder ernähren könnten, getrieben worden zu sein. Sie zählten die Feldzüge auf, die sie mitgemacht hätten, als sie dieses Land eroberten, und sie äußerten ihren Unwillen darüber, daß sie ihres Anteils an dem gemeinsam Erworbenen beraubt würden; zugleich machten sie den Reichen Vorwürfe, daß sie anstelle von freien Bürgern und Soldaten Sklaven vorzögen, eine treulose und stets feindselige und deswegen vom Kriegsdienst ausgenommene Klasse. (41) Während beide Seiten solche Klagen und Vorwürfe gegeneinander vorbrachten, strömte eine große Zahl anderer, die in den Kolonien und Munizipien oder sonstwo an dem betreffenden Land teilhatte, aus Furcht herbei und nahm auf eine der beiden Seiten Partei. (42) Im Vertrauen auf ihre große Zahl machten sie ihrer Erbitterung Luft, und indem sie Unruhen anstifteten, warteten sie auf den Tag der Abstimmung über das Gesetz, die einen, um auf jede Weise zu verhindern, daß es angenommen würde, die anderen, damit es auf jeden Fall in Kraft trete. Der Ehrgeiz trat auf beiden Seiten zu dem sachlichen Anliegen hinzu und so trafen sie für den Tag der Abstimmung Vorbereitungen gegeneinander.

Q 23: Die Motive des Tib. Gracchus und der Einfluß griechischer Intellektueller

Plut. Tib. Gracch. 8,9 = HRR I², 119 F 2

> Sein Bruder Gaius berichtet in einer Schrift, Tiberius habe, als er auf dem Weg nach Numantia durch Etrurien kam,[6] das verödete Land gesehen und die aus der Fremde eingeführten Sklaven, die die Felder bestellten und das Vieh weideten. Da sei zuerst der Entschluß zu jener Politik in ihm gereift, die ihnen beiden Leiden ohne Ende bringen sollte.

Plut. Tib. Gracch. 8,6

> Als Tiberius zum Volkstribun gewählt worden war, wandte er sich sogleich der Verwirklichung seines Planes zu. Nach dem Zeugnis der meisten ermutigten ihn dazu der Rhetor Diophanes[7] und der Philosoph Blossius.[8] Diophanes war aus Mytilene verbannt, und Blossius stammte aus Cumae in Unteritalien; in Rom verkehrte er freundschaftlich mit (dem Stoiker) Antipatros von Tarsos, der ihn durch die Widmung philosophischer Schriften ehrte.

Q 24: Die Mancinus-Affäre

Zur Frage der Wirkung der Mancinus-Affäre auf die politische Haltung des Tib. Gracchus im Jahre 133 vgl. J. Bleicken, Überlegungen zum Volkstribunat des Tib. Sempronius Gracchus, HZ 247, 1988, 265–293 = Gesammelte Schriften II, Stuttgart 1998, 603–631.

---

6 D. h. im Jahre 137, auf dem Wege nach Spanien, wohin er als Quaestor abgeordnet worden war. Was er in Etrurien zu sehen bekam, waren die Verhältnisse im Land der etruskischen Bundesgenossen, wo eine steinreiche Aristokratie die Herrschaft innehatte.

7 Diophanes von Mytilene wurde als Anhänger des Tib. Gracchus kurz nach dessen gewaltsamen Ende hingerichtet: Plut. Tib. Gracch. 20,4.

8 C. Blossius, der sich nach dem Ende des Tib. Gracchus der sozialrevolutionären Bewegung in Kleinasien unter Führung des attalidischen Thronprätendenten Aristonikos anschloß und nach dessen Niederlage Selbstmord beging (Plut. Tib. Gracch. 20,7), verkehrte auch im Hause des Konsuls von 133, P. Mucius Scaevola (Cic. Lael. 37). So gewiß also hier persönliche Beziehungen vorlagen, so unmöglich ist es jedoch, Art und Ausmaß der gegenseitigen Beeinflussung von Philosophie, Jurisprudenz und Politik im Jahre 133 zu bestimmen. Dies gegen O. Behrends, Tiberius Gracchus und die Juristen seiner Zeit – die römische Jurisprudenz, in: K. Luig/D. Liebs (Hrsg.), Das Profil des Juristen in der europäischen Tradition. Symposion zum 70. Geburtstag von F. Wieacker, Ebelsbach 1980, 25–121.

Plut. Tib. Gracch. 7,1-6

Nach seiner Heimkehr aber hieß es, der Vertrag bedeute eine unerträgliche Schande für Rom, und Vorwurf und Anklage wurden laut. Allein, die Verwandten und Freunde der Soldaten (sie machten einen großen Teil des Volkes aus) strömten zum Schutz des Tiberius zusammen. Die Schmach der Kapitulation schoben sie auf den Feldherrn, Tiberius hingegen priesen sie als den Retter seiner Mitbürger. Andere freilich waren erbittert über das Geschehene und verlangten, man müsse wiederholen, was die Vorfahren einst in ähnlicher Lage getan hatten: Jene hatten die Feldherren, die sich von den Samniten in schimpflicher Weise losgekauft hatten, waffenlos den Feinden überantwortet, ja sogar Quaestoren und Tribunen, welche an dem Abkommen teilhatten, in gleicher Weise ausgeliefert und so Eid- und Vertragsbruch auf sie abgewälzt. In diesem Augenblick zeigte das Volk, mit welch leidenschaftlicher Liebe es an Tiberius hing. Es beschloß nämlich, den Konsul wehrlos und in Fesseln den Numantinern zu übergeben, alle andern aber zu schonen um des Tiberius willen. Es hat den Anschein, als ob auch Scipio, zu jener Zeit der mächtigste und einflußreichste aller Römer, helfend eingegriffen habe. Man machte ihm aber trotzdem Vorwürfe, weil er Mancinus opferte und keinen Finger rührte, um den Vertrag mit den Numantinern durchzusetzen, den doch sein Schwager und Freund abgeschlossen hatte. Indes scheint die Entfremdung zwischen Scipio und Tiberius vor allem auf den Ehrgeiz des Tiberius zurückzugehen und dazu auf Freunde und (griechische) Lehrer, die ihn in seinen Plänen bestärkten.

Q 25: Tib. Gracchus' Agitation für die Agrarreform

Die beiden abgedruckten Texte, eine zusammenfassende Wiedergabe der Argumentation des Volkstribuns (Appian) und ein in indirekte Rede umgesetztes wörtliches Zitat (Plutarch), gehen auf eine veröffentlichte Rede des Tib. Gracchus zurück. Sie zeigte die Problemfelder auf, die nach seinem Urteil am stärksten für das Reformprojekt sprachen: die sinkende Wehrkraft und Wehrbereitschaft sowie die Ausbreitung der Sklaverei auf den Großgütern und in der Weidewirtschaft des Südens. Anschauungsmaterial gaben das Elend des spanischen Krieges und der große Sklavenaufstand in Sizilien (135–132).

Zu den Sklavenkriegen, einem Epiphänomen der sich ausbreitenden Guts- und Latifundienwirtschaft, vgl. die zusammenfassenden Darstellungen von K. R. Bradley, Slavery and Rebellion in the Roman World 140 B.C. – 70 B.C., Bloomington – Indianapolis – London 1989 und Z. W. Rubinsohn, Die großen Sklavenaufstände der Antike. 500 Jahre Forschung, Darmstadt 1993.

App. b.c. 1,43-47

(43) Was Gracchus mit seinem Plan im Sinn hatte, betraf nicht die materielle Wohlfahrt, sondern die Wehrkraft, und voller Begeisterung von dem Nutzen seines Unternehmens, von dem er glaubte, daß Italien nichts Größeres und Glänzenderes widerfahren könne, bedachte er überhaupt nicht die damit verbundenen Schwierigkeiten. (44) Vor der Abstimmung brachte er ausführlich viele Argumente zugunsten des Gesetzes vor und fragte dann, ob es gerecht sei, gemeinsamen Besitz gemeinsam zu teilen, ob der Bürger nicht näher stünde als der Sklave, der Soldat nicht brauchbarer als der Nichtsoldat und der am politischen Leben teilhabende Bürger den öffentlichen Belangen nicht aufgeschlossener sei. (45) Bei diesem Vergleich verweilte er wie bei etwas Unwürdigem nicht lange, sondern schritt voran zu den Hoffnungen und Befürchtungen für das Vaterland, daß sie bereits den größten Teil der Erde schon mit Gewalt in Besitz genommen und nun Aussicht hätten auf den Rest der Welt, dabei jedoch vor die alles entscheidende Frage gestellt seien, entweder den Rest dank der verbesserten Wehrkraft zu erwerben oder das Vorhandene aus Schwäche und gegenseitiger Mißgunst an die Feinde zu verlieren. (46) Dabei übertrieb er auf der einen Seite den Ruhm und die Vorteile sowie auf der anderen die Gefahr und die Befürchtungen und forderte die Reichen auf, dies zu bedenken und das betreffende Land, wenn notwendig, als freiwillige Gabe mit Rücksicht auf die künftigen Erwartungen denen zu geben, die Kinder aufziehen würden, und nicht über den Streit um Kleinigkeiten die größeren Ziele zu übersehen, zumal sie als Kompensation für ihre Aufwendungen kostenlos 500 Morgen zu freiem Eigentum erhielten und für ihre Söhne, soweit sie welche hätten, jeweils die Hälfte davon. (47) Nachdem Gracchus vieles in diesem Sinn gesagt hatte und so die Armen ebenso wie andere, die sich mehr von sachlicher Überlegung als vom Besitzstreben leiten ließen, eingestimmt hatte, ließ er den Schreiber den Gesetzesantrag verlesen.

Plut. Tib. Gracch. 9,5-6 = ORF 149

(5) Die wilden Tiere, die Italien beweiden, haben Ruhestatt und Unterschlupf, aber die für Italien kämpfen und sterben, haben teil an Luft und Licht und sonst an nichts, ohne Haus und Hof irren sie mit ihren Kindern und Frauen umher, die Feldherren lügen, wenn sie vor der Schlacht die Soldaten aufrufen, zum Schutz ihrer Gräber und Heiligtümer die Feinde abzuwehren; denn keiner von ihnen hat einen väterlichen Altar, keiner einen Grabhügel der Vorfahren, nein: für Wohlleben und Reichtum anderer kämpfen und sterben sie, Herren der Erde heißen sie und haben nicht eine Scholle zu eigen.

Q 26: Verteilungskarte der Steine der gracchischen Landverteilungskommission

Verteilungskarte der Steine der gracchischen Landverteilungskommission

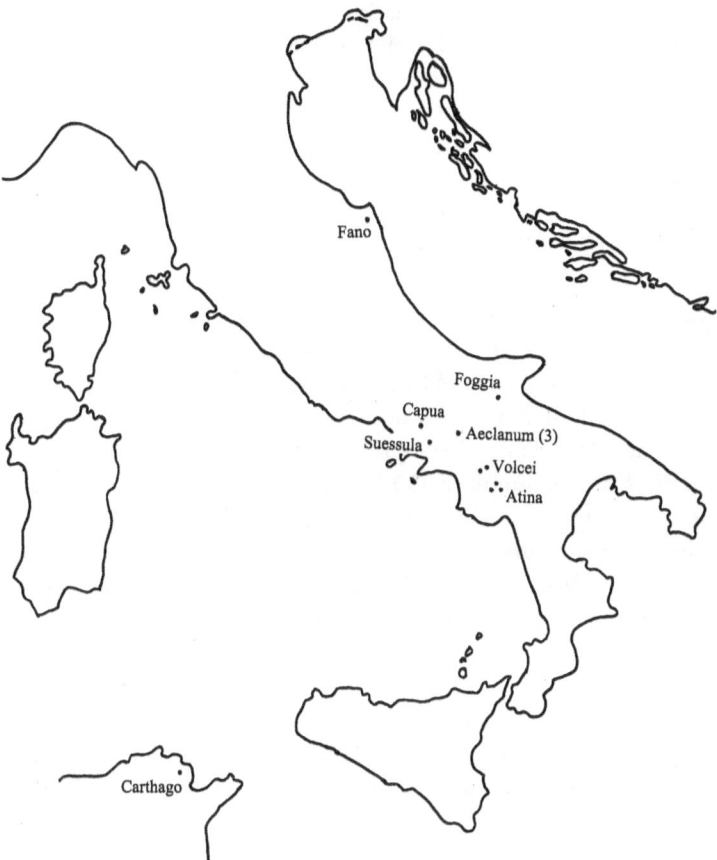

Karte 5

Die gracchischen Landverteilungskommission existierte von 133 bis 119. Die erhaltenen Grenzsteine, die die Kommission setzen ließ, sind gesammelt in ILLRP I², 467–475. Hinzu kommen zwei Neufunde, publiziert von A. Russi/A. Valvo, in: Quinta miscellanea greca e romana (1977), 225–250 und V. Bracco, in: Riv. Stor. Antichità 9, 1979, 29–37.

Wie aus den Inschriften der erhaltenen Steine hervorgeht, wechselte die personelle Zusammensetzung der Kommission mehrfach. Nach dem gewaltsamen Ende des Tib. Gracchus im Spätjahr 133 bestand sie bis in das Jahr 130 hinein aus C. Gracchus, Ap. Claudius Pulcher und Gaius' Schwiegervater

P. Licinius Crassus Dives Mucianus. Nach dem Tod von Claudius und Crassus traten 130 zuerst M. Fulvius Flaccus und dann C. Papirius Carbo in die Kommission ein. Diese Zusammensetzung blieb erhalten bis zur Katastrophe des C. Gracchus und des Fulvius Flaccus zu Beginn des Jahres 121. In den letzten Jahren ihrer Existenz bestand die Kommission aus C. Papirius Carbo, C. Sulpicius Galba und L. Calpurnius Bestia.

Für das Jahr 133, in dem Tib. Gracchus der Kommission präsidierte, ist kein einziger Stein erhalten. Der Löwenanteil der Zeugnisse gehört in die zweite, von 133/32 bis 130 reichende Phase: ILLRP I^2, 467–472; 474 und Riv. Stor. Antichità 9, 1979, 29 ff. Der dritten Phase (130–121) gehören nur noch zwei Zeugnisse an: ILLRP I^2, 473 und Quinta miscellanea greca e romana (1977), 225 ff. Die letzte Phase wird durch einen einzigen Stein aus Nordafrika repräsentiert: ILLRP I^2, 475.

Aufschlußreich ist auch die räumliche Verteilung der Zeugnisse. In Italien konzentrieren sie sich auf den Süden, und zwar auf Kampanien (ILLRP I^2, 467 und 468), Lukanien (ILLRP I^2, 469–472 und Riv. Stor. Antichità 9, 1979, 29 ff.) und das Gebiet der Hirpiner in Samnium bei Aeclanum (ILLRP I^2, 473: insgesamt drei Steine). Durch den 1977 publizierten Neufund aus der Gegend von Foggia (Quinta miscellanea greca e romana (1977), 225 ff.) ist nun auch gesichert, daß die Kommission nach 130 in Apulien tätig geworden ist. Eine Ausnahme stellt der eine Stein dar, der auf dem Berg Giove bei Fanum auf dem alten *ager Gallicus* gefunden worden ist (ILLRP I^2, 474). Dort war bereits auf Betreiben des Volkstribunen C. Flaminius nach 232 Land an römische Siedler ausgegeben worden, nachdem die keltischen Senonen vertrieben worden waren. Offenbar war dies die einzige Landschaft außerhalb Süditaliens, in der noch Staatsland zur Verteilung vorhanden war. Das letzte Zeugnis, beim Dorf Malga in der Nähe Karthagos gefunden (ILLRP I^2, 475), belegt, daß die Kommission in ihrer letzten Zusammensetzung nach 121 noch mit Regelungen befaßt war, die sich aus der gescheiterten Koloniegründung in Karthago ergaben.

Q 27: Der politische Konflikt um die Agrarreform

Livius stellte im 68. Buch seines Geschichtswerkes die Absetzung des interzedierenden Volkstribunen M. Octavius und die Einsetzung einer aus Familienmitgliedern bestehenden Landverteilungskommission als die großen politischen Konfliktpunkte heraus, denen dann der weitere Vorstoß gegen die ungeschriebene Verfassung folgte: der Volksbeschluß über die Annahme und Verwendung der attalidischen Erbschaft. Damit steht Livius in Übereinstimmung mit der Hauptrichtung der römischen Überlieferung, die einen den Gracchen feindlichen Standpunkt einnimmt. Angesichts des politischen Konflikts ist der moderne Streit über die Frage müßig, ob Octavius wegen des Zeitpunktes seiner Interzession (Chr. Meier, Loca intercessionis, MH 25, 1968, 94 ff.) oder durch seinen Einspruch gegen einen tribunizischen Gesetzesantrag (E. Badian, ANRW I.1, 1972, 706 ff.) gegen die (ungeschriebene) Verfassung verstoßen habe. Genaue gesetzliche Festlegungen gab es in diesen Punkten nicht.

Liv. Perioch. 58

Als Tib. Sempronius Gracchus als Volkstribun gegen den Willen des Senats und des Ritterstandes ein Agrargesetz einbrachte, daß niemand mehr als 1.000 Morgen von Staatsland besitzen solle, entbrannte er zu solchem Feuereifer, daß er seinen Kollegen M. Octavius, der die Sache der Gegenseite verfocht, durch ein Gesetz die Amtsgewalt aberkennen und sich selbst, seinen Bruder C. Gracchus sowie seinen Schwiegervater zu Mitgliedern der Dreierkommission für die Landverteilung wählen ließ. Er brachte auch, um sich weiteres Land (zur Verteilung) zu erschließen, noch ein weiteres Agrargesetz des Inhalts ein, daß diese Dreierkommission entscheiden solle, wo Staatsland und wo Privatland vorliege. Als dann weniger Land vorhanden war, als verteilt werden konnte, ohne auch noch bei der Plebs Anstoß zu erregen, stellte er, da er sie nun einmal zu der Hoffnung auf ein großes Verteilungsobjekt aufgestachelt hatte, ein weiteres Gesetz in Aussicht, daß denen, die nach dem Sempronischen Agrargesetz Land empfangen sollten, Geld zugeteilt werden sollte, das König Attalos (III.) gehört hatte. Zum Erben aber hatte Attalos, König von Pergamon und Sohn des Eumenes, das römische Volk eingesetzt.

Plut. Tib. Gracch. 15,2-9 = ORF 151

(2) Der Tribun, sagte er, sei heilig und unverletzlich, weil er dem Volk geweiht und sein Führer sei. Wenn er nun seiner Bestimmung untreu wird und dem Volk Unrecht tut, seine Macht hemmt und seine Stimmabgabe verhindert, dann beraubt er sich selbst seiner Würde, weil er das nicht tut, wozu er sie bekommen hat. (3) Einen Tribun, der das Kapitol zerstören und das Schiffsarsenal in Brand setzen würde, müßte man dennoch Tribun sein lassen – wenn er das täte, wäre er freilich ein schlechter Tribun. Wenn er aber das Volk entmachtet, ist er kein Tribun mehr. (4) Wie wäre es nun nicht ungereimt, wenn der Volkstribun einen Menschen ins Gefängnis führen, das Volk aber ihn nicht seiner Amtsgewalt entheben könnte, wenn er sie gegen den wendet, der sie ihm gegeben hat? Denn das Volk wählt einen Konsul ebenso wie einen Volkstribun. (5) Und die Königswürde, die alle Gewalt in sich faßte, war mit

den allerheiligsten Zeremonien von der Gottheit geweiht, doch als Tarquinius Unrecht tat, vertrieb ihn die Bürgerschaft, und wegen der Gewalttat eines Einzelnen wurde die väterliche Regierungsform, der die Stadt ihren Ursprung verdankt, beseitigt. (6) Was ist in Rom so heilig und verehrungswürdig wie die Jungfrauen, die das ewige Feuer hüten und bewahren? Doch wenn eine sich verfehlt, wird sie lebendig begraben. Denn die Unverletzlichkeit, die sie wegen der Götter besitzen, können sie nicht behalten, wenn sie gegen die Götter einen Frevel begehen. (7) Also darf von Rechts wegen auch ein Volkstribun, der dem Volk Unrecht tut, die Unverletzlichkeit nicht behalten, die er durch das Volk besitzt. Denn er vernichtet ja die Macht, der die seine entspringt. Und wenn er den Tribunat gemäß dem Recht durch die Mehrheit der Tribus empfangen hat, wieso entspricht es dann nicht in noch höherem Maß dem Recht, wenn er ihm von der Gesamtheit der Tribus aberkannt wird? (8) Nichts ist so heilig und unverletzlich wie die den Göttern geweihten Gaben, doch niemand hindert das Volk, sie nach Belieben zu gebrauchen, sie wegzunehmen und anderswohin zu bringen. Also war es auch dem Volk erlaubt, den Tribunat wie ein Weihgeschenk auf einen anderen zu übertragen. (9) Daß das Amt nicht heilig und unverletzlich (in einem absoluten Sinn) ist, geht schon daraus hervor, daß es Amtsinhaber gegeben hat, die sich von ihrem Eid haben entbinden lassen und von sich aus zurückgetreten sind.

Q 28: Das Scheitern der Agrarreform des Tib. Gracchus

Wie aus den unten abgedruckten Texten hervorgeht, scheiterte die Arbeit der Landverteilungskommission an den schwierigen Rechtsproblemen, die die praktische Durchführung der Agrarreform aufwarfen. Die Klagen bundesgenössischer Gemeinden, die aufgrund von Verträgen oder Senatsbeschlüssen römisches Staatsland erhalten hatten (vgl. die einschlägigen Bestimmungen des Agrargesetzes von 111: Text unter **Q 11**), waren 129 der Anlaß dafür, daß der Kommission die Judikationsbefugnis entzogen und ihre Arbeit praktisch lahmgelegt wurde.

Cicero, De re publ. 3,41

...Tib. Gracchus beharrte auf römischen Bürgern, die Rechte und Verträge der Bundesgenossen und der Latiner nahm er auf die leichte Schulter. Wenn diese Willkür zur Gewohnheit wird und weiter um sich zu greifen beginnt und unsere Herrschaft von der Grundlage des Rechts zur Gewalt übergeht, so daß mit Terror die unterdrückt werden müssen, die uns bisher freiwillig gehorcht haben, so fürchte ich, obwohl für uns heute Lebenden einigermaßen vorgesorgt ist, doch für unsere Nachkommen und für die Unsterblichkeit unseres Staates, der ewig sein könnte, wenn wir denn nach der Ordnung und Sitte der Vorfahren leben würden.

App. b.c. 1,73-78

(73) Nachdem Tib. Gracchus erschlagen und Ap. Claudius gestorben war, wurden zusammen mit dem jüngeren Gracchus an ihrer Stelle Fulvius Flaccus und Papirius Carbo in die Landverteilungskommission gewählt.[9] Da aber die Besitzenden (die Vorschrift) mißachteten, das (fragliche Okkupations-)Land in ein Verzeichnis aufnehmen zu lassen, forderte (die Kommission) öffentlich dazu auf, daß Ankläger (bei ihnen) Anzeige erstatteten. (74) Und schnell entstand (daraus) eine Unmenge schwieriger Prozesse. Denn wo immer ein dem (fraglichen Okkupations-)Land benachbartes Land(stück) hinzugekauft oder den Bundesgenossen zugeteilt worden war, mußte das gesamte Areal wegen des Umfangs des (fraglichen Okkupations-) Landes überprüft werden, *wie* hinzugekauft und *wie* zugeteilt worden war, obwohl alle (Betroffenen) weder Kaufurkunden noch in Hinblick auf ihren Okkupationsanteil Dokumente vorweisen konnten. Was sich aber finden ließ, war vieldeutig. (75) Und bei der (dann folgenden) Neuvermessung wurden die einen aus Baumpflanzungen und Gutshöfen auf kahlen Boden, die anderen von kultiviertem auf unkultiviertes oder auf Sumpf- oder Marschland umgesetzt, hatten sie doch die Vermessung ursprünglich ganz ungenau vorgenommen. (76) Weiterhin hatte die Proklamation, die das unverteilte Land zur Bearbeitung freigab, viele dazu veranlaßt, benachbartes Land zu kultivieren und die Grenze zwischen beiden (Bodenkategorien: sc. Privat- und Staatsland) aus den Augen zu verlieren; und die folgende Zeit hatte alles in einen neuen Zustand versetzt. (77) Und wenngleich das Unrecht der Reichen groß war, so war es doch schwer (sc. im Einzelfall) zu erkennen. Und so geschah nichts außer einem allgemeinen Aufruhr derjenigen, die (aus bisherigem Besitz) in andere Ländereien umgesiedelt und verschoben wurden.
(78) Dies und die richterlichen Entscheidungen, die diesbezüglich eilig ergingen, wollten die Italiker nicht hinnehmen und riefen Cornelius Scipio, der Karthago zerstört hatte, als Helfer gegen das Unrecht an, das ihnen geschah.

---

9 Nach dem Tod des Tib. Gracchus war die Kommission mit C. Gracchus, Ap. Claudius Pulcher und mit dem nachrückenden P. Licinius Crassus Dives Mucianus besetzt. Dieser kam 130 im Krieg mir Aristonikos in Kleinasien ums Leben, und in selbem Jahr starb auch Ap. Claudius Pulcher. Nachrücker waren M. Fulvius Flaccus und P. Papirius Carbo. In diesem Sinn sind die Angaben Appians zu präzisieren.

Q 29: Die Versorgungsgesetze des C. Gracchus

Während die historiographische Überlieferung zwischen den Agrargesetzen des Tib. und des C. Gracchus nicht unterscheidet, geht aus dem Agrargesetz von 111 hervor, daß Gaius bestimmte Areale vor Verteilung sicherte (zu denken ist an die große kampanische Staatsdomäne und an bundesgenössisches Land, dessen Rechtscharakter umstritten war). Weiterhin läßt der unten zitierte Abschnitt aus dem Agrargesetz von 111 die Schlußfolgerung zu, daß Gaius aufgrund seines Agrargesetzes einen Landtausch zur Gewinnung geschlossener Landkomplexe für sein Kolonisationsprogramm vorgenommen hat. Näheres dazu D. Flach, Die Ackergesetzgebung im Zeitalter der römischen Revolution, HZ 217, 1973, 271 ff. und E. Hermon, Le programme agraire de Caius Cracchus, Athenaeum N.S. 60, 1982, 258–272.

Liv. Perioch. 60

C. Gracchus, der Bruder des Tiberius, brachte als Volkstribun einige verhängnisvolle Gesetze ein, darunter ein Getreideversorgungsgesetz des Inhalts, daß dem Volk zu 6 1/3 As Getreide gegeben werden solle, ein zweites Ackergesetz, welches auch sein Bruder eingebracht hatte...

Vell. 2,6,3

(C. Gracchus) verteilte die Felder, untersagte, daß irgendein römischer Bürger mehr als 500 Morgen besitzen könne, was einst schon durch das Licinische Gesetz verfügt worden war.

Plut. C. Gracch. 5,1

Unter den Gesetzesträgern, die Gaius einbrachte, um das Volk zu gewinnen und die Macht des Senates zu brechen, sah das Ackergesetz die Verteilung des Staatslandes an die Armen vor, das Militärgesetz bestimmte, der Staat habe den Soldaten im Felde die Ausrüstung zu liefern, und zwar ohne Verkürzung des Soldes, auch dürfe niemand unter siebzehn Jahren zum Kriegsdienst aufgeboten werden.

Das Agrargesetz des Jahres 111 v. Chr. über die Bestimmungen des Agrargesetzes des C. Gracchus: CIL I² 585, 20–23

(20) Der öffentliche Grund und Boden des römischen Volkes, der in Italien zur Amtszeit der Konsuln P. Mucius und L. Calpurnius (133) vorhanden war,| (21)

außer dem Land, das ... liegt, dem Land, das L. Caecilius und Cn. Domitius als Zensoren am 21. September (115) zusammen mit dem Land, das jenseits des Curio liegt, verpachteten – wer auf diesem Grund und Boden als römischer Bürger, einer der Bundesgenossen oder einer mit latinischer Staatsbürgerschaft, denen man nach der Richtschnur für Togaträger die Stellung von Soldaten im Raum Italiens zu befehlen pflegt, Grund und Boden als Besitz hatte bzw. besaß, für den gilt, soweit er öffentlichen Grund und Boden des römischen Volkes von seinem Besitz als Altbesitzer bzw. dem Altbesitzer Gleichgestellter abgab, damit auf diesem Grund und Boden eine Stadt oder Kolonie nach Gesetz bzw. Volksentscheid errichtet, angelegt, angesiedelt werde, (22) und ein Triumvir diese Stadt bzw. Kolonie nach Gesetz oder Volksentscheid errichtete, anlegte oder ansiedelte: Der Grund und Boden, den ein Triumvir für die Vergabe und Anweisung von Äckern von dem Grund und Boden, der Gemeineigentum des römischen Volkes im Raum Italiens zur Amtszeit der Konsuln P. Mucius und L. Calpurnius gewesen ist, für diesen Grund und Boden gab, anwies, als Gegenleistung gab, dieses Land soll außer dem Grund und Boden, der nach dem Gesetz bzw. Volksentscheid, den C. Sempronius, Sohn des Tiberius, als Volkstribun beantragte, ausgenommen bzw. davor geschützt wurde, verteilt zu werden, (23) dem als Privateigentum gehören, dem dieses Land gegeben, als Gegenleistung gegeben, angewiesen wurde oder dem dieser Grund und Boden von ihm oder dessen Erben durch Testament, Erbschaft oder Übergabe zufiel bzw. zufällt oder dem, der es von ihm kaufte bzw. kauft oder der es von dessen Käufer kaufte oder kauft.

Q 30: Die Organisation der politischen Gerichtsbarkeit und die Entstehung des Ritterstandes

Appians Bericht geht davon aus, daß C. Gracchus Senatoren von der Richterliste strich und die Gerichte den Rittern überließ. Dies war aller Wahrscheinlichkeit nach die Regelung, die C. Gracchus letztendlich traf: vgl. dazu G. Wolf (s. oben Darstellung Anm. 11). Das Repetundengesetz des Acilius setzte diese Regelung bereits voraus und verschärfte sie insoweit, als es auch Verwandte der senatorischen Angeklagten und ihnen durch ein Treueverhältnis Verbundene von der Richterbank ausschloß.

Der Text der *lex Acilia* ist zweisprachig mit Einleitung und Kommentar ediert worden von: W. Eder, Das vorsullanische Repetundenverfahren, München 1969 und A. Lintott, Judicial Reform and Land Reform in the Roman Republic, Cambridge 1992.

App. b.c. 1,91-97

(91) So war also C. Gracchus zum zweiten Mal Volkstribun. Wie er das Volk gekauft hatte, so brachte er auch die sogenannten Ritter, die in ihrem Rang zwischen dem Senat und der Plebs stehen, durch ein anderes derartiges politisches Manöver auf seine Seite. (92) Die Gerichte, die durch Bestechungsaffären in Verruf geraten waren, übertrug er von den Senatoren auf die Ritter, dabei machte er ihnen vor allem die jüngsten Skandalfälle zum Vorwurf, daß Aurelius Cotta, (Livius?) Salinator und als dritter M.' Aquilius,[10] der (die Provinz) Asia erobert hatte, von den Richtern freigesprochen worden waren, obwohl ihre Bestechlichkeit klar zutage lag: Die Gesandten, die Klage gegen sie erhoben hatten, waren noch anwesend und erzählten in gehässiger Art und Weise überall davon. Da der Senat sich sehr schämte, gab er dem Gesetz seine Zustimmung, und das Volk verabschiedete es. (93) Auf diese Weise wurden also die Gerichte vom Senat auf die Ritter übertragen. Wie man sagt, soll Gracchus kurz nach Ratifizierung des Gesetzes gesagt haben, er habe den Senat (damit) vollständig entmachtet, und als dann die Veränderung sich in der Praxis auswirkte, habe sich Gracchus' Wort noch stärker bewahrheitet. (94) Denn die richterliche Gewalt, über Römer und Italiker einschließlich der Senatoren selbst Strafen jeder Art zu verhängen – Geld, Aberkennung der bürgerlichen Ehrenrechte, Verbannung – erhob die Ritter gewissermaßen zu Herrschern über dies alles und machte ihnen die Senatoren gleich, ja zu Unterlegenen. (95) Als sich die Ritter mit den Volkstribunen verbündeten und von ihnen Gegenleistungen empfingen, was immer sie wollten, wurden sie für die Senatoren zum Gegenstand großer Furcht. Binnen kurzem wurden die politischen Machtverhältnisse auf den Kopf gestellt, allein die Ehre blieb dem Senat, die Macht hatten die Ritter. (96) Sie gingen nämlich nicht nur so weit, daß sie die Macht ausübten, sondern sie erlaubten sich gegen die Senatoren offene Verletzungen des Rechts. Sie übernahmen die Bestechlichkeit und als sie durch die großen Gewinne auf den Geschmack gekommen waren, betrieben sie das Geschäft der Korruption noch schamloser und ungehemmter. (97) Gedungene Ankläger schickten sie gegen die Reichen vor und verhinderten, indem sie sich verschworen und Gewalt anwendeten, durchweg Anklagen wegen Bestechung, so daß in der Praxis derartige Verfahren ganz aus der Übung kamen und das Richtergesetz einen Konflikt bewirkte, der im ganzen nicht geringer war als die früheren.

---

10 Der Freispruch des L. Aurelius Cotta, den der jüngere Scipio wegen Erpressung in Spanien belangte, fand 138 statt (Liv. Perioch. Oxyrrh. 55; Cic. Pro Mur. 58; Verr. I,69; Pro Font. 38), der des Aquilius in 125 oder 124: s. M. C. Alexander, Trials, 13. Der Fall des (Livius?) Salinator kann nicht näher identifiziert werden.

Die wichtigsten Bestimmungen der *lex Acilia* des Jahres 122:
CIL I² 583,1-3; 6-7; 9-13; 19-26; 30; 32; 46-49; 58-59

Z. 1-3: Wenn einem (italischen) Bundesgenossen, einem latinischen Bundesgenossen, einem Angehörigen eines auswärtigen Volkes oder einer Person, die mit dem römischen Volk in einem Verhältnis der Untertanenschaft oder Freundschaft steht,| von einem Diktator, Konsul, Praetor, Magister equitum, Triumvir zur Verbrechensbekämpfung, Triumvir für Landverteilung und -zuweisung, Militärtribun der ersten vier Legionen oder einem Sohn der Obengenannten, Senator oder Sohn eines Senators, pro Jahr mehr als ... Sesterzen | bei der Ausübung von Kommando- oder Amtsgewalt, und zwar ihm selbst, seinem König, seinem Volk, seinem Vater, einem Angehörigen der Familie seines Vaters, einem Angehörigen seiner eigenen Familie, einem Sklaven seines Vaters, einem eigenen Sklaven bzw. einem der eigenen Familie oder der des Vaters oder einer Person, deren Haupterbe er selbst, sein Vater oder sein Sohn ist, weggenommen, beschlagnahmt, von ihm erpreßt, ihm unterschlagen oder veruntreut worden sind, dann soll in dieser Angelegenheit (dem betroffenen Personenkreis) das Forderungs- und Anzeigenrecht zustehen. Die Leitung der Prozesse soll bei einem Praetor liegen, die Verhandlung, das Urteil und die Festsetzung des Streitwertes gemäß diesem Gesetz bei denen, die diesem Gesetz gemäß den Gerichtshof bilden.

Z. 6-7: Der (Ankläger) soll die Person, an die er eine Forderung stellt, vor das Gericht des Praetors bringen, der in diesem Jahr die Leitung des (Repetunden)gerichts gemäß diesem Gesetz innehat, und zwar vor dem 1. September jenes Jahres, und Anzeige erstatten...|... Wenn er aber die Anzeige gemäß diesem Gesetz erst nach dem 1. September erstattet, so soll der Praetor für diesen Fall Rekuperatoren einsetzen, wenn der Kläger es will. Wer gemäß diesem Gesetz nach dem 1. September jenes Jahres angezeigt und durch den (obengenannten) Gerichtshof verurteilt wird, soll die jeweilige Summe Geldes, die in dieser Angelegenheit (als Schadenersatz) festgesetzt wird, an den Urheber der Verurteilung zahlen...

Z. 8: Gegen Magistrate darf während der Dauer ihrer Amtsgewalt kein Verfahren anhängig gemacht werden.

Z. 9-11: **Über die Zuweisung von Anwälten.** Wer gemäß diesem Gesetz eine Vermögensforderung erhoben und Anzeige erstattet hat, soweit diese Forderung gemäß diesem Gesetz vor dem 1. September eingegangen ist, dem soll der Praetor, bei dem er Anzeige erstattet hat, wenn der Betreffende Anwälte in dieser Angelegenheit zu bekommen wünscht,| als Anwälte freigeborene römische Bürger geben – solange er nicht wissentlich und in böser Absicht einen von denen gibt, dem der Angezeigte Schwiegersohn, Schwiegervater, Stiefsohn oder Geschwistersohn ist oder mit dem er in einem entsprechenden Verwandtschaftsverhältnis steht oder der zusammen mit diesem

Mitglied einer Bruderschaft oder eines Vereins ist oder mit dem dieser in einem anderen Treueverhältnis steht oder seine Vorfahren standen | oder der (seinerseits) zu diesem in einem Treueverhältnis steht oder dessen Vorfahren zu den Vorfahren (des Angezeigten) in einem solchen Treueverhältnis standen oder der von einem Geschworenengericht oder vom Volksgericht verurteilt worden ist, weswegen er nicht mehr in den Senat aufgenommen werden darf, sowie auch nicht jemanden, der gemäß diesem Gesetz Richter sein oder gemäß diesem Gesetz als Anwalt gegeben wird.

Z. 12–13: **Über die Auswahl der Vierhundertfünfzig für dieses Jahr.** Der Praetor, der für die Fremden Recht spricht, soll innerhalb der nächsten 10 Tage, nachdem das Gesamtvolk bzw. die Plebs dieses Gesetz verabschiedet hat, für die Auswahl von 450 Männern sorgen, die in dieser Bürgerschaft das Staatspferd haben oder hatten,| vorausgesetzt, er wählt nicht eine Person, die Volkstribun, Quaestor, Triumvir zur Verbrechensbekämpfung, Militärtribun der ersten vier Legionen, Triumvir für die Verteilung und Zuweisung von Äckern ist oder war, im Senat ist oder war, für Lohn kämpft oder gekämpft hat... oder eine Person, die von einem Schwurgericht oder vom Volksgericht verurteilt wurde, weshalb sie nicht mehr in den Senat aufgenommen werden kann, jünger als dreißig oder älter als 60 Jahre ist, ihren Wohnsitz nicht in Rom oder innerhalb einer Meile von Rom hat oder die Vater, Bruder oder Sohn eines ehemaligen oder jetzigen Senators ist oder sich im Ausland aufhält.

Z. 19–26: **Über Anzeige und Richterauswahl.** Wer diesem Gesetz gemäß eine Vermögensforderung an den Prozeßgegner stellt... soll den, gegen den er die Forderung erhebt, nach der gemäß diesem Gesetz erfolgten Wahl der 450 Männer vor den Gerichtsmagistrat bringen, der für das betreffende Jahr gemäß diesem Gesetz dafür ausersehen ist, und Anzeige gegen ihn erstatten; wenn er schwört, daß er nicht böswilligerweise seine Forderung erhebt..., soll der Praetor die Anzeige annehmen und dafür sorgen,| daß... innerhalb von ... Tagen nach Erstattung der Anzeige der Angezeigte dem Prozeßgegner alle jene (Mitglieder) der in dem betreffenden Jahr gemäß diesem Gesetz gewählten 450 Männer angibt, zu denen der Angezeigte oder diese zu dem Angezeigten in einem Verwandtschaftsverhältnis als Schwiegersohn, Schwiegervater, Stiefvater oder Stiefsohn stehen oder die zu dem Angezeigten in einem Verwandtschaftsverhältnis als Geschwisterkind oder sonst in engerer verwandtschaftlicher Beziehung stehen oder die in derselben Bruderschaft oder demselben Verein (wie der Angezeigte) sind; und (der Praetor) soll dafür sorgen, daß der, der diese Angaben machte, im Beisein des Prozeßgegners schwört, er habe unter den 450 für das betreffende Jahr gemäß diesem Gesetz Gewählten keinen ausgelassen | wissentlich mit böser Absicht, mit dem er in irgendeiner der oben bezeichneten Verbindungen stehe... Sobald er (der Angezeigte) seine Angaben gemacht hat, soll der Praetor, der gemäß diesem Gesetz den Prozeß leitet, dafür sorgen, daß der Ankläger in diesem Prozeß am

20. Tag nach Erstattung der Anzeige 100 Männer aus den gemäß diesem Gesetz gewählten 450 auswählt und angibt, soweit sie am Leben sind...| vorausgesetzt, daß niemand Richter ist, der zum Ankläger oder zu dem der Ankläger in einem Verwandtschaftsverhältnis als Schwiegersohn, Schwiegervater, Stiefvater oder Stiefsohn steht oder der zum Kläger in einem Verwandtschaftsverhältnis als Geschwisterkind oder in sonstiger engerer verwandtschaftlicher Beziehung steht oder der in demselben Verein oder in derselben Bruderschaft ist oder der Volkstribun, Quaestor, Triumvir zur Verbrechensbekämpfung, Triumvir für die Verteilung und Zuweisung von Äckern, Militärtribun in einer der ersten vier Legionen ist oder war, nach dem Rubrischen Gesetz zum Triumvir zur Errichtung von Kolonien gewählt ist oder war,| von Rom mehr als ... Meilen entfernt ist oder sich im Ausland aufhält. Auch soll (der Ankläger) weder mehr als einen pro Familie noch jemanden benennen, der wegen (widerrechtlich) erlangtem Geldes verurteilt ist oder sein wird, noch jemanden, der gemäß dem Calpurnischen oder Iunischen Gesetz[11] nach Ablegung des Prozeßeids (der Parteien) beklagt ist oder der gemäß diesem Gesetz angezeigt wurde... Wenn der Kläger auf diese Weise die 100 Männer benannt und geschworen hat,...|... soll der Praetor dafür sorgen, daß der Angezeigte am 60. Tag nach Erstattung der Anzeige gegen ihn von den 100 gemäß diesem Gesetz Benannten 50 Richter nach seinem Gutdünken aussucht...|... Die so Auserwählten sollen in dieser Angelegenheit Richter sein und bei ihnen soll gemäß diesem Gesetz das Urteil und die Festsetzung der Streitsumme liegen.

Z. 30: **Über die Beweisaufnahme.** Der Praetor, bei dem die Anzeige gemäß diesem Gesetz erstattet wurde, soll dafür sorgen, daß die Verhandlung zum frühestmöglichen Termin anberaumt wird, und dem Ankläger, der gemäß diesem Gesetz Anzeige erstattet hat, so viele Tage zur Beweisaufnahme bewilligen, wie dieser seines Erachtens benötigt im Bemühen, den Vorschriften des Gesetzes Genüge geschehen zu lassen...

Z. 32: **Über die Aufrufung der Zeugen.** Nachdem der Praetor und der Gerichtshof gehört haben, was sie für die Untersuchung des Falles für einschlägig erachten, und sie den Fall für verhandlungswürdig halten, soll (der Praetor) die vom Ankläger angegebenen Zeugen, nicht mehr als 48, zur Aussage auffordern und dafür sorgen, daß bei der Behandlung des Gegenstandes, für den einer als Zeuge aufgeboten ist, alle (betreffenden Zeugen) zugegen sind und ihr Zeugnis ablegen...

Z. 46–69: **Über die Beratungen des Gerichts.** Der Praetor, der gemäß diesem Gesetz die Verhandlung führt... Wenn der Richter, der zu diesem Zweck gewählt ist, erklärt, daß mehr als einem Drittel der bei der Verhandlung

---

[11] Es handelt sich um die beiden Vorläufergesetze von 149 und später, nach denen widerrechtliche Erpressung noch nicht als Straftatbestand qualifiziert und das Verfahren ein reiner Schadensersatzprozeß war.

anwesenden Richter der Sachverhalt nicht klar sei, so soll der Praetor, der gemäß diesem Gesetz den Prozeß leitet, den Spruch folgendermaßen fällen... und für die neuerliche Behandlung des Falles einen anderen Termin anberaumen... und für diesen Tag den anwesenden Richter auftragen, ein Urteil zu fällen... Dem Praetor, dem dann mitgeteilt wird, mehr als ein Drittel weigere sich, ein Urteil zu fällen, soll jedem einzelnen, der sich weigernden Richter eine Strafsumme von 10.000 Sesterzen auferlegen, und zwar für jede Weigerung, die über die Anzahl von zwei pro Prozeß hinausgeht. Dann soll er den Grund und die Höhe der verhängten Geldstrafe öffentlich bekanntgeben...

Z. 58–59: **Über die Festlegung des Streitwertes.** Bezüglich der Summe, die der Ankläger, dem das Forderungsrecht gemäß diesem Gesetz zusteht, von dem gemäß diesem Gesetz Verurteilten fordert, soll der Praetor, der die Leitung des Prozesses hat, den Richtern, die in diesem Fall geurteilt haben, den Auftrag geben, (die Summe) zu schätzen...|... was vor der Einbringung dieses Gesetzes, soweit vom Richterkollegium anerkannt, (den Geschädigten) weggenommen, beschlagnahmt, erpreßt, unterschlagen oder veruntreut wurde, (soll) einfach, was nach Einbringung dieses Gesetzes, soweit vom Richterkollegium anerkannt, weggenommen, beschlagnahmt, erpreßt, unterschlagen oder veruntreut wurde, doppelt (geschätzt und rückerstattet werden)...

Q 31: Die Liquidierung der gracchischen Agrarreform

Die Liquidierung der gracchischen Agrarreform erfolgte in vier Schritten: 122 hob Livius Drusus die Abgabe auf, die von den Neusiedlern erhoben wurde, 121/120 fiel das Verkaufsverbot, 119 löste der Volkstribun Sp. Thorius die Landverteilungskommission auf, und im Jahre 111 wurden Abgaben aufgehoben, die von Besitzern unregulierten Staatslandes erhoben wurden. Das von Appian zuletzt genannte tribunizische Gesetz ist also mit dem inschriftlich überlieferten Agrargesetz von 111 identisch. Jedoch vereinfacht Appian die eigentliche Neuerung dieses Gesetzes. Der unten zitierte Abschnitt des Gesetzestextes zeigt, daß nur kleine Areale bis zur Größe von 30 Morgen und eine vergleichsweise geringe Stückzahl an Vieh von Abgaben freigestellt wurden.

Zu den Einzelheiten vgl. D. Flach, a.a.O. (s. oben zu Q 29) 275–281 und K. Meister, Die Aufhebung der gracchischen Agrarreform, Historia 33, 1974, 86–97.

Plut. C. Gracch. 9,4

Wenn Gaius die Staatsländereien unter die Armen aufteilte und jedem eine Abgabe an die Staatskasse auferlegte, standen (seine Gegner) gegen ihn auf und schrieen, er schmeichle der Masse, Livius Drusus aber, der die neuen Landbesitzer von dieser Abgabe befreit, fand ihren Beifall.

App. b.c. 1,121-124

(121) So endete der Aufruhr des jüngeren Gracchus. Nicht viel später wurde ein Gesetz angenommen, das den Besitzern das Land, um das der Streit ging, zu verkaufen erlaubte. (Tib.) Gracchus hatte nämlich vorher auch das verboten. Und sogleich kauften die Reichen es von den Armen oder sie übten unter diesem oder jenem Vorwand Zwang auf sie aus. (122) So erging es den Armen noch schlimmer als vorher, bis der Volkstribun Sp. Thorius ein Gesetz einbrachte, wonach das Staatsland nicht mehr aufgeteilt, sondern seinen damaligen Besitzern gehören solle: Dafür hatten sie Abgaben an den Staat zu entrichten, und diese Gelder sollten zur Verteilung (an das Volk) gelangen. Dies war wegen der Verteilung eine Art Trost für die Armen, hatte aber keinen Nutzen für die Vermehrung der Bevölkerung. (123) Mit diesen Winkelzügen war das gracchische Gesetz, das beste und nützlichste, sofern es denn hätte verwirklicht werden können, ein für allemal ausgehöhlt, und die Abgaben hob nicht viel später ein anderer Volkstribun auf. So verlor das Volk auf einmal alles. (124) Daher litten sie noch mehr Mangel an Bürgern und an Soldaten, an Einkünften aus dem Staatsland und an Verteilungen (aus dieser Quelle) sowie an Landzuweisungen, nachdem sie 15 Jahre nach dem Agrargesetz des (Tib.) Gracchus wegen der anhängigen Gerichtsverfahren zur Untätigkeit verurteilt waren.[12]

Cic. Brut. 136

Sp. Thorius war recht stark in seiner Wirkung auf das Volk, derselbe Mann, der das Staatsland vermittels einer Abgabe von einem fehlerhaft zustande gekommenen und nutzlosen Gesetz befreite.

Die Neuerung des Agrargesetzes des Jahres 111 v. Chr.: CIL I² 585,13-15

(13) Das Staatsland des römischen Volkes, das in Italien zur Amtszeit der Konsuln P. Mucius und L. Calpurnius (133 v. Chr.) vorhanden war, außer dem Land, das nach dem Gesetz bzw. dem Volksentscheid, den C. Sempronius, Sohn des Tiberius, als Volkstribun beantragte, ausgenommen bzw. davor geschützt wurde, verteilt zu werden, außer dem Land, das den Straßenanrainern gegeben bzw. angewiesen wurde, außer dem Land, das ein Altbesitzer nach

---

12 Wahrscheinlich ist bei inklusiver Zählweise die Frist gemeint, in der die Landverteilungskommission amtierte (133–119).

dem Gesetz bzw. Volksentscheid in der Weise in Besitz genommen bzw. hinterlassen hat, wie es oben geschrieben steht, und außer dem Land, das ein Triumvir durch Los einem römischen Bürger gegeben bzw. angewiesen hat – wenn jemand dann, wenn dieses Gesetz beantragt werden wird, | (14) zum Zweck des Ackerbaus auf diesem Grund und Boden nicht mehr als 30 Morgen Land besitzen bzw. haben wird, soll dieses Land privat sein. Wer auf dem gemeinsamem Weideland nicht mehr als 10 Stück Großvieh weiden wird (und dazu noch alles Großvieh, von dessen Geburt an weniger als ein Jahr vergangen ist...) und wer dort nicht mehr als 50(?) Stück Kleinvieh weiden wird (und davon noch alles Kleinvieh, von dessen Geburt an weniger als ein Jahr vergangen ist), der soll für diese Anzahl von Vieh, das er auf diesem Land weiden wird, | (15) dem Volk oder einem Abgabenpächter eine Abgabe bzw. ein Triftgeld für das Vieh nicht geben oder zahlen.

Marius und Appuleius Saturninus

Q 32: Das Agrargesetz des Appuleius Saturninus (100 v. Chr.)

App. b.c. 1, 130-140

(130) Appuleius brachte ein Gesetz zur Verteilung des Landes ein, das die Kimbern, ein keltischer Stamm,[13] in dem von den Römern jetzt so bezeichneten (Diesseitigen) Gallien besetzt hatten: Marius hatte sie soeben vertrieben und das Land, das nicht mehr im Besitz von Galliern war, für die Römer eingezogen. (131) Hinzugesetzt war die Bestimmung, daß der Senat innerhalb von fünf Tagen, nachdem das Volk das Gesetz ratifiziert hatte, ein Eid auf das Gesetz leiste, oder im Fall der Eidesverweigerung der Betreffende seinen Senatssitz verliere und dem Volk 20 Talente Strafe zu zahlen habe. Das taten sie, um andere Unzufriedene und vor allem Metellus abzuwehren, der freilich zu stolz war, um sich dem Eid zu unterwerfen. (132) Dies war der Gesetzesvorschlag, und Appuleius legte den Tag der Abstimmung fest und schickte Boten, um die Landbewohner zu mobilisieren, in die er das größte Vertrauen setzte, da sie unter Marius gedient hatten. Da aber das Gesetz die Italiker begünstigte, war das Volk unzufrieden. (133) Und während der Abstimmung brachen Unruhen aus. Die Volkstribune, die die Annahme des Gesetzes verhindern wollten, ließ Appuleius tätlich angreifen und von den Rostren ver-

---

13 Die germanischen Kimbern, die Marius und Lutatius Catulus im Jahre 101 bei Vercellae in Norditalien vernichtend schlugen, wurden zunächst für Kelten angesehen, und diese Zuordnung ist in der griechischen Historiographie meist beibehalten worden.

treiben, das Stadtvolk aber rief, während der Versammlung habe es gedonnert, weswegen bei den Römern keine Abstimmung stattfinden darf. (134) Als die Anhänger des Appuleius gleichwohl das Gesetz durchpeitschen wollten, gürtete sich das Stadtvolk, bewaffnete sich, so gut es ging, mit Knüppeln und vertrieb die Leute vom Land. Die aber wurden wiederum von Appuleius mobilisiert und mit Knüppeln bewaffnet, und sie fielen über die städtische Plebs her und erzwangen die Annahme des Gesetzes. (135) Unmittelbar danach brachte Marius als Konsul die Frage des Eides vor den Senat; und da er wußte, daß Metellus ein Mann von festen Überzeugungen war, der bei dem bleiben würde, was er dachte oder vorher geäußert hatte, gab er als erster seine Meinung – nicht ohne Hinterlist – bekannt und sagte, daß er freiwillig diesen Eid nicht schwören werde. Nachdem Metellus dem zugestimmt und die übrigen sich ihnen angeschlossen hatten, entließ Marius den Senat. (136) Am fünften Tag danach (dem letzten vom Gesetz für die Eidesleistung vorgeschriebenen) rief er sie in aller Eile um die zehnte Stunde zusammen und sagte, daß er in Furcht vor dem Volk sei, weil es so leidenschaftlich auf der Einhaltung des Gesetzes bestehe, er sehe aber folgenden Ausweg: auf das Gesetz zu schwören, soweit es ein Gesetz sei, um zunächst auf diese Weise die nach Rom gekommene Landbevölkerung zu zerstreuen, später aber unschwer deutlich zu machen, daß es sich um gar kein Gesetz handele, da es mit Gewalt und nach Meldung eines Donnerschlags gegen die Ordnung der Verfassung zustande gekommen sei. (137) Nach diesen Worten wartete er nicht, sondern während alles noch wegen seiner Hinterlist und wegen der fortgeschrittenen Zeit in Schweigen verharrte, ließ er ihnen keine Zeit zum Nachdenken und begab sich zu dem Tempel des Saturn, wo den Quaestoren der Eid zu leisten war, und zusammen mit seinen Freunden schwor er als erster. (138) Auch die übrigen leisteten aus Furcht um ihre Person den Eid, nur Metellus schwor nicht, sondern blieb furchtlos bei seinem Vorsatz. Appuleius sandte sofort am folgenden Tag einen Amtsdiener, um ihn aus der Kurie entfernen zu lassen. (139) Als die übrigen Volkstribune ihn zu schützen versuchten, eilten Glaucia und Appuleius zur Landbevölkerung und machten geltend, daß sie kein Land bekommen würden und das Gesetz nicht in Kraft trete, wenn Metellus nicht in Verbannung gehen müßte. Dann brachten sie einen Verbannungsantrag gegen ihn ein, der die Konsuln anwies, ihn zu ächten (wörtlich: zu verkünden, daß niemand mit ihm Feuer, Wasser und Obdach mit ihm teilen dürfe), und setzten den Tag der Abstimmung fest. (140) Groß war der Unwille der Stadtbevölkerung, und Metellus wurde ständig von Leuten begleitet, die mit Dolchen bewaffnet waren. Metellus aber dankte ihnen und lobte sie für ihre gute Absicht, doch sagte er, er wolle nicht, daß das Vaterland um seiner Person Willen in Gefahr gerate. Danach verließ er von sich aus die Stadt. Das Verbannungsdekret konnte Appuleius danach ratifizieren lassen, und Marius setzte seinen Inhalt durch Proklamation in Kraft.

Q 33: Ansiedlung und Kolonisation unter optimatischem Vorzeichen

Zu diesem Thema sind die Aufsätze von F. T. Hinrichs (s. Darstellung Anm. 33) und A. Burckhardt, Gab es ein optimatisches Siedlungsprogramm?, in: H. E. Herzig/R. Frei-Stolba (Hrsg.), Labor omnibus unus, Festschrift für G. Walser, Historia Einzelschriften 60, Stuttgart 1989, 3–20 heranzuziehen.

Inschrift des P. Popilius Laenas aus Forum Popilii in Lukanien: CIL I² 638 = ILLRP I² 454

Die Inschrift ist namenlos. Die Identifizierung des Magistrats, der sich seiner Leistungen rühmt, mit dem Konsul des Jahres 132 nahm Th. Mommsen im Kommentar zur Inschrift im CIL vor. Obwohl auch andere Identifizierungen vorgeschlagen worden sind, hat Mommsen wohl das Richtige getroffen. P. Popil(l)ius Laenas war der Erbauer der via Popil(l)ia und errichtete die Anrainersiedlung, die seinen Namen trug und in der die Inschrift gefunden wurde.

> Die Straße von Rhegium nach Capua habe ich bauen und an dieser Straße alle Brücken, Meilensteine und Inschriftträger setzen lassen. Von hier aus sind es nach Nuceria 51 Meilen, nach Capua 84, nach Muranum 74, nach Consentia 123, nach Valentia 180, zur Meerenge (von Messina) an der Statue 231, nach Rhegium 236. Insgesamt sind es von Capua nach Rhegium 321 Meilen. Und als Praetor habe ich in Sizilien flüchtige Sklaven, die Italikern gehörten, aufgreifen und 917 zurückgeben lassen, und ebenso habe ich als erster bewirkt, daß vom Staatsland die Hirten den Ackerleuten weichen mußten. Marktplatz und öffentliche Gebäude habe ich hier errichten lassen.

Das Agrargesetz des Jahres 111 v. Chr. über die auf Staatsland angesiedelten Straßenanrainer (*viasii vicani*): CIL I² 585, 10–12

Der zitierte Text unterscheidet zwischen den Straßensiedlungen, die von der gracchischen Landverteilungskommission angelegt wurden, und solchen, die ihre Entstehung Senatsbeschlüssen verdanken, und er belegt somit, daß es auf diesem Feld eine optimatisch-populare Konkurrenz gegeben hat.

> Das Staatsland des römischen Volkes, das in Italien zur Amtszeit der Konsuln P. Mucius und L. Calpurnius (133 v. Chr.) vorhanden war,| davon der Teil, den die Triumvirn für die Vergabe und Anweisung von Äckern den Straßen-

anrainern im Raum Italien gegeben, angewiesen, überlassen haben: Niemand soll darauf hinwirken, daß diese nicht gebrauchen, nutzen, haben oder besitzen, soweit der Zensor diesen Grund und Boden und dieses Gebäude in die Zensusliste eingetragen hat... und soweit sein Besitzer diesen Grund und Boden und dieses Gebäude nicht veräußert hat...| außer dem Land, das nach diesem Gesetz verkauft, abgegeben oder als Gegenleistung gegeben werden muß. Soweit Grund und Boden oder ein Gebäude demjenigen, der nach einem Senatsbeschluß zu den Straßenanrainern zu zählen ist oder sein wird, so gegeben, angewiesen bzw. überlassen wurde oder wird, wird nach diesem Gesetz nichts beantragt, um zu erreichen, daß dieser Grund und Boden oder dieses Gebäude privat sei, daß über diesen Grund und Boden oder dieses Gebäude vor den Zensor, wer immer es sein wird, eine Erklärung abgegeben werde, daß der Zensor, wer immer es sein wird, diesen Boden in die Zensusliste eintrage oder der Besitz dieses Grund und Bodens anders sei, als er ist.

Livius Drusus und Sulpicius Rufus

Q 34: Die Aushöhlung des römischen Bundesgenossensystems in Italien

Liv. 34,42,6 (195 v. Chr.)

In diesem Jahr machte das Volk von Ferentinum[14] den Versuch, sich ein neues Recht zu sichern: daß Latiner, die sich als Siedler für eine römische Kolonie gemeldet hatten, römische Bürger würden. Als Kolonisten von Puteoli, Salernum und Buxentum waren diejenigen registriert worden, die sich gemeldet hatten, und da sie deswegen als römische Bürger auftraten, entschied der Senat, daß sie keine römischen Bürger seien.

Liv. 39,3,4-6 (187 v. Chr.)

(4) Dann wurde den Gesandten der latinischen Bundesgenossen, die von überall her aus dem ganzen Latium sich in großer Zahl eingefunden hatten, eine Audienz vor dem Senat gewährt. Auf Grund ihrer Klagen, daß eine große Zahl ihrer Bürger nach Rom abgewandert und dort von den Zensoren registriert worden sei, (5) wurde dem Praetor Q. Terentius Culleo aufgetragen, sie aufzuspüren und jeden, von dem die Bundesgenossen nachwiesen, daß er

---

14 Die ursprünglich hernikische, an der *via Latina* am Trerus gelegene Stadt muß, wie aus dem Text hervorgeht, damals bereits den Status einer latinischen Gemeinde besessen haben.

oder sein Vater zur Zeit der Zensoren C. Claudius und M. Livius (204 v. Chr.) oder späterer Zensoren bei ihnen registriert war, dorthin zurückzuschaffen, wo er registriert war. (6) Auf Grund dieser Untersuchung kehrten 12.000 Latiner in ihre Heimat zurück – schon damals belastete also eine große Menge Fremder die Stadt.

Liv. 41,8,6-12 (177 v. Chr.)

(6) Beeindruckt wurde der Senat auch von den Gesandten der latinischen Bundesgenossen, die bereits die Zensoren und die früheren Konsuln bestürmt hatten, als sie zur Audienz vorgelassen wurden. (7) Der Tenor der Klagen war folgender: Ihre Bürger seien in großer Zahl nach Rom gewandert und dort registriert worden. Wenn das geduldet werde, würde es in ganz wenigen Zensusperioden dahin kommen, daß ihre verlassenen Städte und Gemarkungen keine Soldaten mehr stellen könnten. (8) Auch nach Fregellae,[15] so klagten die Samniten und Paeligner, seien 4.000 Familien von ihnen abgewandert, und doch hätten die einen wie die anderen nicht weniger Soldaten zu stellen gehabt. (9) Außerdem hatten sich zwei betrügerische Methoden eingeschlichen, das Bürgerrecht für die eigene Person zu wechseln. Ein Gesetz erlaubte den latinischen Bundesgenossen, römische Bürger zu werden, wenn sie Nachkommen bei sich zu Hause ließen. Indem sie dieses Gesetz mißbrauchten, schädigten die einen die Bundesgenossen, die anderen das römische Volk. (10) Um keine Nachkommen zu Hause zurückzulassen, veräußerten sie ihre Kinder irgendwelchen Römern unter der Bedingung in die Sklaverei, daß sie sie freiließen und diese als Freigelassene römische Bürger würden. Und wem Nachkommen fehlten, die er zurücklassen konnte, der adoptierte Kinder, um römischer Bürger zu werden. (11) Später verschmähten sie auch dieses Scheinbild des Rechts und traten ohne (Hinterlassung von) Nachkommen durch Einwanderung in Bürgerrecht und Zensus über. (12) Die Gesandten baten, daß das künftig nicht geschehe und daß man den Bundesgenossen befehle, in ihre Gemeinden zurückzukehren; sodann möge man durch ein Gesetz Vorsorge treffen, daß niemand zum Zweck des Bürgerrechtswechsels jemanden adoptiert oder veräußert und daß, wenn einer auf diese Weise römischer Bürger geworden sei, ihm das Bürgerrecht aberkannt werde. Diese Petitionen wurden vom Senat positiv beschieden.

---

15 Die nahe der Mündung des Trerus in den Liris gelegene Stadt, die seit 328 bzw. 313 eine latinische Kolonie war, erhob sich nach dem Scheitern des Bürgerrechtsgesetzes des Fulvius Flaccus gegen Rom und wurde zerstört. Auf ihrem Territorium wurde die römische Kolonie Fabrateria Nova angelegt.

Q 35: Das Scheitern der Reform des Livius Drusus

App. b.c. 1,152-164

(152) Fulvius Flaccus war der erste, der in seinem Konsulat, (125 v. Chr.) die Bundesgenossen ganz offen dazu reizte, das römische Bürgerrecht zu begehren, um Teilhaber und nicht Untertanen der römischen Herrschaft zu sein. Als er diesen Vorschlag einbrachte und hartnäckig auf ihm beharrte, wurde er deswegen vom Senat mit einem Feldzug betraut. (153) In dessen Verlauf endete sein Konsulat, danach strebte er den Volkstribunat an und erreichte das Amt zusammen mit dem jüngeren Gracchus, mit dem er andere Maßnahmen zugunsten der Italiker vorschlug. (154) Als beide umgebracht worden waren (121 v. Chr.), wie ich vorher berichtet habe, waren die Italiker noch stärker aufgebracht; denn sie ertrugen es nicht, als Untertanen statt als Teilhaber betrachtet zu werden, und ebenso nicht, daß Flaccus und Gracchus wegen der politischen Initiative zu ihren Gunsten derartiges erlitten hatten.

(155) Nach ihnen versprach auch der Volkstribun Livius Drusus (91 v. Chr.), ein Mann aus vornehmer Familie, den Italikern auf ihre Bitten hin, wiederum ein Bürgerrechtsgesetz einzubringen. Dies war der Hauptwunsch der Italiker, da sie das als das einzige Mittel betrachteten, um mit einem Schlage anstelle von Untertanen Teilhaber an der Herrschaft zu werden. (156) Um das Volk hierfür zu gewinnen, suchte Livius Drusus es mit dem Plan der Anlage vieler Kolonien in Italien und Sizilien, die vor langer Zeit beschlossen, aber nicht zur Ausführung gelangt waren, auf seine Seite zu bringen. (157) Den Senat und die Ritter, die damals besonders wegen der Gerichte im Streit miteinander lagen, versuchte er durch ein beide Seiten zufriedenstellendes Gesetz zu versöhnen. Zwar konnte er die Gerichte nicht offen dem Senat zurückgeben, sondern er dachte sich für beide Seiten folgenden Plan aus: (158) Da es wegen der Auseinandersetzungen damals kaum noch 300 Senatoren gab, brachte er ein Gesetz ein, wonach die gleiche Zahl aus dem Ritterstand und zwar die Würdigsten hinzugewählt und ihnen zusammen künftig die Gerichte übertragen werden sollten. Er setzte hinzu, daß vor sie die Verfahren wegen Bestechung gebracht werden sollten, eine Klage, die wegen der Gewohnheit der ungehinderten Bestechlichkeit schon so gut wie unbekannt war. (159) Livius plante dies für beide Parteien, doch das Ergebnis war genau umgekehrt. Der Senat war empört darüber, daß eine so große Zahl in die Senatsliste aufgenommen werden und vom Ritterstand in den höchsten übergehen sollte, und hielt es für nicht unwahrscheinlich, daß die Ritter als Senatoren eine Gruppierung für sich bildeten und die alten Senatoren noch wirkungsvoller als vorher bekämpfen würden. (160) Die Ritter hingegen fürchteten, daß mit dieser Maßnahme die Gerichte künftig von den Rittern allein auf den Senat übertragen würden, und da sie die großen Gewinne und die Macht der richterlichen Gewalt gekostet hatten, ertrugen sie den sie plagenden Verdacht

nicht ohne Sorge. (161) Die Mehrheit plagten Ratlosigkeit und gegenseitiges Mißtrauen, wer von ihnen für würdig erachtet würde, für die Dreihundert ausgesucht zu werden. Die anderen aber erfüllte Neid gegen die ihnen Vorgezogenen. Vor allem aber waren sie empört über das Wiederaufleben der Anklage wegen Bestechlichkeit, von der sie bisher fest überzeugt waren, sie in ihrem eigenen Interesse mit Stumpf und Stil ausgerottet zu haben. (162) So kam es, daß die Ritter und der Senat, obwohl sie miteinander in Konflikt lagen, sich im Haß gegen Drusus einig waren und allein die Plebs sich über die Kolonien freute. Und auch die Italiker, um derentwillen in erster Linie Drusus sich diesen Plan ausgedacht hatte, waren in Furcht wegen des Kolonisationsgesetzes, weil sie glaubten, daß das römische Staatsland, das noch unverteilt war und von ihnen teils mit Gewalt okkupiert worden war, teils heimlich genutzt wurde, ihnen sogleich genommen würde und sie in vielen Fällen auch wegen ihres Eigentums Schwierigkeiten bekämen. (163) Etrusker und Umbrer fürchteten das gleiche wie viele Italiker, und als sie, wie man glaubte, von den Konsuln nach Rom gerufen wurden, angeblich um Klage zu führen, tatsächlich aber um Livius Drusus zu beseitigen, demonstrierten sie öffentlich gegen das Gesetz und warteten auf den Tag der Abstimmung. (164) Drusus bekam Kenntnis von ihren Plänen und ging nicht vor die Tür, sondern versah seine Amtsgeschäfte in dem schlecht beleuchteten Atrium seines Hauses. Als er eines abends die ihn umgebende Menge verabschiedete, schrie er plötzlich auf, er sei getroffen, und dabei stürzte er zu Boden. Ein Schustermesser war, so fand man, ihm in die Seite gestoßen worden.

Q 36: Die Organisation der Bundesgenossen im Krieg gegen Rom

Diod. 37,2,4-7

(4) An dem Krieg gegen die Römer beteiligten sich die Samniten, (die Gemeinde) Asculum, die Lukaner, die Picenter, (die Gemeinde) Nola sowie andere Städte und Stämme. Die bedeutendste und größte Stadt war das soeben zur gemeinsamen Hauptstadt erhobene Corfinium, wo sie neben anderen Einrichtungen, die eine große, herrschende Gemeinde ausmachen, ein weiträumiges Forum und eine Kurie errichteten sowie neben Massen an Kriegsmaterial große Geldsummen und gewaltige Lebensmittelvorräte ansammelten. (5) Sie gründeten einen aus 500 Mitgliedern bestehenden Senat, aus dem die hervorgehen sollten, die würdig waren, das Land zu regieren, und in der Lage waren, die Beschlüsse zum allgemeinen Besten vorzubereiten. Diesen vertrauten sie die Führung des Krieges an und erteilten ihnen (entsprechende) Vollmacht. Diese brachten auch ein Gesetz ein, daß zwei Konsuln und zwölf Praetoren gewählt werden sollten. (6) Als Konsuln wurden

eingesetzt Q. Pompaedius Silo, seiner Herkunft nach ein Marser und in seinem Stamm der führende Mann, und C. Aponius[16] Mutilus, ein Samnite, der ebenfalls aufgrund seines Rufes und seiner Taten in seinem Stamm eine führende Stellung einnahm. Italien teilten sie als ganzes in zwei Bereiche und erklärten sie zu (getrennten) konsularischen Amtsbezirken, (7) und zwar wiesen sie Pompaedius das Land von Cercola (?)[17] bis zum Adriatischen Meer, d. h. den nordwestlichen Teil (der Halbinsel), zu und unterstellten ihm sechs Praetoren (als Unterfeldherren), das übrige Italien, d. h. den südöstlichen Teil, wiesen sie C. Mutilus zu und gaben ihm ebenfalls sechs Praetoren bei. Nachdem sie so in rechter Weise und, im ganzen gesehen, in Nachahmung der römischen und althergebrachten Ordnung ihre Verfassung eingerichtet hatten, widmeten sie sich fortan umso energischer der Führung des sich entwickelnden Krieges, und sie nannten ihre gemeinsame Hauptstadt Italia.

---

16 Der Gentilname lautet in den anderen Quellen Papius.
17 Der Ort kann nicht identifiziert werden. Nur soviel ist aus dem Zusammenhang klar, daß er am Tyrrhenischen Meer oder in seiner Nähe lag.

Bürgerkrieg und Diktatur

Sulla oder die gescheiterte Restauration

Q 37: Die sullanischen Proskriptionen

Der Prozeß, in dem Cicero den des Vatermordes angeklagten Sex. Roscius verteidigte, fand noch zur Zeit der Herrschaft Sullas im Jahre 80 statt. Der Fall belegt das kriminelle Zusammenspiel zwischen Verwandten des Angeklagten und Chrysogonus, einem mächtigen Günstling des Diktators aus dem Freigelassenenstand, sowie die unbegreifliche Nachlässigkeit, mit der Sulla dem von Habgier bestimmten Treiben seiner Anhänger und Vertrauten zusah.

Cic. Pro Sex. Rosc. Am. 20-21

(20) Vier Tage nach diesen Ereignissen (sc. dem Mord und der Überbringung der Nachricht nach Ameria) wird die Sache dem Chrysogonus im Lager des L. Sulla vor Volaterrae (in Etrurien) hinterbracht. Man weist auf die Größe des Vermögens hin; man erwähnt die Qualität seines Landbesitzes – der ältere Roscius hinterließ nämlich dreizehn Güter, die fast sämtlich an den Tiber grenzen – und die Hilflosigkeit und Verlassenheit des Sohnes; sie legen dar, daß Sex. Roscius, der Vater des Angeklagten, ein so angesehener und beliebter Mann, ohne Schwierigkeiten umgebracht worden sei: da könne man mit ganz leichter Mühe auch diesen unvorsichtigen, unerfahrenen und in Rom ganz unbekannten Menschen aus dem Weg räumen. Sie versprachen hierzu ihre Dienste. (21) Ich will euch nicht länger hinhalten, ihr Richter: Der Pakt wurde geschlossen. Als man der Ächtungen mit keinem Wort mehr gedachte, als auch die zurückkehrten, die sich zuvor gefürchtet hatten und schon glaubten, alle Gefahr überstanden zu haben, da trägt man den Namen des (ermordeten) Sex. Roscius in die Listen der Geächteten ein, eines Mannes, der sich mit größtem Eifer für die Nobilität eingesetzt hatte. Chrysogonus wird Käufer des (versteigerten) Besitzes; drei, und zwar die allerbesten, Güter werden (einem der Mörder: Roscius) Capito zu eigen gegeben, und er besitzt sie bis auf den

heutigen Tag; auf alle übrigen Reichtümer stürzt sich (der andere Mörder) T. Roscius hier, wie er selbst zugibt.

Q 38 : Das Urteil über Sulla

Die Gesetzgebung des Diktators Sulla, das Herzstück seiner politischen Maßnahmen zur Stabilisierung der Republik, ist unzureichend dokumentiert. Die Zeugnisse, meist zufällig überlieferte Notizen, sind zusammengestellt in: A. H. J. Greenidge/A. M. Clay, Sources for Roman History 133–70 B.C., 211–222. Sullas Autobiographie, die nur in einzelnen Fragmenten greifbar ist, ließ diese Seite seiner Lebensleistung, soweit sich darüber urteilen läßt, ebenso beiseite wie die spätere Biographie Plutarchs, unsere Hauptquelle für die Lebensgeschichte Sullas (zur Autobiographie s. H. Behr, Die Selbstdarstellung Sullas. Ein aristokratischer Politiker zwischen persönlichem Führungsanspruch und Standessolidarität, Frankfurt 1993). In der Generation, die Sullas gewalttätige Neuordnung und ihre die Gesellschaft spaltende Wirkung erlebt hatte, bestand über alle Unterschiede der politischen Einstellung hinweg Einigkeit in der negativen Einschätzung seiner Rolle, wie die unten abgedruckten Stellungnahmen Sallusts und Ciceros bezeugen.

Cic. De off. 2,27

Allmählich sind wir von dieser Gewohnheit und diesen Grundsätzen (im Umgang mit den Bundesgenossen) schon vorher abgewichen, nach Sullas Sieg (im Bürgerkrieg) aber haben wir sie gänzlich preisgegeben. Hörte es doch auf, daß irgendetwas gegenüber unseren Bundesgenossen unbillig erschien, seitdem gegenüber Bürgern eine solche Grausamkeit in Erscheinung getreten war. Also folgte einer ehrenhaften Sache ein unehrenhafter Sieg. Denn er wagte es, bei aufgerichteter Auktionslanze, als er auf dem Forum die Güter ehrenwerter, begüterter Männer, jedenfalls aber von römischen Bürgern, versteigern ließ, das Wort auszusprechen, er verkaufe seine Beute.

Sall. Cat. 11,4-8

(4) Aber nachdem Sulla mit Waffengewalt sich des Staates bemächtigt und für gute Anfänge ein schlechtes Ende gefunden hatte, da begannen alle zu rauben und zu plündern, der eine begehrte ein Haus, andere Ländereien, und die Sieger kannten kein Maß und keine Schranke und begingen scheußliche Verbrechen an ihren Mitbürgern. (5) Hinzu kam, daß Sulla das Heer, das er in

Asien befehligt hatte, gegen die Sitte der Vorfahren mit Luxus und übergroßer Freigebigkeit verwöhnte, um sich seiner Treue zu versichern. Die Lieblichkeit des Landes mit seinen Vergnügungen hatte im Müßiggang mit Leichtigkeit den kriegerischen Sinn der Soldaten verweichlicht: (6) Dort gewöhnte sich das Heer des römischen Volkes zum ersten Mal daran, zu lieben und zu zechen, Standbilder, Gemälde, Gefäße aus getriebenem Metall zu bewundern und für sich und den Staat zu rauben, die Heiligtümer auszuplündern, alles Göttliche und Menschliche zu besudeln. (7) Nachdem also diese Soldaten den Sieg (im Bürgerkrieg) errungen hatten, ließen sie den Besiegten nichts mehr übrig. (8) Das Glück untergräbt schon die Moral der Weisen, geschweige denn daß jene Leute in ihrer Verderbtheit maßvoll im Sieg hätten sein können.

Der Erste Triumvirat.
Vom Machtkartell zum Bürgerkrieg

Q 39: Das außerordentliche Kommando des Pompeius gegen die Seeräuber

Vell. Pat. 2,31,1-4

C. (?) Velleius Paterculus, etwa 20 v. Chr. – 40 n. Chr., verfaßte zum Amtsantritt des Konsuls des Jahres 30 n. Chr. M. Vinicius einen Abriß der römischen Geschichte in zwei Büchern. Schwerpunkt des Werkes ist die Geschichte des (Kaisers) Tiberius, unter dem der Verfasser in Germanien und Pannonien gedient hatte.

Zweisprachige Ausgabe: C. Velleius Paterculus, Historia Romana. Römische Geschichte, lat.-dt., übers. und hrsg. von M. Giebel, Stuttgart 1992.

(1) Die Person des Cn. Pompeius hatte die Aufmerksamkeit des ganzen Erdkreises auf sich gezogen, und er wurde in allem für mehr als ein Bürger (unter Bürgern) angesehen. Obwohl er gerade als Konsul in höchst lobenswerter Weise einen Eid darauf abgelegt hatte, daß er auf Grund dieser Amtsgewalt in keine (auswärtige) Provinz gehen werde, und sich auch daran gehalten hatte, (2) so brachte doch zwei Jahre später A. Gabinius ein Gesetz folgenden Inhalts ein: Da die Seeräuber in den Dimensionen eines Krieges und nicht von Plünderungszügen den ganzen Erdkreis schon mit Kriegsflotten und nicht mehr nur mit verstohlenen Unternehmungen in Schrecken versetzten, solle Cn. Pompeius zu ihrer Unterdrückung geschickt werden, und es solle ihm ein Imperium in allen Provinzen zustehen, das dem aller Prokonsuln gleich sei von der Küste bis zum 50. Meilenstein. (3) Durch diesen Beschluß wurde einem Einzelnen

eine Befehlsgewalt beinahe über den ganzen Erdkreis übertragen. (4) Doch war das Gleiche schon vorher für die Praetur des M. Antonius beschlossen worden. Aber wie bisweilen die Person einer guten Sache schadet, so mehrt oder mindert sie auch das Ressentiment. Bei Antonius hatte man die Sache hingenommen. Denn selten neidet man Auszeichnungen denen, deren Macht man nicht fürchtet. Dagegen schreckt man bei denen vor außerordentlichen Kommandos zurück, die sie offensichtlich nach eigenem Gutdünken niederlegen oder weiterführen und die ihre Grenzen nur in ihren Absichten finden.

Q 40: Pompeius über die Erfolge seines Ostfeldzugs

Der Diodortext ist die griechische Übersetzung einer verlorenen lateinischen Weihinschrift aus Rom.

Diod. 40,4,1

Cn. Pompeius, Sohn des Cn., Magnus, Imperator, hat die Küsten der Welt und alle Inseln innerhalb des Ozeans von der Seeräuberplage befreit, hat das vom Feind bedrängte Königreich des Ariobarzanes,[1] Galatien, die benachbarten Länder und die Provinzen Asia und Bithynia geschützt, hat Paphlagonien und Pontus, Armenien und Achaia,[2] ferner Iberien, Kolchis, Mesopotamien, Sophene und Gordyene in die römische Schutzherrschaft einbezogen, hat den Mederkönig Dareios,[3] den Ibererkönig Artokes,[4] den Judenkönig Aristobulos, den Nabatäerkönig Aretas,[5] Syrien und Kilikien, Judäa, Arabien, die Kyrenaika, die Achäer,[6] Jozyger, Soaner, Heniocher und die übrigen Stämme an der Küste des Schwarzen Meeres von Kolchis bis an das Maeotische Meer[7] und ihre

---

1 Ariobarzanes I., 96/95–63/62 König von Kappadokien, von Mithradates VI. mehrfach aus seinem Reich vertrieben, erhielt bei der Neuordnung des Ostens durch Pompeius die armenischen Landschaften Sophene und Gordyene sowie die kilikischen Städte Kastabala und Kybistra.
2 In Westkaukasien an der Schwarzmeerküste gelegenes Stammesgebiet, nicht zu verwechseln mit der gleichnamigen Landschaft auf der Peloponnes.
3 Die Könige von Medien im nordwestlichen Iran waren Vasallen der parthischen Arsakiden, somit Teil des locker gefügten Partherreichs.
4 Das Königreich Iberien lag im Zentrum Südkaukasiens.
5 Das Reich der Nabatäer mit dem Zentrum der Gräberstadt von Petra lag auf dem Gebiet des heutigen Transjordanien.
6 Vgl. Anm. 2.
7 Stämme an der Ostküste des Schwarzen Meeres, zwischen der vom Großen Kaukasus begrenzten Landschaft Kolchis im Süden und dem Assowschen Meer im Norden.

Könige, neun an der Zahl, und alle Völker unterworfen, die zwischen dem Schwarzen und dem Roten Meer[8] wohnen, und hat die Grenzen des Römischen Reiches bis an die Enden der Erde vorgeschoben, hat die Einkünfte Roms teils gerettet, teils vermehrt, hat Statuen und Abbilder der Götter sowie sonstigen Schmuck den Feinden abgenommen und der Göttin geweiht: 12.060 Goldstücke und 307 Talente Silber.

Q 41: Ciceros Furcht vor den Herrschaftsplänen des Pompeius

Cic. Att. 2,17,1

Der Brief an Atticus wurde Anfang Mai 59 geschrieben und gibt der Befürchtung Ausdruck, daß das Gesetzgebungsprogramm Caesars nur der Auftakt zur Machtergreifung des Pompeius sei.

Ich bin ganz deiner Meinung: Sampsiceramus[9] richtet Unheil an. Es gibt nichts, was man nicht fürchten müßte. Offensichtlich geht es um die Errichtung einer Tyrannis. Denn was soll diese plötzliche Verschwägerung,[10] was die Aufteilung des *ager Campanus*, was diese Geldverschwendung bedeuten? Wenn das schon das eigentliche Ziel wäre, wäre es schon zuviel; aber es liegt in der Natur der Sache, daß dies das eigentliche Ziel nicht sein kann. Denn wie kann das um seiner selbst willen sie zufriedenstellen? Niemals wären sie so weit gegangen, wenn sie sich nicht ein Sprungbrett für andere verderbliche Pläne errichten wollten.

Cic. Att. 4,1,7

Der Brief wurde um den 10. September 57 geschrieben, kurz nachdem Cicero aus der Verbannung zurückgekehrt war und im Senat mit Erfolg einen Beschlußantrag eingebracht hatte, der die Weichen dafür stellte, daß Pompeius mit der Organisation der Getreideversorgung Roms betraut wurde. In diesem Zusammenhang ist von einer Initiative des Volkstribunen C. Messius, der ein Gefolgsmann des Pompeius war, die Rede. Sein Antrag fand jedoch keine Unterstützung im Senat und wurde zurückgezogen.

---

8 Mit dem Roten Meer ist der Persische Golf gemeint.
9 Spitzname für Pompeius, abgeleitet von dem Namen des Dynasten von Emesa in Syrien, der einer der Nutznießer der Neuordnung des Ostens war.
10 Anspielung auf die Verheiratung der Iulia, der Tochter Caesars, mit Pompeius.

Einen zweiten Antrag brachte Messius ein, der ihm (sc. Pompeius) die Verfügung über alle Staatsgelder eingebracht hätte, dazu eine Flotte und ein Heer sowie ein Imperium, das dem der Provinzstatthalter übergeordnet sein sollte.

Q 42: Clodius' Agitation gegen Pompeius

Cic. Ad Q. fr. 2,3,2 und 5

Der Brief ist am 12. Februar 56 geschrieben und am 15. abgeschickt. Beschrieben wird in dem abgedruckten Textstück der Verlauf einer informellen Volksversammlung *(contio)*. Sie war Teil des Verfahrens, das P. Clodius, der am 20. Januar zum kurulischen Aedilen gewählt worden war, gegen seinen optimatischen Gegner T. Annius Milo, den Volkstribun des Vorjahres, vor dem Volksgericht wegen öffentlicher Gewalttätigkeit angestrengt hatte.

(2) Am 7. Februar erschien Milo vor Gericht. Pompeius sprach, das heißt, er versuchte es. Denn als er aufstand, erhob Clodius' Meute ein Geschrei und das widerfuhr ihm während seiner ganzen Rede, nicht nur, daß er durch Zurufe, sondern er wurde auch durch Schmähungen behindert. Als er zu Ende war – denn er hielt sich ganz wacker, ließ sich nicht einschüchtern, sagte alles, und zuweilen herrschte sogar Stille, wenn seine Autorität durchbrach –, als er also zu Ende war, stand Clodius auf. Gegen ihn ein großes Geschrei von den Unseren – denn sie wollten ihm nämlich den gleichen Gefallen tun –, so daß er den Faden verlor, stotterte und erbleichte. Die Sache ging, während Pompeius bis 12 Uhr zu Ende gesprochen hatte, dann bis 2 Uhr, wobei allerlei Schmähungen, schließlich auch anzügliche Verse auf Clodius und seine Schwester Clodia skandiert wurden. Wutentbrannt und totenblaß fragte er die Seinen in diesem Geschrei, wer es denn sei, der das Volk durch Hunger umbringe? „Pompeius!" antwortete die Meute. Wer nach Alexandria zu gehen begehrte?[11] Sie antwortete: „Pompeius!" Wen sie gehen lassen wollten? Sie antworteten: „Crassus!" – Der trat dann zwar für Milo ein, aber kaum mit freundlicher Gesinnung. Etwa um 3 Uhr begannen die Anhänger des Clodius wie auf Kommando die Unseren anzuspucken. Erbitterung entbrannte. Jene drängelten, um uns vom Platz zu treiben. Von den Unseren kam ein Gegenstoß. Flucht der Meute. Clodius von der Rednertribüne heruntergeworfen. Aber auch wir flohen dann wegen des Getümmels... (5) ... am selben Tag erging ein Senatsbeschluß, daß sich die Vereinigungen und politischen Zellen auflösen

---

11 Anspielung auf die damals umstrittene Frage, wem die gewinn- und prestigeträchtige Aufgabe zufallen sollte, den von den Alexandrinern vertriebenen König Ptolemaios XII. Auletes in seine Hauptstadt zurückzuführen.

sollten und daß ein Gesetz des Inhalts eingebracht werden sollte, daß die, die sich nicht auflösten, mit der auf öffentliche Gewalttätigkeit stehenden Strafe belegt würden.

Q 43: Catilina über die Motive seiner Verschwörung

L. Sergius Catilina zettelte nach seinem Scheitern bei den Konsulwahlen des Jahres 63 unter Ausnutzung des sozialen Unruhepotentials in Rom und Italien eine Verschwörung an, die von dem Konsul Cicero aufgedeckt wurde. Die von ihm veranlaßte Hinrichtung von Teilnehmern an der Verschwörung ohne Gerichtsurteil machte ihn angreifbar. Sein persönlicher Feind P. Clodius trieb ihn 58 in die Verbannung. Cicero reagierte mit apologetischen Darstellungen, die der an sich wenig bedeutenden Episode der römischen Geschichte eine ebenso reiche wie einseitige Dokumentation beschert haben. Auf dieses Material griff Sallust in seinem Erstlingswerk zurück und ergänzte es durch einige zusätzliche Quellen, unter anderem durch den Brief, den Catilina aus dem Feldlager der Aufständischen in Etrurien Mitte November 63 an Q. Lutatius Catulus richtete; während er noch schrieb, wurde ihm gemeldet, daß er zum Staatsfeind erklärt worden war: „Here speaks the authentic Catilina" (R. Syme, Sallust, Oxford 1964, 72).

Sall. Cat. 35,1-6

(1) L. Catilina an Q. Catulus. Deine außerordentliche, durch die Tat bewährte Treue, die ich in den vielen gegen mich gerichteten Verfahren dankbar erfahren habe, gibt mir das Zutrauen zu einer Empfehlung. (2) Deshalb will ich auch keine Verteidigung meines jüngsten Entschlusses geben: Als Rechtfertigung will ich nur das Bewußtsein meiner Schuldlosigkeit anführen, das du bei Gott als ehrlich anerkennen mögest. (3) Von Beleidigungen und Kränkungen angetrieben habe ich, weil ich der Früchte meiner Mühen und meines Einsatzes beraubt den mir zukommenden Rang nicht wahren konnte, die Sache der Unglücklichen und Verzweifelten mir nach meiner Gewohnheit als eine öffentliche Angelegenheit zu eigen gemacht, nicht weil ich meine auf den eigenen Namen gemachten Schulden aus meinen Besitzungen nicht begleichen könnte – auch die auf den Namen anderer aufgenommenen würde die Großzügigkeit Orestillas[12] aus ihren und ihrer Tochter Mitteln bezahlen können –, sondern weil ich Unwürdige mit Ehren ausgezeichnet und mich unter falschem Ver-

---

12 Orestilla war eine Tochter des Konsuls des Jahres 71, Cn. Aufidius Orestes, der von Geburt Aurelius Orestes hieß.

dacht ausgestoßen fand. (4) Deshalb bin ich den in Anbetracht meines Unglücks einigermaßen ehrenvollen Hoffnungen auf Bewahrung des mir verbliebenen Ranges gefolgt. – (5) Ich wollte noch mehr schreiben, da erreicht mich die Nachricht, daß Gewalt gegen mich vorbereitet wird. (6) So empfehle ich dir jetzt Orestilla und vertraue sie deiner bewährten Treue an. Schütze sie vor Beleidigungen, beschwöre ich dich bei deinen Kindern. Lebe wohl.

Q 44: Cicero über seine politische Rolle in der Zeit des Ersten Triumvirats

Cic. Fam. 1,9,21

Der im Dezember 54 geschriebene Brief ist an P. Cornelius Lentulus Spinther adressiert, damals Statthalter von Kilikien. Lentulus, ein Optimat strenger Observanz, hatte sich 57 als Konsul energisch für die Rückberufung Ciceros aus der Verbannung eingesetzt und war wie viele seiner Gesinnungsgenossen enttäuscht, daß sich der verängstigte Cicero als Werkzeug des Dreibundes gebrauchen ließ und sich dazu hergab, P. Vatinius und A. Gabinius zu verteidigen. Cicero rechtfertigte sich mit spürbar schlechtem Gewissen gegenüber Lentulus in einem überlangen Brief, aus dem der unten abgedruckte Text stammt.

> Denn (auch wenn ich keine persönlichen Rücksichten zu nehmen hätte,) wäre ich der Auffassung, daß man eine so gewaltige Übermacht (wie die der drei Verbündeten) nicht bekämpfen und die Vorrangstellung der Machthaber, selbst wenn es möglich wäre, weder beseitigen noch auf seiner Überzeugung bestehen darf, nachdem nun einmal die Verhältnisse umgestürzt sind und die Gesinnung der Optimaten sich gewandelt hat, sondern daß man sich dem Umständen zu fügen hat... Es ist wie beim Segeln: Die Kunst besteht darin, daß man sich nach Wind und Wetter richtet, auch wenn man so den Hafen nicht gleich erreicht. Aber wenn man durch Umsetzen der Segel ans Ziel kommen kann, dann wäre es Torheit, den einmal eingeschlagenen Kurs unter Gefahren beizubehalten und ihn nicht lieber zu ändern, um schließlich doch dahin zu gelangen, wohin man will.

Q 45: Die Ausplünderung Galliens und Caesars Politik zur Gewinnung von Anhängern

Suet. Caes. 26,3

C. Suetonius Tranquillus, ca. 70–140, bekleidete im Dienst des Kaisers Hadrian bis 121/122 mehrere Hofämter, darunter das eines Beraters in wissenschaftlichen Belangen (*a studiis*) und das des Leiters der kaiserlichen Bibliothek (*a bibliothecis*). Als gelehrter Philologe nutzte er das reiche Material, das er in den kaiserlichen Archiven und der Bibliothek vorfand. Er verfaßte unter anderem die Serie der Kaiserbiographien von Caesar bis Domitian. Das Werk ist speziell für den Historiker wertvoll durch die Mitteilung von Dokumenten und Informationen aus nicht erhaltenen Schriftwerken.

Übersetzung: Sueton, Leben der Caesaren, übers. von A. Lambert, Zürich 1955 = rororo 76–78 (1960) und dtv 1977.

Zum Charakter der Kaiserbiographien s. D. Flach, Römische Geschichtsschreibung, 175–190.

Sooft genügend Getreide vorhanden war, verteilte er es unter sie (sc. die Soldaten) auch ohne Rücksicht auf das festgelegte Maß, und gelegentlich schenkte er jedem einzelnen aus der Beute einen Sklaven.

Suet. Caes. 54,2

In Gallien raubte er die mit (wertvollen) Weihgeschenken gefüllten Tempel und Heiligtümer aus, und des öfteren zerstörte er Städte eher um der Beute willen als wegen eines Vergehens. Daher kam es, daß er Gold in Überfluß hatte und das Pfund (327,5 gr.) in Italien und in den Provinzen für 3.000 Sesterzen (sc. anstelle von 4.000) verkaufen ließ.

Suet. Caes. 28,1

Mit nicht geringerem Eifer band er die Könige und die Provinzen der ganzen Welt an sich, indem er den einen Tausende von Gefangenen (als Sklaven) zum Geschenk anbot, anderen, wohin sie wollten, Hilfstruppen sandte, ohne Senat oder Volk zu fragen; darüber hinaus verschönerte er die wichtigsten Städte Italiens, Galliens und Spaniens, auch Asiens und Griechenlands[13] durch großartige Bauwerke.

---

13 Einen konkreten Fall der Munifizenz Caesars gegenüber einer griechischen Stadt erwähnt Cicero in einem Brief von 20. Februar 50 (Cic. Att. 6,1,25). Caesar hatte einem prominenten Athener, Herodes von Marathon, die Summe von 50 Talenten (300.000 Drachmen) für seine Vaterstadt ausgehändigt, den gleichen Betrag, den Pompeius seinerzeit bei seiner Rückkehr aus dem Osten geschenkt hatte. Cicero wußte auch, daß Pompeius die Konkurrenz Caesars mit Mißfallen aufgenommen hatte. Wie die Inschrift von Architrav des Tores zur Römischen Agora lehrt (IG II^2, 3175 = W. Ameling, Herodes Atticus II, Hildesheim 1983, 43, Nr. 20), wurde das Tor mit den Mitteln gebaut, die Caesar im Jahre 51 Herodes und Augustus dessen Sohn Eukles zur Verfügung gestellt hatten: vgl. E. Rawson, Athenaeum 73, 1985, 44–49.

Suet Caes. 27,1-2

(1) Er hatte sich auch die ganze Umgebung des Pompeius, ferner einen großen Teil des Senats durch zinslose Darlehen oder solche mit sehr niedrigem Zinssatz verpflichtet, und er beschenkte Leute aus allen Ständen überreich, die auf seine Einladung oder von sich aus zu ihm kamen, dazu auch noch deren Freigelassene und Sklaven, je nachdem wie diese bei ihrem Herrn oder Patron in Gunst standen. (2) Damals war er die einzige oder sicherste Zuflucht aller Angeklagten, Verschuldeten und Verschwender der *jeunesse dorée*, außer wenn sie zu schwer von Verbrechen, Schulden oder Ausschweifungen belastet waren, als daß er ihnen hätte helfen können. Solchen Leuten pflegte er zu sagen, was sie brauchten, sei ein Bürgerkrieg.

Q 46: Eine Weichenstellung auf dem Weg in den Bürgerkrieg: die Senatsbeschlüsse vom 29. September 51 v. Chr.

Cic. Fam. 8,8,4-10

M. Caelius Rufus, den Cicero sich durch eine erfolgreiche Verteidigung im Jahre 56 verpflichtet hatte, hielt diesen während seiner Abwesenheit in Kilikien über die politischen Ereignisse in Rom auf dem laufenden. Der Mitte Oktober 51 geschriebene Brief, aus dem der unten abgedruckte Text stammt, enthält einen Senatsbeschluß und drei Willensmeinungen des Senats (*auctoritates senatus*). Der terminus technicus bedeutet, daß die betreffenden Beschlußanträge durch tribunizisches Veto zu Fall gebracht wurden, der Senat aber auf einer Protokollierung seiner Willensmeinung bestand. Die Hintergrundinformationen, die Caelius dazu gibt, machen deutlich, daß am 29. September die Weichen für eine Ablösung Caesars nach dem 1. März 50 gestellt werden sollten. Während der erste Antrag, der festlegte, daß am 1. März oder unmittelbar danach die Debatte über eine Ablösung Caesars eröffnet werden sollte, nicht durch tribunizisches Veto zu Fall gebracht wurde, interzedierten Volkstribune, die zu Caesars Anhängerschaft in Rom gehörten (näher bekannt ist nur C. Vibius Pansa, der Konsul des Jahres 43), gegen die folgenden drei Anträge, die Caesars Position in der bevorstehenden Debatte schwächen sollten: Sie betrafen (1) die Verhinderung eines Vetos gegen einen Ablösungsbeschluß, (2) die Entlassung von Soldaten aus Caesars Armee und (3) die Neubesetzung der neun praetorischen Provinzen im Frühjahr 50. Vom Standpunkt Caesars aus betrachtet war die Festlegung, daß Kilikien, bis dahin eine konsularische Provinz, im Jahre 50 von einem Praetorier verwaltet werden sollte, insofern ungünstig, als damit die beiden Teile seiner Provinz, Gallia cisalpina und Illyricum auf der einen Seite und Gallia transalpina auf der anderen, implizite zu den beiden Provinzen erklärt waren, die nach dem 1. März 50 an zwei Konsulare vergeben werden mußten. Er konnte also nicht damit rechnen, daß er unter Umständen nur einen Teil seiner Großprovinz abzugeben hätte.

(4) Was die Politik anbelangt, so ist viele Tage lang in der Erwartung der Beratungen über die gallischen Provinzen überhaupt nichts geschehen. Schließlich ist jedoch nach häufiger Vertagung und schwierigen Verhandlungen, nachdem die Meinung des Pompeius in dem Sinne sich klar zu erkennen gegeben hatte, daß Caesar nach dem 1. März (50 v. Chr.) von seinem Kommando zurücktreten solle, ein Senatsbeschluß gefaßt worden ist, den ich dir mitschicke und es wurden (verschiedene) Willensmeinungen des Senats zu Protokoll genommen.

(5) Senatsbeschluß, Willensmeinungen.
Am 29. September im Apollotempel. Redaktionsausschuß: L. Domitius, Sohn des Gnaeus, aus der Tribus Fabia, Ahenobarbus; Q. Caecilius, Sohn des Quintus, aus der Tribus Fabia, Metellus Pius Scipio;[14] L. Villius, Sohn des Lucius, aus der Tribus Pomptina, Annalis; C. Septimius, Sohn des Titus, aus der Tribus Quirina; C. Lucilius, Sohn des Gaius, aus der Tribus Pupinia, Hirrus; C. Scribonius, Sohn des Gaius, aus der Tribus Poplilia, Curio; L. Ateius, Sohn des Lucius, aus der Tribus Aniensis, Capito; M. Eppius, Sohn des Marcus, aus der Tribus Teretina. Zum Bericht des Konsul M. Marcellus über die konsularischen Provinzen ergeht folgender Beschluß: Die Konsuln L. Paulus und C. Marcellus sollen, wenn sie ihr Amt angetreten haben, nach dem 1. März, der in ihre Amtszeit fällt, dem Senat über die konsularischen Provinzen Bericht erstatten und dies nicht vor dem 1. März tun und nicht zusammen mit weiteren Tagesordnungspunkten, und zwar sollen sie in dieser Angelegenheit den Senat an jedem beliebigen Sitzungstag einberufen und einen Senatsbeschluß herbeiführen, und wenn sie diesen Punkt dem Senat vorlegen, soll es ihnen erlaubt sein, ohne daß ihnen ein Nachteil erwächst, diejenigen, die zu den 300 Richtern gehören, aus den Gerichtsverhandlungen in den Senat einzuberufen. Wenn es in dieser Sache notwendig sein sollte, einen Gesetzesantrag dem Volk beziehungsweise der Plebs vorzulegen, sollen die Konsuln Ser. Sulpicius und M. Marcellus, die Praetoren und Volkstribune, wer von ihnen es will, die Sache vor das Volk beziehungsweise die Plebs bringen. Wenn sie es nicht tun, sollen ihre Nachfolger dem Volk bzw. der Plebs einen Antrag vorlegen. Beschlossen.

---

14 Die beiden Erstgenannten, die ranghöchsten Mitglieder des Redaktionsausschusses, waren Konsulare. L. Domitius Ahenobarbus, der Schwager des jüngeren Cato, und Q. Caecilius Metellus Scipio, der Schwiegersohn des Pompeius, gehörten zu den geschworenen Feinden Caesars.

– Am gleichen Tag und Ort wurden folgende Willensmeinungen des Senats, die von demselben Redaktionsausschuß formuliert worden waren, in das Protokollbuch aufgenommen –

(6) Zum Bericht des Konsuls M. Marcellus über die Provinzen erging folgender Beschluß: Der Senat steht auf dem Standpunkt, daß niemand, der die Befugnis zum Interzedieren und Verhindern besitzt, eine Verzögerung herbeiführen dürfe, damit nicht sobald wie möglich über die öffentlichen Angelegenheiten dem Senat berichtet und ein Senatsbeschluß gefaßt werden kann. Sollte jemand hindern und verbieten, so ist der Senat der Auffassung, daß der Betreffende gegen das Staatsinteresse verstoßen habe. Wenn einer gegen diesen Senatsbeschluß interzediert, so will der Senat, daß dies als seine Willensmeinung protokolliert wird und über die Angelegenheit sobald wie möglich dem Senat Bericht erstattet wird.
Gegen diesen Senatsbeschluß interzedierten die Volkstribunen C. Caelius, P. Cornelius und C. Vibius Pansa.
(7) Ferner beschließt der Senat hinsichtlich der Soldaten, die im Heer des C. Caesar dienen, deren Dienstzeit zu Ende ist, oder die Gründe vorweisen, auf Grund derer sie entlassen werden müssen, daß diesem Gremium Bericht erstattet werde, damit es sich ihrer annehme und ihre Gründe überprüfe. Wenn einer gegen diesen Senatsbeschluß interzediert, so will der Senat, daß dies als Willensmeinung zu Protokoll genommen und sobald wie möglich diesem Gremium Bericht erstattet werde.
Gegen diesen Senatsbeschluß interzedierten die Volkstribunen C. Caelius und C. Pansa.
(8) Weiterhin beschließt der Senat, daß in die Provinz Kilikien und die übrigen acht Provinzen, die Praetoriern mit propraetorischer Gewalt zufallen werden, diejenigen, die Praetoren gewesen sind und noch nicht mit Imperium in einer Provinz gewesen sind, sofern sie auf Grund eines Senatsbeschlußes mit Imperium in eine Provinz geschickt werden müssen, durch Auslosung in eine Provinz geschickt werden sollen. Wenn die Zahl derjenigen, die nach einem Senatsbeschluß in Provinzen gehen müssen, nicht der Zahl derjenigen entspricht, die in die betreffenden Provinzen gehen sollen, dann sollen die Angehörigen des nächstfolgenden Praetorenkollegiums, die noch nicht in Provinzen gegangen sind, gemäß der Auslosung in Provinzen gehen. Wenn auch ihre Zahl nicht ausreicht, dann sollen die Angehörigen der jeweils folgenden Praetorenkollegien, soweit sie noch nicht in Provinzen gegangen sind, ausgelost werden, bis die Zahl erreicht ist, die in Provinzen geschickt werden müssen. Wenn einer gegen diesen Senatsbeschluß interzediert, soll dies als Willensmeinung zu Protokoll genommen werden.
Gegen diesen Senatsbeschluß interzedierten die Volkstribunen C. Caelius und C. Pansa.

(9) Außerdem sind folgende Äußerungen des Pompeius zur Kenntnis genommen worden, die den Leuten vor allem Zuversicht gaben: daß er vor dem 1. März nicht ohne Rechtsverstoß über Caesars Provinzen beschließen könne, nach dem 1. März werde er nicht zögern. Als er gefragt wurde, was denn sei, wenn irgendwelche (Volkstribune) dann interzedierten, sagte er, es mache keinen Unterschied, ob Caesar dem Senat nicht gehorchen werde oder jemanden dazu bringe, der nicht dulde, daß der Senat einen Beschluß fasse. „Was aber", sagte ein anderer, „wenn er Konsul sein und das Heer behalten wolle?" Darauf entgegnete er ganz ruhig: „Was geschieht, wenn mein Sohn mich mit einem Knüppel verprügeln will?" Mit diesen Äußerungen bewirkte er, daß die Leute glauben, daß Pompeius mit Caesar Schwierigkeiten habe. Deshalb will Caesar bereits, wie ich sehe, sich auf eine von beiden Bedingungen einlassen: daß er bleibt und das betreffende Jahr nicht berücksichtigt wird oder, falls er gewählt werden kann, seine Provinz aufgibt. (10) Curio bereitet sich ganz auf den Kampf gegen ihn vor. Was er erreichen kann, weiß ich nicht. Das aber sehe ich, als optimatisch gesinnter Mann kann er nicht fallen, auch wenn er nichts bewirkt.

Q 47: Das Dilemma am Vorabend des Bürgerkriegs

Cic. Att. 7,9,2-4 (27. Dezember 50)

Ciceros Brief zeigt die verzweifelte Situation unmittelbar vor Ausbruch des Bürgerkriegs. Die Kalkulation aller Möglichkeiten, die sich aus ihr ergeben konnten, endet in vollständiger Ratlosigkeit. Was wenige Tage später tatsächlich geschah, ist in der Aufzählung aller Eventualitäten enthalten: Der Friede konnte nicht bewahrt werden, Caesar begann den Krieg sofort und zwar mit der Begründung, Volkstribune seien in ihrer Amtsführung eingeschränkt worden und hätten um ihrer Sicherheit willen zu ihm fliehen müssen. Daß Caesars Verhandlungsangebote abgewiesen werden würden, war Cicero in der Unterredung mit Pompeius am 25. Dezember endgültig klar geworden: Zu dieser Unterredung vgl. Cic. Att. 7,8,4f.

> (2) ... und zugleich wirst du mir bitte dieses hochpolitische Problem lösen:
> Da notwendigerweise entweder Caesar zur Kandidatur zugelassen wird, während er sein Heer dank des Senats oder der Volkstribunen behält, oder er dazu gebracht wird, die Provinz und das Heer zu übergeben und unter dieser Voraussetzung Konsul zu werden, oder, wenn er dazu nicht gebracht werden kann, die Wahlen ohne seine Zulassung zur Kandidatur abgehalten werden, und zwar mit seiner Duldung und unter der Voraussetzung, daß er seine Provinzen behält, oder, wenn die Volkstribunen das nicht zulassen und er dennoch ruhig bleibt, die Sache in ein Interregnum führt, oder wenn er

deswegen, weil seine Kandidatur nicht zugelassen wird, sein Heer heranführt, es zur bewaffneten Auseinandersetzung mit ihm kommt, er aber mit den Feindseligkeiten entweder sofort beginnt, wenn wir noch nicht recht vorbereitet sind, oder dann, wenn seine Freunde bei den Wahlen fordern, daß seine Kandidatur nach dem Gesetz zugelassen wird, und keinen Erfolg haben, er aber zu den Waffen entweder unter diesem einen Vorwand greift, daß er nicht zugelassen wird, oder unter dem zusätzlichen, wenn vielleicht ein Volkstribun wegen Behinderung des Senats oder wegen Aufhetzung des Volkes entweder gerügt, oder durch Senatsbeschluß in seiner Amtsführung eingeschränkt oder abgesetzt oder vertrieben wird bzw. vorgibt, er sei vertrieben worden und dann bei ihm Zuflucht sucht, nach Ausbruch des Krieges Rom entweder gehalten werden oder er nach Aufgabe der Stadt vom Nachschub und seinen übrigen Truppen abgeschnitten werden muß – welches dieser Übel, von denen man irgendeines ganz gewiß auf sich nehmen muß, hältst du für das geringste?

(3) Du wirst sicherlich sagen, ihn dahin zu bringen, daß er sein Heer übergibt und unter dieser Voraussetzung Konsul wird. Dies ist schlechterdings derart, daß, wenn er sich darauf einläßt, nichts dagegen gesagt werden könnte; und ich wundere mich, daß er das nicht tut, wenn er nicht durchsetzen kann, daß er unter der Voraussetzung, daß er das Heer behält, zur Kandidatur zugelassen wird. Wir aber müssen, wie bestimmte Leute meinen, nichts mehr fürchten denn ihn als Konsul. „Aber", wirst du sagen, „so ist er mir lieber als mit einem Heer". Gewiß; aber gerade dieses ‚so' hält einer[15] für ein großes Übel; und dagegen gibt es kein Heilmittel; man muß nachgeben, wenn er es so will. – „Ertrage ihn in seinem zweiten Konsulat, den du in seinem ersten ja auch ertragen hast." – „Aber damals war er schwach", sagt er, „und doch stärker als der ganze Staat. Was, meinst du, wird er jetzt sein?" – Und wenn er Konsul ist, ist Pompeius – das ist gewiß – in Spanien. O Unglück! da ja sogar das ganz schlimm ist, was man nicht zurückweisen kann, und was ihm, wenn er es tut, den größten Dank aller Gutgesinnten eintragen wird.

(4) Lassen wir also diesen Fall beiseite, von dem sie sagen, er könne doch nicht dahin gebracht werden; was ist von den übrigen Alternativen das Schlimmste? Ihm zugestehen, was er, wie derselbe sagte, auf unverschämteste Weise fordert. Denn was ist unverschämter? Zehn Jahre hast du eine Provinz gehabt, und diese zehn Jahre hat dir nicht der Senat, sondern du hast sie dir selbst durch Gewalt und Intrigen gegeben; vorüber ist die Zeit nicht des Gesetzes, sondern deiner Willkür, doch meinetwegen des Gesetzes; über die Nachfolge ergeht ein Beschluß; du machst Schwierigkeiten und sagst: „Berücksichtige mein Recht". Berücksichtige du unseres. Willst du dein Heer länger behalten,

---

15 Gemeint ist Pompeius. Cicero bezieht sich hier und im folgenden auf seine Unterredung, die er mit diesem am 25. Dezember gehabt hatte.

als das Volk beschlossen hat, gegen den Willen des Senats? „Du mußt kämpfen, wenn du nicht nachgibst." Und zwar mit guten Aussichten, wie derselbe sagt, entweder zu siegen oder in Freiheit zu sterben. Wenn man kämpfen muß, richtet sich der Zeitpunkt nach dem Zufall, der Kriegsplan nach den konkreten Umständen. So will ich dich in dieser Frage nicht quälen. Wenn du zu meinen Ausführungen etwas zu bemerken hast, laß es mich wissen. Ich für meinen Teil quäle mich Tag und Nacht.

Cic. Fam. 8,14,3

In dem Anfang August 50 geschriebenen Brief macht Caelius seinem Mentor Cicero deutlich, daß er sich bei einem bewaffneten Konflikt für die stärkere Seite zu entscheiden gedenke. Der Opportunismus vieler Angehöriger der regierenden Klasse sowie Protektion und Bestechung seitens Caesars wirkten sich dahin aus, daß die Senatsaristokratie sich bei Ausbruch des Bürgerkrieges spaltete, freilich so, daß die Mehrheit der Arrivierten, die Konsulare und Praetorier, gegen Caesar stand oder neutral blieb: Näheres bei H. Bruhns, Caesar und die römische Oberschicht in den Jahren 49–44 v. Chr., Hypomnemata 53, Göttingen 1978.

Ich denke, es entgeht dir nicht, daß man bei inneren Auseinandersetzungen auf der anständigeren Seite stehen muß, sobald es aber zu Krieg und Feldlager kommt, auf der stärkeren und daß für das beste zu halten ist, was sicherer ist. In dem gegenwärtigen Konflikt sehe ich, daß Cn. Pompeius den Senat und die Mitglieder der Gerichtshöfe auf seiner Seite haben, Caesar aber Zulauf von denen haben wird, die in Furcht und mit schlechten Zukunftsaussichten leben; ebenso (sehe ich), daß sein Heer unvergleichlich ist. Jedenfalls bleibt noch hinreichend Zeit, das Kräfteverhältnis zu bedenken und dann Partei zu ergreifen.

Caes. b.c. 1,7,1-7

Caesars Darstellung des Bürgerkrieges beginnt mit dem 1. Januar 49 und bricht mit der Schilderung der Ereignisse ab, die auf Caesars Landung in Alexandrien folgten (Oktober/November 48). Die Eröffnung des Bürgerkriegs rechtfertigte Caesar als Notwehrmaßnahme zur Wahrung seines Ranges (*dignitas*), und soweit in dieses Hauptmotiv Rechtsfragen involviert waren, ging es um das tribunizische Gesetz des Jahres 52, das ihm die Bewerbung um den Konsulat in Abwesenheit gestattete. Dieses Gesetz schützte ihn jedoch nicht vor einer Abberufung nach dem 1. März 50, und so zog er hilfsweise den Gesichtspunkt heran, daß er um der Verteidigung der Rechte der (von ihm gekauften) Volkstribune zu den Waffen gegriffen habe.

Zweisprachige Ausgabe: Caesar, Der Bürgerkrieg, lat.-dt., hrsg. von O. Schönberger, München – Zürich 1990².

(1) Als Caesar von diesen Ereignissen (in Rom) erfahren hatte, hielt er eine Heeresversammlung ab.[16] Er erwähnte alles Unrecht, das seine Feinde die ganze Zeit über gegen ihn begangen hätten; er beklagte, daß sie Pompeius ihm entfremdet und ihn zu Neid und Eifersucht gegen seinen Ruhm verführt hätten – denselben Pompeius, dessen Ruhm und dessen Ehre er immer begünstigt und unterstützt habe. (2) Er beklagte die Einführung eines neuen schlimmeren Beispiels in das politische Leben, daß die tribunizische Interzession mit Waffengewalt gerügt und unterdrückt werde. (3) Sulla habe die tribunizische Gewalt zwar von allen Prärogativen entblößt, ihr aber doch das Recht der freien Interzession belassen; (4) Pompeius aber scheine zwar die verlorenen Rechte wiederhergestellt zu haben, habe ihr aber nun genommen, was sie vorher besessen hätte. (5) Sooft beschlossen worden sei, die Magistrate sollten darauf hinwirken, daß der Staat keinen Schaden nehme (mit dieser Formel und diesem Senatsbeschluß werde das römische Volk zu den Waffen gerufen), so sei das bei Vorliegen verderblicher Gesetzes(anträge), tribunizischer Gewaltanwendung und (bürgerkriegsähnlicher) Spaltung des Volkes geschehen, wenn Tempel und hochgelegene Plätze besetzt worden waren; und diese Vorkommnisse der früheren Zeit seien, wie er darlegte, durch den gewaltsamen Tod des Saturninus und der Gracchen gesühnt worden. Davon sei gegenwärtig nichts vorgefallen, nicht einmal gedacht worden sei daran: kein Gesetz wurde vorgeschlagen, keine Agitation des Volkes wurde begonnen, keine Spaltung fand statt. (6) Er rief dazu auf, daß sie das Prestige und den Rang ihres Feldherren verteidigten, unter dessen Führung sie in neun Jahren mit glücklichstem Erfolg Krieg geführt, zahlreiche Schlachten gewonnen sowie ganz Gallien und Germanien befriedet hätten. (7) Die Soldaten der 13. Legion (diese hatte er zu Beginn der Mobilmachung in Italien[17] herbeigerufen; die übrigen waren noch nicht zugegen) riefen, sie seien bereit, das Unrecht gegen ihren Feldherren und die Volkstribune abzuwehren.

---

16 Caesar behauptet, die Ansprache in Ravenna vor Überschreitung des Rubico (vom 10. auf den 11. Januar) gehalten zu haben, und bezieht sich auf die Erklärung des Staatsnotstandes am 7. Januar. Alle anderen Quellen gehen davon aus, daß er die Ansprache nach Überschreiten des Grenzflusses in Ariminum hielt.

17 Aus dem von Hirtius verfaßten 8. Buch des *Gallischen Krieges* geht hervor, daß Caesar die 13. Legion nach Norditalien verlegt hatte, nachdem er die dort stationierte 15. im Herbst gemäß Senatsbeschluß für den drohenden Partherkrieg abgegeben hatte: [Caes.] b.G. 8,54,3. Mit dem Beginn der Mobilmachung (*tumultus*) ist wohl auf die irreguläre Beauftragung des Pompeius mit dem Schutz des Staates angespielt, die der Konsul C. Marcellus Anfang Dezember eigenmächtig vorgenommen hatte: [Caes.] b.G. 8,55,1.

Caes. b.c. 1,9,1-5

Der unten abgedruckte Text enthält die Antwort Caesars auf eine persönliche Botschaft des Pompeius, die dieser zwei offiziellen Senatsgesandten mitgegeben hatte.

(1) Wenngleich diese Vorbringungen offensichtlich nichts zur Behebung des Unrechts beitrugen, nahm er dennoch den Besuch der beiden, damit durch sie das, was er wollte, Pompeius übermittelt werde, zum Anlaß, sie um folgendes zu bitten: Da sie ihm die Botschaft des Pompeius überbracht hätten, möchten sie so gut sein und diesem auch seine Forderungen an ihn übermitteln (und sehen), ob sie mit geringer Mühe einen großen Konflikt lösen und ganz Italien von Kriegsfurcht befreien könnten: (2) Ihm selbst habe immer sein Rang und seine Würde am höchsten und höher als sein Leben gegolten; es sei eine schmerzliche Erfahrung für ihn gewesen, daß ihm das Privileg des römischen Volkes auf beleidigende Weise entwunden werde, und er unter Verkürzung seines (prokonsularischen) Imperiums nach Rom zurückzukehren gezwungen werden solle, obwohl das Volk verfügt habe, daß er bei den bevorstehenden Wahlen Berücksichtigung in Abwesenheit finden solle. (3) Dennoch habe er diese Einbuße seiner Ehre um des Staates willen mit Gleichmut ertragen. Als er dem Senat einen Brief geschickt habe, daß alle (beide, Pompeius und er) von ihren Heereskommandos zurückträten, habe er nicht einmal das erreichen können. (4) In ganz Italien gebe es Aushebungen, zwei Legionen würden zurückgehalten, die ihm unter dem Vorwand des Partherkrieges entzogen worden seien,[18] die Bürgerschaft stehe unter Waffen. Wozu solle das dienen, wenn nicht zu seiner Vernichtung? (5) Aber dennoch sei er bereit, sich auf alles einzulassen und alles um des Staates willen zu erdulden. Pompeius möge in seine Provinz aufbrechen, sie selbst ihre Heere entlassen, in Italien sollten alle die Waffen wieder niederlegen, die Kriegsfurcht solle von der Bürgerschaft genommen, freie Wahlen sollten stattfinden und die Regierung dem Senat und dem römischen Volk überlassen werden.

Caes. b.c. 1,32,2-8

Der unten abgedruckte Bericht gibt Caesars Rechtfertigungsrede wieder, die er am 1. April in Rom vor dem Senat gehalten hatte. Dessen Reihen waren freilich stark gelichtet, weil ein großer Teil der Senatoren mit Pompeius und der Regierung geflüchtet waren.

---

18 Vgl. Anm. 17. Laut Senatsbeschluß sollten Caesar und Pompeius je eine Legion abgeben. Pompeius verlangte von Caesar die Legion zurück, die er während des Aufstandes des Vercingetorix im Jahre 52 diesem überlassen hatte, und so wurde Caesars Heer im Herbst 50 praktisch um zwei ganze Legionen geschwächt.

(2) Er berief den Senat ein und erinnerte an das Unrecht seiner Feinde gegen ihn. Er legte dar, daß er keine außerordentliche Ehrung angestrebt habe, sondern unter Beachtung des gesetzlichen Termins (für eine Wiederwahl) sich mit dem Konsulat zufrieden gegeben habe, was allen Bürgern freistünde. (3) Von den zehn Volkstribunen sei gegen den Widerstand seiner Feinde, von denen Cato sich am heftigsten widersetzte und nach seiner Gewohnheit durch tagelange Dauerreden (die Abstimmung) verzögerte, ein Gesetz des Inhalts eingebracht worden, daß seine Bewerbung in Abwesenheit Berücksichtigung finden solle, mit Unterstützung selbst des Pompeius. Wenn er es mißbilligt hätte, warum ließ er dann zu, daß es eingebracht wurde? Wenn er es aber billigte, warum verhinderte er dann, daß er sich des vom Volk verliehenen Privilegs bediente? (4) Seine Geduld stellte er vor Augen, als er von sich aus die Forderung nach Entlassung der (beiderseitigen) Heere gestellt habe. (5) Er wies auf die unbillige Härte seiner Feinde hin, die für sich ablehnten, was sie von dem anderen forderten, und es vorzogen, eher ein Chaos anzurichten als Kommandos und Heere aufzugeben. (6) Das Unrecht, das im Entzug der (beiden) Legionen lag, betonte er sowie die Grausamkeit und Unverfrorenheit, als die Volkstribune in der Ausübung ihres Amtes beschränkt wurden; er erwähnte die von ihnen gemachten Friedensvorschläge, die erbetenen und verweigerten Verhandlungen. (7) Mit Rücksicht auf dies alles rief er dazu auf und forderte, daß sie die politische Initiative ergriffen und gemeinsam mit ihm den Staat regierten. Wenn sie sich aber dem aus Furcht entzögen, wolle er ihnen nicht zur Last fallen. (8) Es müßten Gesandte zur Beilegung des Konflikts geschickt werden, und man dürfe nicht fürchten, was Pompeius vor kurzem im Senat gesagt habe: daß denen Autorität zufalle, zu denen Gesandte geschickt würden, und dies die Furcht der Entsendenden zu erkennen gebe. Denn dies sei offensichtlich Zeichen einer kleinlichen und schwachen Einstellung. Er hingegen wolle so, wie er sich bemüht habe, durch seine Taten einen Vorrang einzunehmen, so auch durch Gerechtigkeit und Billigkeit siegen.

Der Staat des Diktators Caesar

Q 48: Caesars innere Reformen

Ciceros Rede Pro Marcello, aus Anlaß der Begnadigung des Claudius Marcellus, eines prominenten Gegners Caesars, im September 46 im Senat gehalten, ist zugleich ein Aufruf zur Wiederherstellung der Funktionsfähigkeit der Republik mittels einer am Vorbild Sullas ausgerichteten Reformgesetzgebung. An Reformen ließ es Caesar nicht fehlen, nur dienten sie im Herbst 46 nicht dem Ziel, das Cicero vorschwebte, sondern die energisch betriebene

Beseitigung von Mißständen und Konfliktherden lief auf eine Stärkung der Alleinherrschaft des Diktators hinaus. Die Reformen dienten nicht zuletzt auch der Hebung seines Prestiges, und unter diesem Gesichtspunkt sind seine gesetzgeberischen Maßnahmen analysiert worden von Z. Yavetz, Caesar in der öffentlichen Meinung, Düsseldorf 1979, 65–161. Die von Yavetz vorgenommene Zusammenstellung der Reformgesetze (insgesamt 37) ist als Kommentar zu der unten abgedruckten Aufzählung Suetons heranzuziehen.

Cic. Pro Marc. 23

Alles mußt einzig und allein du, C. Caesar, wieder aufrichten, was notwendigerweise durch die Gewalt des Krieges, wie du siehst, am Boden liegt: Die Gerichte müssen (neu) konstituiert, der Kredit wiederhergestellt, die verderblichen Leidenschaften zurückgedrängt, für die Vermehrung des Volkes gesorgt, alles, was sich aufgelöst und schon verflüchtigt hat, durch strenge Gesetze neu befestigt werden.

Suet. Caes. 40,1-43,2

(40,1) Indem er sich daraufhin der (Neu)ordnung des Staates zuwandte, verbesserte er den Kalender, der schon seit langem durch Schuld des priesterlichen Kollegiums wegen willkürlicher Schaltpraxis so in Unordnung geraten war, daß die Ernteferien nicht in den Sommer, die Weinlese nicht in den Herbst fiel; und zwar paßte er das Jahr an den Lauf der Sonne (in der Weise) an, daß es 365 Tage haben und unter Beseitigung des Schaltmonats alle vier Jahre ein Tag eingeschaltet werden sollte. (2) Damit aber von dem bevorstehenden ersten Januar an die Zeitrechnung stimme, fügte er zwischen November und Dezember (46 v. Chr.) zwei weitere Monate ein; und so hatte das Jahr, in dem dies angeordnet wurde, insgesamt 15 Monate unter Einschluß des Schaltmonats, der nach der Gewohnheit in das fragliche Jahr gefallen war.
(41,1) Den Senat ergänzte er, Patrizier wählte er hinzu, die Zahl der Praetoren, Aedilen und Quaestoren, ja sogar der niederen Magistrate vermehrte er; Männern, die durch zensorischen Spruch ihrer Ehrenrechte beraubt worden oder durch richterlichen Spruch wegen Bestechung verurteilt waren, gewährte er die Restitution.
(2) Die Wahlen teilte er mit dem Volk (in der Weise), daß mit Ausnahme der Bewerber um das Konsulat hinsichtlich der übrigen Zahl der Kandidaten die eine Hälfte nach dem Willen des Volkes für gewählt erklärt wurde, die andere nach seinen Angaben. Und zwar gab er (seinen Kandidaten) bekannt, indem

er Anschreiben an die Tribus mit (folgenden) knappen Zeilen richtete: „Der Diktator Caesar an die und die Tribus. Ich empfehle Euch den und den, damit er durch Eure Wahl seine Würde erhalte."

Er ließ auch die Söhne von Proskribierten wieder zu den Ämtern zu.

Die Gerichtshöfe besetzte er mit nur zwei Richterklassen, aus dem Ritter- und aus dem Senatorenstand; die Aerartribune, die die dritte Klasse gebildet hatten, entfernte er (von der Richterliste).

(3) Die Musterung der *plebs frumentaria* nahm er weder auf gewohnte Weise noch am gewohnten Ort vor, sondern nach Bezirken durch die Besitzer der Mietshäuser, und er verminderte die Zahl der Empfänger öffentlich finanzierter Getreidezuteilungen von 320.000 auf 150.000 Personen; und damit nicht neue Zusammenrottungen wegen der Musterung der Getreideempfänger inszeniert werden könnten, ordnete er an, daß jährlich für die Verstorbenen aus der Zahl der nicht in die Liste Aufgenommenen eine Auslosung der Nachrücker durch den Praetor vorgenommen werden sollte.

(42,1) Nachdem aber 80.000 Bürger auf überseeische Kolonien verteilt worden waren, traf er in der Absicht, auch der erschöpften Stadt eine starke Bevölkerung zu sichern, die Bestimmung, daß kein Bürger im Alter zwischen 20 und ? Jahren, soweit sie nicht in der Armee dienten, mehr als drei Jahre ununterbrochen von Italien abwesend sein und daß kein Sohn eines Senators, es sei denn im Stabe eines Feldherrn oder als Begleiter eines Magistrats, ins Ausland reisen dürfe;

noch sollten die Viehzüchter weniger als ein Drittel junger Freigeborener als Hirten beschäftigen.

Und alle Ärzte und Lehrer der freien Künste in Rom beschenkte er mit dem Bürgerrecht, damit sie umso bereitwilliger ihren Wohnsitz in Rom behielten bzw. dort nähmen.

(2) Hinsichtlich geliehener Gelder zerstreute er die Erwartung einer Schuldenniederschlagung, die häufig genährt wurde, und bestimmte schließlich, daß die Schuldner die Gläubiger zufriedenzustellen hätten auf Grund einer Schätzung des Grundbesitzes nach dem Wert, zu dem sie ihn vor dem Krieg (als Pfandobjekt) eingeschätzt hätten, und unter Abzug eines Betrages der Schuld, wenn eine entsprechende Summe an Zinsen bezahlt oder quittiert worden sei; durch diese Auflage ging im Durchschnitt ein Viertel des Krediates verloren.

(3) Alle Vereine außer den von alters her bestehenden löste er auf.

Die Strafe für Verbrechen verschärfte er; und da Wohlhabende sich umso leichter eines Verbrechens schuldig machten, weil sie ohne Schaden für ihr Vermögen in Verbannung leben konnten, bestrafte er Mörder, wie Cicero schreibt, mit Entzug des gesamten Vermögens, die übrigen mit Entzug der Hälfte.

(43,1) Recht sprach er mit Eifer und Strenge. Verurteilte in Repetundensachen entfernte er sogar aus dem Senatorenstand.

Er trennte die Ehe eines Praetoriers, der eine Frau nur einen Tag nach ihrer Scheidung geheiratet hatte – und das, obwohl kein Verdacht auf Ehebruch vorlag.
Einfuhren belegte er mit Zöllen.
Den Gebrauch von Sänften, ebenso von purpurfarbenen Kleidern und Perlen erlaubte er nur bestimmten Personen und Lebensaltern und dies auch nur für bestimmte Tage. (2) Vor allem das Luxusgesetz führte er streng aus, indem er um den Markt Wachen aufstellte, die verbotene Lebensmittel beschlagnahmen und ihm bringen sollten; gelegentlich schickte er Liktoren und Soldaten (bis in die Wohnungen) nach, die, wenn die Wärter irgendwie überlistet worden waren, das schon Aufgetragene vom Tisch nehmen mußten.

Dio 43,25,3

Cassius Dio Cocceianus, ca. 150–235, ein Grieche aus Bithynien, war Konsul und Statthalter mehrerer Provinzen. Er schrieb nach seinem Rückzug aus dem öffentlichen Leben eine „Römische Geschichte" in 80 Büchern von den Anfängen bis zum Jahr 229 n. Chr. Erhalten sind mit Lücken am Anfang und Ende die Bücher 36–60, die die Geschichte von 68 v. bis 47 n. Chr. erzählen.
Übersetzung: Cassius Dio, Römische Geschichte, eingel. Von G. Wirth, übers. von O. Veh, 5 Bde., München – Zürich 1985–1987.
Zu Dios Bild der römischen Republik s. D. Fechner, Untersuchungen zu Cassius Dios Sicht der Römischen Republik, Hildesheim 1986.

Weil er aber auf Grund seines langen Kommandos in Gallien in allzu starkem Maße zum Streben nach der Alleinherrschaft verführt worden war, beschränkte er die Statthalterschaften der Propraetoren auf ein Jahr, die der Prokonsuln auf zwei aufeinander folgende Jahre, und er legte fest, daß niemand irgendein Kommando für einen längeren Zeitraum innehaben dürfe.

Q 49: Caesars Regierungsstil und die Folgen

Caes. b.c. 1,32,7

Zur Zeitstellung und Kontext der von Caesar erhobenen Forderung s. **Q 47**: Caes. b.c. 1,32,2-8 mit Einleitung.

Er rief dazu auf und forderte, daß sie in Hinblick auf die von ihm dargelegten Gesichtspunkte politisch tätig würden und den Staat mit ihm zusammen regierten. Wenn sie sich aber aus Furcht (vor der gegnerischen Bürgerkriegspartei) verweigerten, wolle er ihnen nicht weiter zur Last fallen und die Lenkung des Staates selbst übernehmen.

Cic. Att. 13,52,1-2 (19. Dezember 45)

Der Brief wurde wahrscheinlich von Puteoli aus geschrieben. Er gibt eine anschauliche Beschreibung eines Besuchs, den Caesar mit seiner Begleitung Cicero und anderen abstattete.

> (1) Was für ein beschwerlicher Gast, und doch hat es mich nicht gereut; er war nämlich ganz charmant. Doch als er am zweiten Tag der Saturnalien[19] abends bei Philippus[20] eintraf, war dessen Villa gleich so mit Soldaten überfüllt, daß im Speisezimmer, wo Caesar selbst speisen sollte, kaum noch Platz war. Es handelte sich nämlich um 2.000 Mann. Ich war ganz aufgeregt, wie das am nächsten Tag (bei mir) gehen sollte. Und da war Barba Cassius[21] behilflich und stellte mir Wachposten. Ein Feldlager wurde im Freien aufgeschlagen, meine Villa in Verteidigungszustand versetzt. Er blieb am dritten Tag der Saturnalien[22] bis zur siebten Stunde (in seinem Kabinett) und ließ niemanden vor: Besprechung finanzieller Angelegenheiten, wie ich glaube, mit Balbus;[23] dann machte er einen Spaziergang am Strand hierher. Nach der achten Stunde[24] ging es ins Bad. Dort ließ er sich über Mamurra[25] erzählen, ohne dabei die Miene zu verziehen. Dann ließ er sich salben und kam zu Tisch. Er wollte ein Vomitiv nehmen, und so aß und trank er unbeschwert und mit gutem Appetit... (2) Außerdem wurde sein Gefolge an drei Tischen üppig bewirtet. Selbst den weniger einflußreichen Freigelassenen und Sklaven fehlte es an nichts, den prominenteren habe ich einen exquisiten Empfang gegeben. Der Gast war freilich nicht so, daß man zu ihm sagen möchte: ‚Komm bitte wieder zu mir, wenn du in der Gegend bist'. In der Unterhaltung wurde nichts Politisches berührt, dafür viel Literarisches...

---

19 D. h. am 18. Dezember.
20 L. Marcius Philippus, Konsul 56, war in zweiter Ehe verheiratet mit Caesars Nichte Atia und somit Stiefvater Octavians, des späteren Kaisers Augustus.
21 In Cic. In Ant. 13,3 als einer der Freunde Caesars bezeichnet. Sein Vater war vielleicht einer der Legaten des Lucullus im Krieg gegen Mithradates VI.: so MRR II,112.
22 D. h. am 19. Dezember.
23 L. Cornelius Balbus aus Gades (Cadiz) diente Caesar in Spanien und in Gallien als Stabschef (*praefectus fabrum*) und war zusammen mit C. Oppius, in der Zeit des Bürgerkriegs und der Alleinherrschaft Caesars, dessen engster Mitarbeiter.
24 D. h. etwa 12.45.
25 Mamurra, römischer Ritter aus Formiae, diente unter Pompeius im Osten und unter Caesar in Spanien und Gallien (seit 58 als Stabschef *praefectus fabrum*). Catulls Spottgedichte (29 und 57) auf Caesar und Mamurra aus der Zeit der gallischen Statthalterschaft waren offenbar weitverbreitet: Plin. N.H. 36,48; Suet. Caes. 73. Wahrscheinlich ließ sich Caesar am 19.12.45 von dem kurz vorher eingetretenen Tod Mamurras erzählen.

Cic. Fam. 9,15,4

Der Brief wurde im Herbst 46 geschrieben, der Adressat L. Papirius Paetus war ein langjähriger Freund, der als Epikureer ein politikfernes Leben in Neapel führte. Zu dem Briefwechsel, den Cicero mit ihm führte, s. M. Demmel, Cicero und Paetus (ad fam. IX 15–26), Diss. Köln 1962.

> Glaubst du vielleicht, daß es nicht mehr so viele Senatsbeschlüsse geben werde, wenn ich mich in Neapel aufhalte? Wenn ich in Rom bin und mir auf dem Forum die Sohlen ablaufe, werden die Senatsbeschlüsse bei deinem Liebhaber, meinem guten Bekannten, ausgefertigt; und wenn es ihm in den Kram paßt, werde ich zu den Protokollzeugen gestellt, und ich höre dann, daß ein Senatsbeschluß, von dem es heißt, er sei auf meinen Antrag hin ergangen, nach Armenien und Syrien gelangt ist, bevor hier irgendeine Erwähnung der Angelegenheit erfolgt. Und glaube ja nicht, daß ich scherze. Du mußt nämlich wissen, daß mir von Königen am Rande der Welt Briefe zugegangen sind, in denen sie mir Dank sagen, weil ich sie mit meinen Anträgen zu Königen gemacht hätte – und dabei wußte ich nicht nur nicht, daß sie zu Königen erklärt worden waren, sondern nicht einmal, daß es sie überhaupt auf der Welt gibt.

Cic. Att. 14,1,2 (7. April 44)

Cicero gibt eine Äußerung Caesars wieder, die ihm C. Matius (zu ihm s. **Q 53**) hinterbracht hatte. Caesar machte sie kurz vor den Iden des Märzes in seinem Kabinett, als Cicero im Vorraum auf eine Audienz warten mußte.

> Soll ich bezweifeln, daß ich tiefverhaßt bin, da M. Cicero dasitzen muß und mich nicht nach Belieben sprechen kann? Und wenn einer leicht zu gewinnen ist, dann ist er es. Doch zweifle ich nicht daran, daß er mich bitter haßt.

Q 50: Caesar und der goldene Kranz des altrömischen Königtums

Abb. 9: Denar, 44 in Rom geprägt, Gewicht: 3,88 gr.; Vs.: Kopf Caesars mit goldenem Kranz nach rechts; CAESAR – DICT PERPETVO; Rs.: Stehende Venus nach links, auf der rechten Hand Victoriastatuette haltend, mit den Linken Szepter; Schild ans Szepter angelehnt. P. SEPVLLIVS/MACER. (Crawford 480/10; Fotonachweis: Slg. Niggeler Teil II, 935)

In einem grundlegenden Beitrag hat K. Kraft nachgewiesen, daß Caesar auf der abgebildeten Münze (und auf solchen anderer Emissionen) keinen natürlichen Lorbeerkranz oder einen anderen aus grünem Laub trägt, sondern einen goldenen des etruskischen Typus. Der Titel seines Beitrags lautet: Der goldene Kranz Caesars und der Kampf um die Entlarvung des Tyrannen, ZNGG 3/4, 1952/53, 7–97; 2. überprüfte und ergänzte Auflage, Libelli CCLVIII, Darmstadt 1969. Kraft zeigt weiterhin, daß der von Caesar getragene goldene Kranz Teil der altrömischen Königstracht war, in der sich der Diktator am 15. Februar 44, dem Luperkalienfest, der Öffentlichkeit in Rom präsentierte (Dio 44,11,2; weitere Belege bei Kraft, a.a.O. 35 Anm. 170). Bei dieser Gelegenheit wies Caesar das ihm von Antonius angebotene Diadem, das Zeichen des hellenistischen Königtums, samt dem Titel zurück.

Q 51: Das Totengericht über Caesar

Die im folgenden zitierten Äußerungen stammen aus dem Herbst 44 (De officiis, In Antonium 2) und vom 1. Januar 43 (In Antonium 5).

Cic. In Ant. 5,49

Wenn es doch C. Caesar in seiner Jugend gelungen wäre, dem Senat und den optimatisch Gesinnten wert und teuer zu sein. Da er das zu erreichen vernachlässigt hatte, verschwendete er die ganze Kraft seines Genies, die bei ihm ganz außerordentlich war, in der Verantwortungslosigkeit popularer Aktionen. Da er also keinen Rückhalt am Senat und an den Optimaten hatte, bahnte er sich einen Weg zur Erweiterung seiner Macht, den der männliche Sinn (*virtus*) eines freien Volkes nicht zu ertragen vermochte.

Cic. De off. 1,26

Am meisten aber werden sehr viele dazu gebracht, daß sie ein Vergessen der Gerechtigkeit befällt, wenn sie der Sucht nach den höchsten Amtsgewalten, nach Ehren und Ruhm verfallen. Was nämlich bei Ennius steht: ‚Keine geheiligte Gemeinschaft, Treu und Glauben kennt das Königtum', das hat eine umfassendere Bedeutung. Denn was so beschaffen ist, daß darin nicht mehrere herausragend sein können, da tritt in der Regel ein solcher Konkurrenzkampf ein, daß es höchst schwierig wird, die geheiligte Gemeinschaft zu wahren. Dies hat jüngst die Bindungslosigkeit eines C. Caesar deutlich gemacht, der alles göttliche und menschliche Recht wegen der Vorrangstellung umstürzte, die er sich mit irriger Vorstellung zurecht gelegt hatte. Das aber ist dabei das Ärgerliche, daß zumeist in den großangelegten Naturen und den glänzendsten Begabungen die Sucht nach Ehre, Herrschaft, Macht und Ruhm in Erscheinung treten.

Cic. In Ant. 2,116

In Caesar waren Genie, Verstandes- und Erinnerungskraft, literarische Bildung, Umsicht, klares Planen und Fleiß; Kriegstaten vollbrachte er, die für den Staat zwar verhängnisvoll, aber doch (für sich genommen) groß waren; viele Jahre sann er auf die Gewinnung der Alleinherrschaft, und unter großen Mühen und Gefahren erreichte er, was er sich vorgenommen hatte; mit Spielen, Bauten, Spenden und Speisungen hatte er die unerfahrene Menge gezähmt, seine Parteigänger mit Belohnungen, seine Gegner mit dem Schein der Milde sich verpflichtet. Was weiter? Schon hatte er eine freie Bürgerschaft dazu gebracht, sich an die Unfreiheit zu gewöhnen.

Der letzte Kampf für die Republik

Q 52: D. Brutus über die Lage nach Caesars Leichenfeier

Cic. Fam. 11,1,1-6 (20. März 44)

Der Brief wurde unmittelbar nach dem dramatischen Ausbruch des Volkszorns anläßlich der Leichenfeier für Caesar geschrieben: Zum Datum s. D. R. Shackleton Bailey, Cicero: Epistulae ad Familiares II, Cambridge 1977, 463f. Die Adressaten, die beiden Caesarmörder Brutus und Cassius, waren noch am selben Tag aus Rom geflohen (Plut. Brut. 21).

(1) Nehmt zur Kenntnis, in welcher Lage wir uns befinden. Gestern abend war Hirtius[26] bei mir; er zeigte, welcher Gesinnung Antonius ist, nämlich der schlimmsten und hinterhältigsten. Denn er sagte, er könne mir die Provinz (das Diesseitige Gallien) nicht geben und er meine, daß niemand von uns in der Stadt sicher sei: So erregt seien die Soldaten und das Volk. Daß beides unehrlich ist, werdet ihr merken, glaube ich, und daß vielmehr das die Wahrheit ist, was Hirtius darlegte: Antonius fürchte, daß ihnen keine Rolle mehr im Staat zu spielen bliebe, wenn wir auch nur eine kleine Stütze zur Wahrung unseres Ranges behielten.

(2) Da wir uns in dieser Zwickmühle befinden, glaubte ich, eine Legatenstelle ohne Verpflichtung für mich und alle übrigen von uns fordern zu sollen, damit ein einigermaßen ehrenvoller Grund für eine Abreise gefunden wäre. Er versprach, das zu erreichen, aber ich glaube nicht, daß er Erfolg hat. So groß ist die Frechheit und die gegen uns gerichtete Verfolgungswut dieser Leute. Aber auch wenn sie gewähren sollten, worum wir bitten, so glaube ich, daß es dennoch etwas später dahin kommt, daß wir zu Staatsfeinden erklärt und geächtet werden.

(3) Was also rätst du, fragst du? Man muß den Umständen Rechnung tragen, Italien verlassen, nach Rhodos oder sonstwohin gehen meiner Meinung nach. Wenn die Lage sich bessert, kehren wir nach Italien zurück. Wenn es so einigermaßen geht, leben wir im Exil; und wenn es ganz schlimm kommt, greifen wir zu den äußersten Mitteln. (4) Vielleicht wird einem von euch die Frage kommen, warum wir eigentlich eher auf die schlimmsten Umstände warten als jetzt etwas Konkretes planen sollen. Weil wir, wo wir auch Halt

---

26 A. Hirtius, Caesarianer und Konsul 43, hielt engen Kontakt zu Cicero und den Caesarmördern. Diese versuchten sogar, ihn im Frühjahr 44 durch Vermittlung Ciceros auf ihre Seite zu ziehen.

machen, niemanden haben außer Sex. Pompeius und Caecilius Bassus:[27] Mir scheint, daß sie durch die Nachricht von Caesars Ermordung an Kraft gewinnen werden. Noch etwas Geduld, dann begeben wir uns zu ihnen, sobald wir wissen, wie stark sie sind. Wenn ihr wollt, daß ich für Cassius und dich mich verbürge, will ich das tun; Hirtius stellt nämlich diese Forderung.

(5) Bitte, schreibt mir umgehend zurück; denn ich zweifle nicht, daß Hirtius mir in besagter Angelegenheit vor der vierten Stunde Nachricht geben wird. Schreibt mir, wo wir uns treffen können, wohin ich kommen soll.

(6) Nach der letzten Unterhaltung mit Hirtius glaube ich, die Forderung erheben zu sollen, daß uns gestattet werde, uns mit einer von Staats wegen gestellten Leibwache in Rom aufzuhalten. Daß sie uns das zugestehen, glaube ich nicht; denn wir würden damit eine ihnen feindliche Stimmung bewirken. Doch glaube ich, auf keine Forderung, die ich für billig erachte, verzichten zu dürfen.

Q 53: Cicero über den Konflikt zwischen Freundschaft und politischer Loyalitätspflicht

Cic. Fam. 11, 27, 2-8

C. Matius, ein Freund und enger Vertrauter Caesars, hatte Octavian bei der Vorbereitung und der Ausrichtung der Spiele zu Ehren seines Adoptivvaters (20.–30. Juli 44) unterstützt und damit die Kritik Ciceros hervorgerufen, der darin eine unzulässige politische Parteinahme erblickte. Diese Kritik war Matius hinterbracht worden und hatte bei ihm zu einer Verstimmung gegen Cicero geführt, mit dem er ebenfalls gute Beziehungen unterhalten hatte. Dies sind die Vorraussetzungen des berühmten Briefwechsels zwischen den beiden, in dem es um die Frage des Verhältnisses von persönlicher Bindung an Caesar und seine Sache auf der einen und der politischen Loyalität gegenüber der *res publica* auf der anderen Seite ging. Die Briefe wurden entweder Ende August oder Mitte Oktober 44 gewechselt: zur Datierung vgl. D. R. Shackleton Bailey, a.a.O. (s. oben **Q 52** zu Cic Fam. 11,1) 486 und

---

27 Sex. Pompeius, jüngster Sohn des Cn. Pompeius, überlebte die Niederlage von Munda und stellte nach dem Abzug Caesars aus Spanien im Winter 45/44 eine republikanische Armee von 7 Legionen auf, mit denen er bis zum Sommer 44 das südliche und südöstliche Spanien zurückgewann – Q. Caecilius Bassus, Offizier des Pompeius, hatte sich nach dessen Niederlage in Tyros niedergelassen und stiftete mit Falschmeldungen über den Ausgang des afrikanischen Feldzuges im Jahre 46 eine Meuterei der in Syrien stationierten, aus ehemaligen Soldaten des Pompeius bestehenden Truppen an. Er behauptete sich mit Hilfe der Parther gegen die Generäle, die Caesar mit der Niederwerfung seiner Erhebung beauftragt hatte.

K. Bringmann, Untersuchungen zum späten Cicero, Hypomnemata 29, 1971, 271 Anm. 1. Zur Interpretation der beiden Briefe vgl. die Kontroverse, die zwischen A. Heuß und B. Kytzler vor nunmehr 40 Jahren ausgetragen wurde: A. Heuß, Cicero und Matius. Zur Psychologie der revolutionären Situation in Rom, Historia 5, 1956, 53–73 = Gesammelte Schriften II, 1192–1212; B. Kytzler, Beobachtungen zu den Matiusbriefen (Ad fam. XI 27–28), Philologus 106, 1960, 48ff; ders., Cicero und Matius, Historia 9, 1960, 96ff.; A. Heuß, Matius als Zeuge von Ciceros staatsmännischer Größe, Historia 11, 1962, 118–122 = Gesammelte Schriften II, 1213–1217. Zu dieser Kontroverse s. K. Bringmann, a.a.O 270–277.

(2) ....Soweit ich mir die Vergangenheit vor Augen führe, besitze ich keinen älteren Freund als dich. Hat man aber auch das Alter (noch) mit vielen gemeinsam, so ist das bei der Liebe nicht der Fall. Ich schätze dich von dem Tag an, an dem ich dich kennenlernte, und glaube, auch von dir geschätzt zu werden. Deine langjährige Abwesenheit, unsere politischen Ambitionen und die Verschiedenheit unserer Lebensweise ließen es nicht zu, daß unsere gegenseitige Neigung durch täglichen Umgang vertieft wurde, dennoch habe ich deine Einstellung mir gegenüber viele Jahre vor dem Bürgerkrieg, als Caesar in Gallien war, kennengelernt. Denn was du für mich als ungemein hilfreich ansahst und für Caesar selbst als nicht unnütz, hast du verwirklicht, nämlich daß er mich achtete, schätzte und zu den Seinen zählte. Ich übergehe viele Dinge, die in jener Zeit zwischen uns in vertraulichster Weise an Worten und Geschriebenem ausgetauscht worden sind; es folgen schließlich gewichtigere.
(3) Als du zu Beginn des Bürgerkrieges nach Brundisium auf dem Weg zu Caesar warst, kamst du zu mir auf das Formianum.[28] Wie hoch ist dies an sich schon zu schätzen, besonders aber in jenen Zeiten! Und dann glaubst du, ich hätte deine Ratschläge, die Gespräche zwischen uns und deine Herzensgüte vergessen? Ich erinnere mich, daß Trebatius[29] bei diesen Gelegenheiten anwesend war. Und auch deinen Brief habe ich nicht vergessen, den du an mich sandtest, als du Caesar, wie ich glaube, in der Gegend von Trebula[30] begegnetest.
(4) Es folgte jene Zeit, als mich, mag es mein Ehrgefühl gewesen sein oder meine Pflicht, oder (auch) mein Schicksal drängte, zu Pompeius aufzubrechen.

---

28 Name der zwischen Formiae und Caieta am Meer gelegenen Villa Ciceros.
29 C. Trebatius Testa, ein Freund Caesars und guter Bekannter Ciceros, war derjenige, der Cicero von der Verstimmung des Matius in Kenntnis setzte. Er war ein angesehener, auch literarisch tätiger Jurist, dem Cicero im Jahre 44 seine rechtsmethodische Schrift, die Topica, widmete.
30 Gemeinde im Gebiet der Hirpiner, etwa 40 km östlich von Pompeii, an der *via Appia* zwischen Saticula und Suessula gelegen.

An welcher Gefälligkeit, an welcher Bemühung von deiner Seite mangelte es mir, dem Abwesenden oder den Meinigen, die daheim gebliebenen waren? Wen betrachteten alle der Meinigen für mich und für sich als vertrauter als dich?
Ich kam nach Brundisium. Meinst du ich hätte vergessen, mit welcher Schnelligkeit Du, sobald Du davon hörtest, zu mir aus Tarent herbei eiltest, wie Dein Beistand war, dein Zuspruch, der Trost für meine mutlose Seele in der Furcht des allgegenwärtigen Unheils?
(5) Endlich war ich wieder in Rom. An was hat es in unserer Freundschaft gemangelt? Ich nutzte deinen Rat, auf welche Weise ich mich in wichtigen Dingen gegenüber Caesar verhalten sollte, in allen übrigen Dingen nutzte ich deine Dienste. Wem hast du dich, mit Ausnahme von Caesar, so gewidmet wie mir, bist so im Haus ein- und ausgegangen und verbrachtest oft so viele Stunden in angeregten Gesprächen, um mich dann sogar, wenn ich mich recht erinnere, dazu anzuregen, philosophische Schriften zu verfassen? Was war nach der Rückkehr Caesars für dich von größerer Bedeutung, als daß ich mit ihm auf das vertrauteste verbunden war? Das hast du bewirkt.
(6) Wozu also diese länger als erwartete Rede? Weil ich mich wundere, daß du, der das alles wissen müßte, glaubst, ich hätte etwas getan, was sich mit unserer Freundschaft nicht vereinbaren ließe. Denn abgesehen von dem, was ich erwähnte, was bezeugt und bekannt ist, habe ich vieles, das weitaus intimer ist und das ich kaum mit Worten ausdrücken kann. Alles an dir gefällt mir, aber besonders deine große Treue in der Freundschaft, die Klugheit, Ernsthaftigkeit und Stetigkeit und nicht zuletzt dein Humor, deine Herzensgüte und Bildung.
(7) Deshalb – ich komme nun auf deine Beschwerde zurück – glaubte ich zuerst nicht, daß du für jenes Gesetz[31] gestimmt hast, dann, selbst wenn ich es geglaubt hätte, würde ich niemals annehmen, daß du es ohne gewichtigen Grund getan hast. dein Ansehen führt dazu, daß alles, was Du tust, genau wahrgenommen wird, die Schlechtigkeit der Leute jedoch dazu, daß manches drastischer als du es eigentlich getan hast, dargestellt wird. Wenn du darauf nicht hörst, weiß ich nicht, was ich sagen soll. Sicher, wann immer ich etwas höre, dann verteidige ich dich, so wie ich von dir weiß, daß du mich bei

---

31 Welches Gesetz Anlaß zu kritischen Äußerungen Ciceros war, wissen wir nicht. Eine plausible Vermutung geht dahin, daß es sich um eines der Gesetze gehandelt haben muß, mit denen Antonius im Juni 44 seine politische Stellung stärken wollte, also entweder das Gesetz über den Provinztausch oder das von dem Volkstribun L. Antonius, einem Bruder des Konsuls, eingebrachte Agrargesetz. In Frage kommen auch das Richtergesetz des Antonius, das Cicero in den Philippischen Reden heftig kritisierte, und das Provokationsgesetz, das den wegen Majestätsvergehen oder Gewaltanwendung Verurteilten die Appellation an das Volk ermöglichte: Quellen in G. Rotondi, Leges publicae, 431–433.

ungerechtfertigten Angriffen schützt. Die Verteidigung ist jedoch unterschiedlich: Manches pflege ich ganz eindeutig in Abrede zu stellen, wie etwa die Stimmabgabe, anderes verteidige ich von dir als pflichtgetreu und gutherzig gemeint, wie etwa die Übernahme der Leitung der Spiele.[32] (8) Jedoch kann es dir als überaus gebildeten Menschen doch nicht entgehen, daß, wenn Caesar ein Alleinherrscher war – was mir allerdings so scheint – man auf zweierlei Weise über deine Dienstfertigkeit reden kann, einmal in jener, in der ich es tue, daß deine Treue und Gutherzigkeit zu loben ist, daß du selbst den toten Freund noch ehrst, dann auf jene Weise, die nicht wenige anwenden, daß die Freiheit des Vaterlandes dem Leben eines Freundes voranzustellen ist. Hätte man dir doch von meinen Überlegungen in diesen Gesprächen berichtet! Jene zwei Dinge aber, die ganz besonders lobenswert an dir sind, wer führte sie nicht lieber oder öfter an als ich, nämlich daß du zum einen der bedeutendste Fürsprecher dafür warst, den Bürgerkrieg überhaupt nicht aufzunehmen und zum anderen (dafür eingetreten bist) sich im Sieg zu mäßigen. Niemanden habe ich gefunden, der mir in diesem Punkt nicht beipflichtete.

Cic. Fam. 11,28,1-8

(1) Dein Brief bereitete mir große Freude, denn, wie ich hoffte und wünschte, daß deine Haltung zu mir sein sollte, dessen bin ich mir (jetzt) sicher. Natürlich hatte ich nicht daran gezweifelt, dennoch litt ich, denn es ist für mich von großer Bedeutung, daß deine Einstellung (zu mir) unverändert bleibt. Jedoch war ich mir bewußt, daß ich nichts getan habe, was in der Vorstellung irgendwelcher rechtschaffenen Leute Anstoß erregen könnte. Um so weniger glaubte ich, daß du, ein durch viele und herausragende Fähigkeiten ausgezeichneter Mann, sich aufs Geratewohl etwas einreden läßt, zumal (glaubte ich es nicht) bei jemandem, der mein bereitwilliges und beständiges Wohlwollen hatte und hat. Da ich nun das, was ich wissen wollte, weiß, will ich auf die Vorwürfe eingehen, die du, wie es deiner einzigartigen Güte und unserer Freundschaft entspricht, so oft abgewehrt hast.

(2) Mir ist nämlich bekannt, was über mich nach dem Tod Caesars kolportiert wurde. Sie machen mir den Vorwurf, daß ich schwer an dem Tod des mir nahestehenden Mannes trage und entrüstet bin, daß der, den ich geliebt habe, umgekommen ist; sie behaupten nämlich, daß das Vaterland der Freundschaft vorzuziehen sei, geradeso als wenn schon erwiesen wäre, daß sein Tod für den Staat vorteilhaft ist.

---

32 Wahrscheinlich ist Cicero in diesem Punkt nicht ehrlich. Schon am 18. Mai äußerte er gegenüber Atticus sein Mißfallen darüber, daß Matius zusammen mit einem anderen Caesarianer, Curtius Postumus, für Octavian die Vorbereitung der Spiele zu Ehren Caesars übernommen hatte: Cic. Att. 15,2,3.

Aber ich will keine taktischen Mittel einsetzen; ich bekenne, diesen Grad an Weisheit noch nicht erreicht zu haben;[33] ich bin nämlich im Bürgerkrieg nicht dem (Politiker) Caesar, sondern dem Freund gefolgt; obwohl ich an der Sache Anstoß nahm, habe ich ihn dennoch nicht verlassen, und niemals den Bürgerkrieg oder auch nur den Anlaß zu der Auseinandersetzung gebilligt, vielmehr habe ich mit aller Kraft bereits sein Aufkommen zu verhindern gesucht. Daher wurde ich auch beim Sieg des mir nahestehenden Mannes nicht durch die Annehmlichkeiten von Ehren und Geld korrumpiert, während die übrigen, obwohl sie weniger als ich bei ihm galten, die Vorteile unverhältnismäßig ausnutzten. Mein Vermögen ist durch ein Gesetz Caesars sogar verringert worden,[34] durch dessen Wohltat viele, die sich über den Tod Caesars freuen, in der Gemeinde bleiben konnten. Daß die besiegten Bürger geschont wurden, dafür setzte ich mich ein als wenn es um mein eigenes Wohl ginge.

(3) Sollte es mir, der ich alle unversehrt sehen wollte, möglich sein, mich nicht darüber zu empören, wenn der, durch den das erreicht wurde, getötet wird? Zumal, wenn genau dieselben Leute ihm Mißgunst und Vernichtung brachten. „Du wirst also gestraft", sagen sie, „weil du es wagst, unsere Tat zu mißbilligen." Oh, unerhörter Hochmut! Die einen rühmen sich der Tat, die anderen sollen nicht einmal ungestraft trauern! Dies stand schon immer (selbst) den Sklaven frei, daß sie sich fürchteten, freuten, trauerten gemäß ihrer eigenen Entscheidung, was uns nun die Gewährsmänner der Freiheit – wie jene bezeichnet werden – durch Bedrohungen auszutreiben versuchen.

(4) Aber sie bewirken nichts; niemals werde ich durch die Schrecken irgendeiner Gefahr meiner Pflicht oder meiner menschlichen Gesinnung abtrünnig. Ich glaube nämlich, daß einem ehrlichen Tod niemals ausgewichen werden sollte, oft ist ihm sogar entgegenzutreten. Aber warum zürnen sie mir, wenn ich wünsche, daß sie bereuen, was sie taten? Ich verlange nämlich, daß der Tod Caesars für alle schmerzlich ist.

Doch bin ich es als Bürger schuldig, daß ich den Staat im Zustand der Unversehrtheit sehen möchte. Das begehre ich selbstverständlich auch, doch wenn mein bisher verbrachtes Leben und meine verbleibende Hoffnung (auf mein weiteres) mich nicht stillschweigend (von diesem Vorwurf) entlasten, dann

---

33 Wahrscheinlich ist auch Matius hier nicht ehrlich. Am 7. April hatte Cicero auf der Reise nach Kampanien bei ihm Station in der Nähe von Rom gemacht und hier seine Einschätzung der politischen Lage nach Caesars Ermordung kennengelernt. Matius erwartete schon damals den Ausbruch eines Bürgerkrieges, und er äußerte, daß, wenn Caesar schon keinen Ausweg aus der verzweifelten Lage gefunden habe, wohl niemand dazu in der Lage sei. Er gab, wie Cicero schreibt, alles verloren, und er äußerte diese Meinung in einem triumphierenden, von Cicero beanstandeten Ton: Cic. Att. 14,1,1; vgl. 14,3,1 und 14,4,1.

34 Wahrscheinlich ist die *lex de bonis cedendis* vom Jahre 46 oder 45 gemeint, die Schuldnern erlaubte, sich durch Abtretung von Grundbesitz zu entschulden.

beweisen es keine weiteren Worte. (5) Darum fordere ich Dich in noch stärkerem Maße auf, daß du die Sache stärker als das Gerede in den Vordergrund stellst und mir, wenn du meinst, daß recht zu tun zuträglich ist, glaubst, daß es keine Gemeinsamkeit mit unmoralischen Elementen geben kann. Soll ich etwa das, wofür ich als junger Mann stand, als mich zu irren sogar (noch) auf Verständnis rechnen konnte, soll ich das nun im fortschreitenden Alter abändern und mich selbst widerlegen? Das werde ich nicht tun und auch nichts unternehmen, was Mißfallen erregt, doch leide ich unter dem schweren Schicksal des mir auf das engste verbundenen Menschen und überaus bedeutenden Mannes. Auch wenn meine Haltung eine andere wäre, würde ich niemals abstreiten, was ich tue, damit ich nicht als verworfen angesehen werde, wenn ich gegen ein Gebot verstoße, und nicht als ängstlich und scheinheilig, wenn ich mich verstelle.

(6) „Doch du hast die Spiele, die der junge Caesar (Octavian) zum Sieg des Caesar ausrichtete, geleitet!" Dies war aber ein persönlicher Dienst und bezog sich nicht auf die Situation im Staat. Ich schuldete es jedoch der Erinnerung an den so geliebten Menschen und seinen Ehren diese Pflicht auch für den Toten zu erfüllen und konnte es dem zu den größten Hoffnungen berechtigenden und auf die würdigste Weise Caesar nachstrebenden jungen Mann nicht abschlagen.

(7) Ich kam sogar oft in das Haus des Konsul Antonius, um ihm meine Aufwartung zu machen; Du wirst sehen, daß bei ihm diejenigen, die meinen, ich würde das Vaterland nicht genug lieben, beständig ein- und ausgehen, um irgendetwas zu erbitten oder davonzutragen. Aber was ist das für eine Anmaßung? Denn Caesar hat es nie verhindert, daß ich mit wem ich wollte verkehrte, sogar mit denen, die er selbst nicht schätzte, während die, die mir den Freund entrissen, es wagen, durch ihr Tadeln zu erreichen, daß ich nicht die liebe, die ich will?

(8) Aber die Frage beschäftigt mich nicht, ob die Bescheidenheit in meinem Leben nur wenig ausrichtet gegen künftiges falsches Gerede oder ob nicht sogar die, die mich wegen meiner Zuverlässigkeit in meiner Haltung zu Caesar nicht mögen, nicht lieber Freunde hätten, die mir (ähnlich sind) als solche, die ihnen selber ähneln. Wenn mir zufällt, was ich wünsche, werde ich den Rest meines Leben in Muße auf Rhodos verbringen; wenn das Schicksal etwas dagegen hat, so werde ich in Rom bleiben, wo ich danach strebe, immer rechtschaffen zu handeln.

Unserem Trebatius bin ich besonders dankbar, daß er deine offene und freundschaftliche Gesinnung mir gegenüber zum Vorschein brachte und bewirkte, daß ich den, den ich immer mit Freude geliebt habe, um so mehr mit Recht verehren und achten darf.

Lebe wohl und bleib mir treu!

Cic. Lael. 40-43

Ciceros Dialog „Laelius über die Freundschaft" wurde im Oktober/November 44 verfaßt. Die Bestürzung darüber, daß die Bindung an Caesar und seine Sache den Diktator überlebt hatte, veranlaßte Cicero zu einem Einschub in Paragraph 36–43, dessen zweiter Abschnitt unten abgedruckt ist – das fiktive Datum des Dialogs ist das Jahr 129, und zwar die Zeit unmittelbar nach dem plötzlichen Tod des jüngeren Scipio Africanus. Dementsprechend sind die historischen Beispiele ausgewählt, freilich mit Anspielungen auf Gefahren, die sich künftig aus der Berufung auf Freundschaftspflichten für die *res publica* ergeben könnten. Unterschieden wird dabei zwischen denen, die die Freundschaft zum Vorwand für die Unterstützung von verbrecherischen Plänen nehmen, und solchen, die unvorsätzlich in kompromittierende Freundschaftsbindungen verwickelt wurden. Zu dieser zweiten Kategorie wäre dann wohl Matius zu rechnen: vgl. K. Bringmann, Untersuchungen zum späten Cicero, 277.

> (40) Deshalb sollte dieses Gesetz in einer Freundschaft gelten: daß wir weder um moralisch verwerfliche Dinge bitten, noch solche tun, wenn wir darum gebeten werden. Moralisch nicht akzeptabel und unannehmbar ist es nämlich – bei allen Verfehlungen und erst recht, wenn sich einer gegen das Staatswohl wendet – die Entschuldigung abzugeben, daß man einem Freund zuliebe gehandelt hätte. Denn wir sind an einem Punkt, Fannius und Scaevola, der uns verpflichtet, auf lange Sicht das künftige Schicksal des Staates vorherzusehen. Schon gibt es erste Anzeichen, daß die Befolgung der Sitten und Gebräuche unserer Vorfahren ziemlich aus der Bahn geraten und vom Kurs abgewichen ist. (41) Tib. Gracchus wagte es, sich der Alleinherrschaft zu bemächtigen bzw. regierte (auf diese Weise), allerdings nur einige Monate. Hat das römische Volk jemals etwas Ähnliches gehört oder gesehen? Was seine ihm sogar nach dem Tod treuen Freunde und Verwandten gegen P. Scipio unternahmen,[35] vermag ich nicht ohne Tränen zu sagen. Denn Carbo[36] ertrugen wir so gut wir konnten wegen der kürzlichen Bestrafung des Tib. Gracchus. Was ich jedoch von dem Tribunat des C. Gracchus erwarten soll, wage ich nicht vorherzusagen; da deutet sich eine Entwicklung an, die, wenn sie einmal in Gang gekommen ist, jäh ins Verderben abrutscht. Ihr seht, wieviel Unheil schon zuvor beim Abstimmungsgesetz angerichtet wurde, zuerst durch das Gabi-

---

35 Der plötzliche Tod Scipios gab zu dem Gerücht Anlaß, daß er von Anhängern der Gracchen ermordet worden sei. Der Verdacht richtete sich gegen C. Papirius Carbo, Volkstribun des Jahres 131 (Cic. Fam. 9,21,3; Ad Q. fr. 2,3,3) und gegen Sempronia, Scipios Ehefrau und Schwester der Gracchen: Liv. Perioch. 69; Schol. Bob. p. 118 Stangl.
36 Es handelt sich um den in Anm. 35 erwähnten C. Papirius Carbo.

nische Gesetz, zwei Jahre darauf mit dem des Cassius.[37] Schon sehe ich vor mir, wie sich das Volk vom Senat abspaltet, bedeutende Angelegenheiten durch den Schiedsspruch der Masse entschieden werden. (42) Mehr Menschen werden nämlich lernen, auf welche Weise man dies durchführt, als auf welche Weise man dies verhindert.

Wozu sage ich das? Weil niemand ohne Verbündete so etwas versucht. Also sind die rechtschaffenen Bürger in der Weise zu belehren, daß, falls sie unwissentlich durch Zufall in derartige Freundschaften geraten, sie sich nicht in einer Weise verpflichtet fühlen, daß sie sich etwa von Freunden nicht lossagen dürften, die in einer wichtigen Sache gegen das Gemeinwohl vorgehen; für unrecht Handelnde ist jedoch eine Strafe festzusetzen, die aber nicht geringer für diejenigen ausfällt, die den anderen gefolgt sind, als für diejenigen, die selbst Anführer des gottlosen Verhaltens sind. Wer war in Griechenland berühmter als Themistokles, wer mächtiger? Er befreite als Feldherr im Persischen Krieg Griechenland aus der Sklaverei und wurde aus Neid in die Verbannung getrieben, nahm aber die Ungerechtigkeit des undankbaren Vaterlandes nicht so hin, wie er sie hätte ertragen sollen, sondern handelte genau so, wie sich bei uns zwanzig Jahre zuvor Coriolan verhalten hatte. Als Helfer gegen das Vaterland fanden sie niemand und so begingen beide Selbstmord.

(43) Deswegen ist eine solche Übereinkunft von Verbrechern nicht nur mit der Entschuldigung der Freundschaft nicht zu rechtfertigen, sondern vielmehr durch jede mögliche Strafe zu ahnden, damit nicht einer glaubt, dem Freund sei (auch) zu folgen, wenn er einen Krieg gegen das Vaterland anzettelt. Was allerdings, so wie die Dinge sich begonnen haben zu entwickeln, womöglich einmal so sein wird. Für mich ist es aber nicht von geringerer Sorge, wie sich der Staat nach meinem Tod darstellen wird, als wie er gegenwärtig ist.

Q 54: Ciceros Bündnis mit Octavian

Seit April 44 suchte Octavian aus politischem Kalkül den Kontakt zu Cicero, und als er im Spätherbst in hochverräterischer Absicht damit begann, eine Privatarmee aufzustellen, bestürmte er den angesehenen Konsular mit der Forderung, ein Bündnis gegen Antonius einzugehen und für die Legalisierung seines usurpierten Militärkommandos zu sorgen. Wie die unten zitierten Briefstellen zeigen, hatte Cicero Bedenken, schlug sie jedoch letztlich in den Wind.

---

37 Anspielung auf die Gesetze der Volkstribunen A. Gabinius, der 139 die geheime Abstimmung bei Wahlen vorschrieb, und L. Cassius Longinus Ravilla, der 137 das gleiche Verfahren auf Abstimmungen in Gerichtsverfahren mit Ausnahme von Hochverratsprozessen ausdehnte.

Cic. Att. 16,14,1 (12. (?) November 44)

Ich stimme dir voll und ganz zu, daß, wenn Octavian große Macht gewinnt, die Maßnahmen des Tyrannen (Caesar) eine weit stärkere Bestätigung finden würden, als es im Tempel der Tellus geschehen ist,[38] und daß dies zu Lasten des (Caesarmörders M.) Brutus gehen würde.

Cic. Att. 16,15,3 (nach dem 12. November 44)

Ich komme zur Politik. Wahrhaftig, über vieles hast du in politischen Angelegenheiten klug geurteilt, aber nichts ist klüger als dieser Brief. „Obwohl für den Augenblick dieser Knabe Antonius ganz schön Wind aus den Segeln nimmt, so müssen wir doch auf das Ende warten." Doch was für eine Rede hat er vor dem Volk gehalten. Ich habe eine Kopie. Er schwört: „so wahr ihm erlaubt sein möge, die Ehrungen seines Vaters zu erreichen", und dabei erhob er die Rechte zu der Statue (Caesars).[39] Von so einem möchte ich nicht gerettet werden. Aber wie du schreibst, als sicherste Probe sehe ich den Tribunat unseres Casca[40] an, genau dazu habe ich Oppius[41] gesagt, als er mich aufforderte, den jungen Mann und sein ganzes Anliegen nebst der Veteranenschar zu meiner Sache zu machen, daß ich das keinesfalls tun könne, bevor nicht evident sei, daß er den Tyrannenmördern nicht nur nicht feind, sondern sogar freundlich gesinnt sei. Als er sagte, so werde es sein, sagte ich; „Warum eilen wir also? Er braucht vor dem 1. Januar meine Dienste nicht. Wir aber werden seine vor dem 15. Dezember am Fall Casca erkennen." Er stimmte mir voll und ganz zu. Soviel also für heute.

Cic. Ad M. Brut. 1,4a,1-3 (15. Mai 43)

Der Brief setzt die Kenntnis voraus, daß Antonius vor Mutina eine schwere Niederlage erlitten hatte und die beiden Konsuln, Hirtius und Pansa, bei bzw. infolge der Kämpfe umgekommen waren. Brutus fürchtete, daß Cicero

---

38 Dort hatte der Senat am 17. und 18. März die Rechtsgültigkeit aller Verfügungen des Diktators Caesar beschlossen.
39 Cicero bezieht sich auf die Rede, die Octavian bei seinem ersten (gescheiterten) Versuch, durch einen Marsch auf Rom die Macht an sich zu reißen, am 10. November vor dem Volk gehalten hatte: vgl. dazu App. b.c. 3,169 und Cass. Dio 45,12,4.
40 P. Servilius Casca Longus, einer der Teilnehmer an der Verschwörung gegen Caesar, war designierter Volkstribun für 43 mit dem Amtsantritt am 10. Dezember 44.
41 C. Oppius, zusammen mit Cornelius Balbus engster Mitarbeiter und Vertrauter Caesars, trat nach den Iden des März in den Dienst Octavians und verhandelte als dessen Mittelsmann mit Cicero über das angestrebte politische Bündnis.

sich dazu hergeben könnte, Octavian zum Konsulat zu verhelfen. Der Brief bezeugt die anhaltende Mißbilligung des unnatürlichen Bündnisses mit Octavian und das Mißtrauen gegenüber dem politischen Kurs Ciceros.

> (1) ... jetzt, Cicero, jetzt muß man darauf hinarbeiten, daß unsere Freude nicht vergeblich war, Antonius einen schweren Schlag versetzt zu haben, und daß nicht immer die Sorge, das jeweils nächste Übel auszurotten, die Ursache dafür ist, daß ein anderes neu entsteht, das schlimmer ist als das alte. (2) Nichts mehr kann uns unerwartet oder mit unserer Duldung zustoßen, woran wir nicht alle schuld sein werden und vor allem du, dessen Einfluß nicht nur mit Duldung von Senat und Volk, sondern mit deren Wunsch so groß ist, wie der Einfluß eines Einzelnen in einem freien Staat überhaupt sein kann. Ihn mußt du nicht nur durch rechte Gesinnung, sondern auch auf kluge Weise schützen. Klugheit sodann, die du in reichem Maße besitzest, vermißt man bei dir nicht – mit Ausnahme bei der Zuerkennung von Ehren. Alles andere ist so vorhanden, daß deine Vorzüge mit jedem der (großen) Alten verglichen werden können. Nur das eine, was einer dankbaren, großzügigen Gesinnung entspringt, (tadelt man), eine vorsichtigere und maßvollere Großzügigkeit vermißt man. Denn nichts darf der Senat irgendeinem zugestehen, was Schlechtgesinnten Beispiel oder Schutz ist. Und so fürchte ich hinsichtlich des Konsulats, daß dein Caesar glaubt, durch deine Beschlüsse bereits höher gestiegen zu sein, als er von dort absteigen werde, wenn er erst einmal Konsul geworden ist. (3) Wenn aber schon Antonius die von einem anderen (nämlich Caesar) hinterlassenen Mittel zur Alleinherrschaft als Gelegenheit nutzte, sich in ihren Besitz zu setzen: Welche Absicht wird dann deiner Meinung nach einer haben, wenn er auf Veranlassung nicht des Tyrannen, sondern des Senats selbst glaubt, alle beliebigen Kommandos begehren zu dürfen? Deshalb werde ich erst dann deine glückliche Hand und deine Voraussicht loben, wenn es für mich ausgemacht zu sein beginnt, daß (der junge) Caesar mit den außerordentlichen Ehren, die er empfangen hat, sich begnügen wird. Du wirst sagen: ‚Also schiebst du mich als Angeklagten für eine fremde Schuld vor.' Anstandslos für eine fremde, wenn dafür hätte gesorgt werden können, daß sie gar nicht erst entstand. Wenn du nur meine Furcht in diesem Punkt sehen könntest.

Q 55: Die Gefährdung des Bündnisses zwischen Cicero und Octavian

Cic. Fam. 11,20,1 (24. Mai 43)

Nach der Befreiung von Mutina beauftragte der Senat D. Brutus mit der Verfolgung des besiegten Antonius. Auf dem Marsch in das Jenseitige Gallien, wohin Antonius entkommen war, schrieb er aus Eporedia (im heutigen

Piemont gelegen) Cicero den unten abgedruckten warnenden Brief. Cicero reagierte mit Empörung auf die Verbreitung des ihm zugeschriebenen Bonmot, ohne indessen die Authentizität zu bestreiten: Cic. Fam. 11,21.

> Was ich für mich nicht tue, das zwingen mich meine Liebe zu dir und deine Verdienste um mich zu tun, nämlich daß ich in Furcht bin. Obwohl es mir schon oft erzählt und von mir auch nicht auf die leichte Schulter genommen worden ist: Gerade eben erzählt es mir von neuem Labeo Sigulius,[42] ein sich stets gleichbleibender Mann, er sei bei Caesar (Octavian) gewesen und man habe ausführlich über dich gesprochen. Caesar selbst hatte keine Klagen über dich – mit Ausnahme des Bonmots, das er dir zuschrieb: Man müssen den jungen Mann loben, auszeichnen – und in den Himmel befördern. Er werde es aber nicht dahin kommen lassen, daß er in den Himmel befördert werde... Labeo wollte mich gar glauben machen, daß die Veteranen schlimme Reden führten und dir von ihnen Gefahr drohe, sie seien darüber empört, daß weder Caesar noch ich zu der Zehnerkommission[43] gehörten und alles eurem Belieben anheimgestellt sei.

Cic. Fam. 10,31,2-5 (16. März 43)

C. Asinius Pollio, der Schreiber dieses Briefes, war Statthalter im Jenseitigen Spanien. Am 15. März 43 hatte er je einen Brief Ciceros und des Konsuls C. Pansa erhalten, der ihn aufforderte, in den Kampf gegen Antonius einzugreifen. Der Brief begründet die Verweigerung eines direkten Eingreifens mit objektiven Schwierigkeiten, gewährt aber auch einen aufschlußreichen Einblick in eine Haltung, die dem Frieden und der persönlichen Sicherheit den Vorrang vor der Freiheit gibt, obwohl dieser Lippendienste gespendet werden.

> (2) Mein Charakter und meine Neigungen lassen mich Frieden und Freiheit wünschen. Deshalb habe ich den Ausbruch des Bürgerkriegs oft beweint; da ich es mir aber nicht erlauben konnte, neutral zu bleiben, weil ich in beiden Lagern mächtige Feinde hatte, habe ich das Lager gemieden, von dem ich wußte, daß ich vor den Anschlägen eines meiner Feinde einfach nicht sicher sein würde; in eine Lage gedrängt, die ich am allerwenigsten wollte, habe ich mich ohne zu zögern in Gefahren begeben, um nicht zu den letzten zu gehören, die die Hunde beißen. (3) Caesar aber habe ich, weil er mich wie einen seiner ältesten Bekannten behandelte, obwohl er mich unter solchen

---

[42] Dies ist die einzige Bezeugung des Mannes.
[43] Gemeint ist nach Shackleton Bailey, a.a.O. (s. oben **Q 52** zu Cic. Fam. 11,1,1-6) 541 die Kommission, die nach dem 27.4.43 vom Senat eingesetzt worden war, um die Maßnahmen des Antonius zu überprüfen und die von ihm gemachten Schenkungen zurückzufordern: App. b.c. 3,334-336; 349.

Umständen eben erst kennengelernt hatte, mit aller Treue und Anhänglichkeit geliebt. Was mir nach eigenem Urteil zu tun erlaubt war, habe ich so ausgeführt, daß es gerade die Besten vollständig billigen konnten; wo ich damals auf Befehl handelte, bin ich so verfahren, daß offenbar wurde, wie ungern ich es tat. Die ganz ungerechte Kritik, die meine Haltung traf, hätte mich belehren können, wie angenehm die Freiheit und wie elend das Leben unter einer Tyrannis ist.

Wenn es also darum geht, daß alles wieder in die Gewalt eines Einzelnen kommt, er möge sein, wer er will, so bekenne ich mich als seinen Feind, und es gibt keine Gefahr, der ich mich, wenn es um die Freiheit geht, entziehen oder versagen werde. Aber weder die Konsuln noch der Senat haben mich durch einen Beschluß oder einen Brief instruiert, was ich tun soll. Erst einen einzigen nämlich habe ich endlich an den Iden des März von Pansa erhalten, in dem er mich auffordert, ich möchte dem Senat schreiben, daß ich und mein Heer ihm zur Verfügung stünden. Das war, da Lepidus[44] in öffentlichen Versammlungen verkündete und aller Welt schrieb, daß er mit Antonius einig sei, ganz widersinnig; denn auf welchen Wegen hätte ich gegen seinen Willen meine Legionen durch seine Provinz führen sollen? Oder gesetzt den Fall, ich wäre im übrigen durchgekommen: hätte ich die Alpen überfliegen können, die er besetzt hält?

Nimm noch hinzu, daß unter keinen Umständen Briefe transportiert werden konnten; denn an hunderten von Plätzen werden die Boten durchsucht und dann noch von Lepidus festgehalten.

(5) Das aber kann niemand in Zweifel ziehen, daß ich in Corduba in öffentlicher Versammlung gesagt habe, daß ich die Provinz nur einem von Senat geschickten Nachfolger übergeben würde. Denn welche Konflikte ich wegen der Übergabe der 30. Legion zu durchstehen hatte, was soll ich darüber schreiben? Denn glaube mir, keine Einheit ist kampflustiger und kampfstärker als diese Legion.

Sei also überzeugt, daß ich jemand bin, der in allererster Linie den Frieden will – mein ganzes Streben geht dahin, daß alle Bürger heil und unversehrt bleiben –, und in zweiter Linie bereit ist, sich und den Staat in die Freiheit zu führen.

Q 56: Ciceros Eingeständnis des Scheiterns

Cic. Ad M. Brut. 1,10,2-3 (Mitte Juni 43)

Cicero schrieb diesen Brief, nachdem um den 9. Juni in Rom bekannt geworden war, daß Lepidus mit seinem Heer am 29. Mai zu M. Antonius übergegangen war.

---

44 M. Aemilius Lepidus, der ehemalige Stellvertreter des Diktators Caesar und spätere Triumvir, war Statthalter im Diesseitigen Spanien und in Gallia Narbonensis.

(2) Der Krieg bei Mutina wurde so geführt, daß man an Caesar nichts zu kritisieren hatte, an Hirtius einiges. Das Kriegsglück war ‚schwankend in günstiger, gut in ungünstiger Lage'.[45] Die Sache der Republik war siegreich, Antonius' Truppen niedergemacht, er selbst vertrieben. Von D. Brutus wurden danach so viele Fehler gemacht, daß uns irgendwie der Sieg aus den Händen glitt. Die Demoralisierten, Waffenlosen, Verwundeten wurden von unseren Feldherren nicht verfolgt, und Lepidus wurde Gelegenheit gegeben, daß wir seinen oft durchschauten Wankelmut in schlimmeren Umständen erfahren mußten. Die Heere des Brutus und des Plancus sind gut, aber unerfahren, die gallischen Hilfstruppen zahlreich und zuverlässig. (3) Aber Caesar, der sich bisher durch meine Ratschläge lenken ließ, der selbst vorzügliche Anlagen besitzt und bewundernswerte Festigkeit zeigte, haben gewisse Leute durch schändliche Briefe und trügerische Zwischenträger zu der selbstgewissen Hoffnung auf den Konsulat verführt. Sobald ich das merkte, habe ich nicht aufgehört, ihn aus der Ferne brieflich zu ermahnen und seine hier anwesenden Mittelsmänner, die seiner Begehrlichkeit offenkundig Vorschub leisten, anzuklagen, und ich habe nicht gezögert, im Senat die Quellen der verbrecherischen Pläne aufzudecken. Doch ich erinnere mich an keine Gelegenheit, bei der Senat und Magistrate eine bessere Haltung an den Tag legten. Denn wenn es um die außerordentliche Ehrung eines mächtigen Mannes geht oder besser: des mächtigsten, da Macht gegenwärtig auf der Gewalt der Waffen beruht, ist es noch nie geschehen, daß nicht ein Volkstribun, ein anderer Magistrat oder ein amtloser Privatmann sich dafür eingesetzt hätte. Aber trotz dieser mannhaften Festigkeit herrscht Unruhe in der Bürgerschaft. Denn wir sind, Brutus, ein Spielball bald der Launen der Soldaten, bald der Zumutungen der Feldherren. Nicht Vernunft, weder Gesetz noch Herkommen noch Pflicht bedeutet etwas, nicht gesundes Urteil, nicht Ansehen bei den Mitbürgern, nicht Scheu vor der Nachwelt.

---

45 Zitat aus einer Tragödie, deren Titel wir nicht kennen: O. Ribbeck, Tragicorum Romanorum Fragmenta, Leipzig 1871² = ND. 1962, Incerta Nr. 260.

III. Anhang

Zeittafel

218/200–174/157	Ausgedehnte römische Kolonisation in Nord- und Süditalien
180–175	Freigabe von überschüssigem Staatsland, vornehmlich in Süditalien zur privaten Nutzung
154–133	Kriege auf der iberischen Halbinsel
140	Der Konsul C. Laelius plant eine Agrarreform unter Rückgriff auf privat genutztes Staatsland
133	Volkstribunat des Tib. Gracchus : Durchsetzung des Agrargesetzes unter Bruch der politischen Spielregeln. Gewaltsamer Tod
131	Volkstribunat des C. Papirius Carbo: Versuch einer Fortsetzung der gracchischen Reformpolitik
125	Konsulat des M. Fulvius Flaccus: Gescheiterter Versuch einer Ausweitung des römischen Bürgerrechts auf die Bundesgenossen
123–122	1. und 2. Volkstribunat des C. Gracchus: Wiederaufnahme und Ausweitung des Reformprogramms. Konfrontation mit dem Senat
121	Kampf um den Bestand der gracchischen Kolonie Karthago. Gewaltsamer Tod des C. Gracchus und Fulvius Flaccus
121–111	Liquidierung der gracchischen Agrarreform
113–101	Kämpfe mit wandernden germanischen Kriegervölkern (Kimbern und Teutonen) im Alpenraum und in den gallischen Provinzen
112–105	Krieg mit König Jugurtha von Numidien in Nordafrika
107, 104–100	Konsulate des C. Marius: Rekrutierung von Besitzlosen für den Heeresdienst und Vernichtung der Teutonen bei Aquae Sextiae (102) und der Kimbern bei Vercellae (101)

100	Volkstribunat des L. Appuleius Saturninus: Gescheiterter Versuch einer Wiederaufnahme der gracchischen Kolonisation im Interesse der Veteranenversorgung
91	Volkstribunat des M. Livius Drusus: Gescheiterter Versuch, den Reformstau aufzulösen. Gewaltsamer Tod des Drusus
91–88	Erhebung der Bundesgenossen gegen Rom: Bis 88 erhalten alle Italiker südlich des Po das römische Bürgerrecht
88	Volkstribunat des P. Sulpicius Rufus: Bündnis mit C. Marius, dem Sulpicius das Oberkommando im Krieg gegen König Mithradates VI. von Pontos zu verschaffen sucht. 1. Marsch des Konsuls L. Cornelius Sulla auf Rom. Beginn der Militarisierung der Innenpolitik und der Phase der Bürgerkriege
88–85	1. Mithradatischer Krieg
87–82	Populares Regime in Rom
83–82	Sullas 2. Marsch auf Rom: Bürgerkrieg
82–80	Diktatur Sullas: Proskriptionen und Gesetzgebung zur Stabilisierung der Senatsherrschaft
77–72	Pompeius liquidiert die populare Gegenregierung in Spanien
73–71	Sklavenkrieg in Italien (sog. Spartacusaufstand)
74–64	Erneuter Krieg mit Mithradates VI. von Pontos
70	1. Konsulat des Pompeius und Crassus: Aufhebung der wichtigsten Bestimmungen der sullanischen Gesetzgebung
67	Pompeius beseitigt die Seeräuberplage im Mittelmeer
66–63	Pompeius beendet den Krieg gegen Mithradates VI. und ordnet den Osten neu: Konstituierung der Provinzen Bithynien, Kilikien und Syrien
63	Konsulat Ciceros: Niederschlagung der catilinarischen Verschwörung
60	Pompeius, Caesar und Crassus verbünden sich zur Durchsetzung ihrer Interessen: sog. 1. Triumvirat
59	1. Konsulat Caesars: Konflikt mit dem Senat
58–50	Caesar erobert Gallien
56	Erneuerung des 1. Triumvirats
55	2. Konsulat des Pompeius und Crassus
53	Crassus fällt bei Carrhae im Krieg gegen die Parther
52	Pompeius alleiniger Konsul zur Wiederherstellung der Ordnung in Rom
49–48	Bürgerkrieg zwischen Caesar und Pompeius

46	Niederlage der Republikaner bei Thapsus in Nordafrika. Caesar Diktator für 10 Jahre. Innere Reformen in Rom
45	Niederlage der Republikaner bei Munda in Spanien. Caesar Diktator auf Lebenszeit
15.3.44	Ermordung Caesars
Herbst 44–Frühjahr 43	Bündnis zwischen Cicero und Octavian, dem Erben Caesars
Sommer 43	Das Bündnis zerbricht
19.8.43	Irreguläre Wahl Octavians zum Konsul
Ende Oktober 43	Bündnis zwischen Antonius, Octavian und Lepidus: sog. 2. Triumvirat
Ende November 43	Schaffung einer Ausnahmegewalt zur Niederwerfung der Caesarmörder im Osten
7.12.43	Ermordung Ciceros
Oktober/November 42	Doppelschlacht von Philippi: Tod der Caesarmörder C. Cassius und M. Brutus

Quellenverzeichnis

Literarische Quellen

Appian, Bella civilia			
	App. b.c.	1,26-34	Q 12
		1,35-42	Q 22
		1,43-47	Q 25
		1,73-78	Q 28
		1,91-97	Q 30
		1,121-124	Q 31
		1,130-140	Q 32
		1,152-164	Q 35
Appian, Iberica			
	App. Ib.	273–275	Q 16
		334–337	Q 16
		363–366	Q 16
Caesar, Bellum civile			
	Caes. b.c.	1,7,1-7	Q 47
		1,9,1-5	Q 47
		1,32,2-8	Q 47
		1,32,7	Q 49
Cato, De agricultura			
	Cato, De agricult.	praef. und 1,1-3,2	Q 10
Cicero, Academica priora			
	Cic. Acad. pr.	2,13	Q 21
Cicero, Ad Marcum Brutum			
	Cic. Ad M. Brut.	1,4a,1-3	Q 54
		1,10,2-3	Q 56
Cicero, Ad Quintum fratrem			
	Cic. Ad Q. fr.	2,3,2 und 5	Q 42

Cicero, Ad Atticum
   Cic. Att. 2,17,1 Q 41
             4,1,7 Q 41
             7,9,2-4 Q 47
             13,52,1-2 Q 49
             14,1,2 Q 49
             16,4,1 Q 54
             16,15,3 Q 54

Cicero, Brutus
   Cic. Brut. 136 Q 31

Cicero, De imperio Cn. Pompei
   Cic. De imp. Cn. Pompei 14-19 Q 8

Cicero, De legibus
   Cic. De legg. 3,19-26 Q 19

Cicero, De officiis
   Cic. De off. 1,26 Q 51
             2,27 Q 38

Cicero, De re publica
   Cic. De re publ. 1,31 Q 21
             3,41 Q 28
             5,2-3 Q 3

Cicero, Ad familiares
   Cic. Fam. 1,9,21 Q 44
             8,8,4-10 Q 46
             8,14,3 Q 47
             9,15,4 Q 49
             10,31,2-5 Q 55
             11,1,1-6 Q 52
             11,20,1 Q 55
             11,27,2-8 Q 53
             11,28,1-8 Q 53

Cicero, Laelius de amicitia
   Cic. Lael. 40-43 Q 53

Cicero, In Antonium
   Cic. In Ant. 1,2 Q 20
             2,116 Q 51
             5,49 Q 51

Cicero, Pro Marcello
   Cic. Pro Marc. 23 Q 48

Cicero, Pro Sex. Roscio Amerino
   Cic. Pro Sex. Rosc. Am. 20-21 Q 37

Quellenverzeichnis

Dio (Cassius Dio), Historia Romana		
Dio	43,25,3	Q 48
Diodorus Siculus		
Diod.	5,38,1	Q 6
	37,2,4-7	Q 36
	40,4,1	Q 40
Livius, Ab urbe condita		
Liv.	23,48,4-49,4	Q 7
	25,3,8-15 und 4,9-11	Q 7
	31,13,2-9	Q 11
	34,42,6	Q 34
	39,3,4-6	Q 34
	41,8,6-12	Q 34
	42,32,6	Q 15
	42,34,5-11	Q 15
Livius, Periochae		
Liv. Perioch.	48	Q 17
	55	Q 17
	58	Q 27
	60	Q 29
Lvius, Periochae Oxyrrhynchae		
Liv. Perioch. Oxyrrh.	54	Q 17
	55	Q 17
Plutarch, Tiberius Gracchus		
Plut. Tib. Gracch.	7,1-6	Q 24
	8,6	Q 23
	8,9	Q 23
	9,1	Q 21
	9,5-6	Q 25
	15,2-9	Q 27
Plutarch, Gaius Gracchus		
Plut. C. Gracch.	5,1	Q 29
	9,4	Q 31
Polybios, Historiae		
Polyb.	6,11,11-18,8	Q 18
	6,17,2-5	Q 7
	6,19,1-21,10	Q 14
	6,26,1-9	Q 14

	34,9,8-11	Q 6
	35,4,1-9	Q 16
Sallust, Coniuratio Catilinae		
Sall. Cat.	10,1-12,5	Q 1
	11,4-8	Q 38
	35,1-6	Q 43
Sallust, Bellum Iugurthinum		
Sall. Iug.	41,1-42,5	Q 2
Sueton, Caesares		
Suet. Caes.	26,3	Q 45
	27,1-2	Q 45
	28,1	Q 45
	40,1-43,2	Q 48
	54,2	Q 45
Tacitus, Ab excessu Divi Augusti		
Tac. Ann.	1,1,1	Q 4
Velleius Paterculus, Historia Romana		
Vell.	2,6,3	Q 29
	2,31,1-4	Q 39

Inschriften

Corpus Inscriptionum Latinarum		
CIL I²	583	Q 30
	585,10-12	Q 33
	585,13-15	Q 31
	585,20-23	Q 29
	585,31-32	Q 11
	638 (=ILLRP I² 454)	Q 33

Münzen

Aes rude	Auctiones 5, 1975, 247	Q 5
Ramo secco	Haeberlin, Taf. 5,2	Q 5
Aes signatum	Haeberlin, Taf. 59,2	Q 5
Aes grave	Haeberlin, Taf. 10,1	Q 5

Doppeldrachme	Sydenham 1	Q 5
Victoriat	Crawford 28/3	Q 5
Denar	Crawford 54/1	Q 5
Denar	Crawford 227/1d	Q 5
Denar	Crawford 480/10	Q 50

Arbeitsbibliographie

Quellensammlungen
A. H. J. Greenidge/A. M. Clay, Sources for Roman History 133-70 B. C., Oxford 1960² (mehrere ND; Quellentexte in den Originalsprachen)
A. Mehl/W. Chr. Schneider, Die Krise der Republik. Von der res publica zum Prinzipat, Stuttgart 1988 (Quellentexte in Übersetzung)
M. H. Crawford, Roman Statutes, 2 Bde., London 1996 (Quellentexte mit engl. Übersetzung)

Hilfsmittel
T. R. S. Broughton, The Magistrates of the Roman Republic II, Cleveland 1952; III (Suppl.), Atlanta 1986
G. Rotondi, Leges publicae populi Romani, Mailand 1922; ND Hildesheim 1966
K. Christ, Neue Forschungen zur Geschichte der späten römischen Republik, Gymnasium 94, 1987, 307-340 = ders., Von Caesar zu Konstantin. Beiträge zur römischen Geschichte und ihrer Rezeption, München 1995, 9-48 und 287-297 (Ergänzungen zum Originalbeitrag)

Sekundärliteratur
Aufgenommen sind nur Darstellungen der Geschichte der Republik sowie einige Monographien und Sammelwerke, die in die Probleme der späten Republik und den neueren Forschungsstand einführen. Weitere Literatur ist in den Anmerkungen zur Darstellung und zum Quellenteil genannt. Umfangreiche bibliographische Angaben enthalten die CAH, der Oldenbourg-Grundriß von J. Bleicken (über 1300 Titel) sowie die Bücher von A. Heuß und K. Christ.

W. Drumann, Geschichte Roms in seinem Übergange von der republikanischen zur monarchischen Verfassung oder Pompeius, Caesar, Cicero und ihre Zeitgenossen nach Geschlechtern und mit genealogischen Tabellen, 6 Bde., Königsberg 1834-1844; zu benutzen ist die 2. Auflage von P. Groebe, Berlin

– Leipzig 1899–1929 (trotz der skurrilen Auflösung des historischen Prozesses in Personengeschichte ist das Werk noch immer durch die vollständige Präsentation des Quellenmaterials ein unentbehrliches Arbeitsinstrument)

Th. Mommsen, Römische Geschichte, 3 Bde. (zuerst 1854–1856), Berlin 1903^9; ND: dtv-bibliothek 6053–6057, hrsg. K. Christ, München 1976 (und weitere ND)
A. Heuß, Römische Geschichte (zuerst 1960), hrsg., eingeleitet und mit einem neuen Forschungsteil versehen von J. Bleicken, W. Dahlheim und H.-J. Gehrke, Paderborn et al. 1998^6
J. Bleicken, Geschichte der Römischen Republik, Oldenbourg Grundriß der Geschichte 2, München 1999^5
K. Bringmann, Geschichte der Römischen Republik. Von den Anfängen bis Augustus, München 2002
The Cambridge Ancient History IX: J. A. Crook et al., The Last Age of the Roman Republic 146–33 B. C., Cambridge 1994^2
K. Christ, Krise und Untergang der Römischen Republik, Darmstadt 1993^3
E. S. Gruen, The Last Generation of the Roman Republic, Berkeley – Los Angeles 1974; Paperback 1995
E. Meyer, Caesars Monarchie und das Prinzipat des Augustus. Innere Geschichte Roms von 66 bis 44 v. Chr., Stuttgart – Berlin 1918; 1922^2
R. Syme, The Roman Revolution, Oxford 1939 (mehrere ND); dt: Die römische Revolution, hrsg. und mit einem Nachwort von W. Dahlheim, Serie Piper 1240, München 1992 sowie Stuttgart 2003 (das Buch setzt mit dem Jahr 60 ein und hat die Etablierung des augusteischen Prinzipats zum Gegenstand)

F. Kolb, Rom. Die Geschichte der Stadt in der Antike, München 2002^2 (das Werk ist der Geschichte der Stadt Rom, die nicht identisch mit der römischen Geschichte ist, gewidmet)

Chr. Meier, Res publica amissa. Eine Studie zur Verfassung und Geschichte der späten Republik, Wiesbaden 1966; Stuttgart 1980^2
J. Bleicken, Lex publica. Gesetz und Recht in der römischen Republik, Berlin – New York 1975
P. A. Brunt, Italian Manpower 225 B. C. – A. D. 14, Oxford 1971

Ders., The Fall of the Roman Republic and Related Essays, Oxford 1988
H. Bruhns/J.-M. David/W. Nippel, Die späte römische Republik, Rom 1997

Glossar

Diktator/Diktatur — Urspünglich Ausnahmeamt zur Bewältigung eines militärischen Notstandes oder ziviler Sonderaufgaben wurde es Sulla mit der Aufgabe einer Neuordnung der Verfassung übertragen. Caesar diente es schließlich als Mittel einer integralen Herrschaftsausübung auf Lebenszeit.

Imperium — Bezeichnung für die umfassende militärisch-zivile Amtsgewalt der römischen Obermagistrate. Bezogen auf die im römischen Untertanengebiet geltende Amtsgewalt der Statthalter wird unter Imperium auch das Untertanengebiet selbst, d. h. das Römische Reich, verstanden.

Klientel — Von lat. *cliens, clientela* abgeleitet bezeichnet das Wort die soziale Abhängigkeit von einem Mächtigen, dem sog. Patron, der Schutz und materielle Förderung im Austausch gegen Loyalität und Dankbarkeit gewährt. In der späten Republik verband ein entsprechendes Verhältnis die Soldaten mit ihren Feldherren.

Kolonie/Kolonisation — Neugegründete Gemeinde mit städtischem Zentrum, deren Bürger von Staats wegen mit Landlosen ausgestattet wurden. Zu unterscheiden ist zwischen latinischen und römischen Bürgerkolonien.

Konsul/Konsulat — Oberster regulärer Magistrat. Das Doppelamt bildete die Spitze der republikanischen Ämterhierarchie.

Legat — Bezeichnung für einen Gesandten im völkerrechtlichen Verkehr sowie für Mitglieder von Senatskommissionen zur Durchführung von Friedensregelungen bzw. zur Errichtung einer Provinz. Legaten hießen auch die senatorischen Helfer eines Feldherrn oder Provinzstatthalters.

Magistrat/Magistratur	Bezeichnung für die Amtsträger der römischen Republik. Abgesehen von der Diktatur waren alle Magistraturen kollegial organisiert. Die reguläre Ämterlaufbahn begann mit der Quaestur und führte über die Aedilität und die Praetur zum Konsulat.
Mos maiorum	Inbegriff der traditionellen Verhaltensnormen der römischen Bürgerschaft, insbesondere ihrer Führungselite. Seit dem 2. Jh. v. Chr. wurden bestimmte Verhaltensänderungen an dem Ideal des *mos maiorum* gemessen und als Verfall wahrgenommen. Die Vorstellung vom *mos maiorum* idealisierte die Vergangenheit und darf nicht als Abbild der vor dem 2. Jh. herrschenden Normen und Mentalitäten mißverstanden werden.
Nobilität	Bezeichnung für die führende Schicht der Senatsaristokratie, die sich aus Patriziern und Plebejern zusammensetzte. Nach strikter Definition gehörten zur Nobilität die Familien, die einen oder mehrere Konsuln gestellt hatten.
Optimaten	Gruppierung innerhalb der Aristokratie, die im Gegensatz zu den Popularen (s. unten) die Stellung des Senats als kollektives Regierungsorgan gegen jeden Versuch von Einzelnen oder Minderheiten, mit Hilfe der Volksversammlung ihren politischen Willen durchzusetzen, verteidigten.
Patrizier	Angehörige des in der Königszeit entstandenen Geburtsadels, der nach dem Sturz des Königtums alle sakralen und politischen Führungsfunktionen monopolisiert hatte. In den sogenannten Ständekämpfen gewannen führende Familien der Plebs (s. unten) Zugang zu diesen Funktionen. Dadurch bildete sich die neue Aristokratie der Nobilität (s. oben).
Plebs	Bezeichnung für die nichtpatrizische Masse des römischen Volkes. Im engeren Sinn werden unter Plebs die Unterschichten verstanden.
Populare	Gruppierung innerhalb der Aristokratie, deren Angehörige mit Hilfe der Volksversammlung politische und soziale Reformen durchzusetzen und auf diese Weise eine Führungsrolle zu gewinnen suchten.

Praetor/Praetur	Bezeichnung für die obersten Gerichtsmagistrate, die auch in Vertretung der Konsuln politisch-militärische Leitungsfunktionen ausüben konnten.
Prokonsul/Propraetor	Bezeichnung für ehemalige und Konsuln und Praetoren, deren Imperium nach Ablauf der regulären Amtszeit zum Zweck der Kriegführung oder Statthalterschaft verlängert wurde.
Proskriptionen	Bezeichnung für die Ächtungen, die Sulla 82/81 und die Triumvirn 43/42 aufgrund gesetzlicher Ermächtigung vornahmen, um politische Gegner, tatsächliche und vermeintliche, zu beseitigen und ihr Vermögen zu beschlagnahmen.
Provinz	Bezeichnung für den sachlichen Amtsbereich römischer Obermagistrate und Promagistrate, in sekundärer Verwendung für einen Teil des Untertanengebiets, das einem Statthalter unterstellt war.
Quaestor	Mitglied des seit Sulla aus 20 Mitgliedern bestehenden Kollegiums, das die unterste Stufe der republikanischen Ämterlaufbahn einnimmt. Die Quaestoren nahmen vor allem Funktionen der Verwaltung der Staatskasse wahr und unterstützten die Statthalter in den Provinzen, vornehmlich in der Finanzadministration.
Repetundenverfahren	Ein im Jahre 149 eingeführtes Verfahren vor einem ständigen Gerichtshof, das der Rückerstattung von Geldern diente, die Statthalter und ihre senatorischen Untergebenen in den Provinzen erpreßt hatten.
Res publica	Bezeichnung für den gesamten Bereich des öffentlichen Lebens sowie Äquivalent für unseren Begriff des Staates, oft mit der Konnotation der traditionellen Prägung der öffentlichen Ordnung Roms.
Tribus	Stimmkörperschaften des römischen Bürgerverbands, der sich aus 4 Stadt- und 31 Landtribus zusammensetzte. Die Zugehörigkeit war erblich, Veränderungen des Wohnsitzes zogen keine Änderung der Zuordnung zu den Tribus nach sich.
Volkstribun/ Volkstribunat	Ursprünglich Vertreter der Interessen der von der Herrschaft ausgeschlossenen Plebs wurde das Amt seit dem 3. Jh. in die Ämterhierarchie der aristokratischen Republik integriert. Volkstribune konnten Bürgern auf Anruf Hilfe bei magistratischen Zwangsmaßnahmen leisten, und sie besaßen das

Recht, das Volk zu Versammlungen und den Senat zu Sitzungen einzuberufen. Von großer politischer Bedeutung war ihr Recht, Gesetzesanträge (sogenannte Plebiszite) einzubringen und durch ihr Veto Handlungen und Anträge der Obermagistrate sowie Beschlüsse des Senats zu verhindern. Seit der Zeit der Gracchen war das Volkstribunat Träger einer vom Senat emanzipierten bzw. gegen den Senat gerichteten Reformpolitik.

Volksversammlung   Begegnet historisch bedingt in zwei voneinander geschiedenen Formen: in den aus der Heeresversammlung hervorgegangenen Zenturiatkomitien, deren wichtigste Kompetenz die Wahl der Konsuln und der Praetoren war, sowie den aus der Sonderversammlung der Plebs hervorgegangenen Tributkomitien, die für die Wahl der niederen Magistrate und in der Regel für die Beschlußfassung über Gesetze zuständig waren. Daneben gab es informelle Versammlungen, *contiones*, die der Vorstellung von Kandidaten, Gesetzesvorschlägen, Nachrichten und ähnlichem dienten.

Zensor/Zensur   Magistrat mit der Aufgabe, die Vermögensschätzung der Bürgerschaft und ihre Einteilung in Vermögensklassen vorzunehmen, die Senatsliste zu ergänzen und unwürdige Mitglieder aus dem Senatoren- und Ritterstand zu entfernen sowie Staatsaufträge zu vergeben.

Personenverzeichnis

Acilius Glabrio, M.' (Konsul 191) 131
Acilius Glabrio, M.' (Volkstribun 122?) 49, 157
Aelian(us) 107
Aemilius Lepidus, M. (Praetor 213) 114
Aemilius Lepidus, M. (Konsul 78) 70f.
Aemilius Lepidus, M. (Triumvir) 80, 84f., 88, 104, 210f.
Aemilius Paullus, L. (Konsul II 168) 132
Aemilius Paullus, L. (Konsul 50) 76, 183
Aemilius Scaurus, M. 52, 57f.
Agis (IV.) 145
Ahenobarbus, s. Domitius
Alexander d. Gr. 17, 72
Annius Milo, T. 75, 178
Antiochos III. 30, 42, 131
Antipatros von Tarsos 148
Antonius, L. (Bruder des Triumvirn) 201
Antonius, M. (Vater des Triumvirn) 176
Antonius, M. (Triumvir) 80f., 83–87, 104, 143, 196, 198, 201, 204, 206–211
Aponius, s. Papius
Appian 61, 123f., 133, 145, 149, 155, 157, 162

Appuleius Saturninus, L. 51–53, 164f., 188
Aquilius, M.' 158
Aretas (III.) 176
Ariobarzanes (I.) 176
Aristobulos (II.) 176
Aristonikos 148
Aristoteles 38, 135
Artokes 176
Asinius Pollio, C. 88, 209
Ateius Capito, L. 183
Atia 194
Attalos (III.) 46, 153
Atticus, s. Pomponius
Aufidius Orestes, Cn. 179
Augustus (s. auch Octavian) 21f., 93, 95, 104, 181, 194
Aurelius Cotta, C. (Konsul 200) 130
Aurelius Cotta, C. (Konsul 75) 71
Aurelius Cotta, L. (Konsul 144) 158

Balbus, s. Cornelius
Barba Cassius 194
Bibulus, s. Calpurnius
Blossius, C. 148
Brutus, s. Iunius
Buteo 133

Caecilius Bassus, Q. 78, 199
Caecilius Metellus (Balearicus), Q. 55
Caecilius Metellus (Diadematus), L. 157
Caecilius Metellus (Macedonicus), Q. 146
Caecilius Metellus (Numidicus), Q. 51–53, 164f.
Caecilius Metellus Scipio, Q. 75, 183
Caelius (Volkstribun 51), C. 184
Caelius Rufus, C. 187
Caesar, s. Iulius
Calpurnius Bestia, L. 152
Calpurnius Bibulus, M. 72
Calpurnius Piso Frugi, L. (Volkstribun 149, Konsul 133) 30, 156f., 163, 166
Calpurnius Piso Caesoninus, L. (Konsul 58) 86
Carbo, s. Papirius
Carvilius, L. 115
Carvilius, Sp. 115
Casca, s. Servilius
Cassius Dio Cocceianus 193
Cassius Longinus, C. 85–87, 198
Cassius Longinus Ravilla, L. 206
Catilina, s. Sergius
Cato, s. Porcius
Catull(us) 194
Catulus, s. Lutatius
Chrysogonus 173
Cicero, s. Tullius
Cinna, s. Cornelius
Claudius Asellus, Tib. 37, 134
Claudius Marcellus, C. (Konsul 50) 183, 188
Claudius Marcellus, M. (Konsul IV 210) 122
Claudius Marcellus, M. (Konsul 152) 132
Claudius Marcellus, M. (Konsul 51) 76, 81, 183 f., 190

Claudius Nero, C. 168
Claudius Pulcher, Ap. 134, 145f., 151–153, 155
Claudius Quadrigarius 113
Coelius Antipater 113
Clodia 178
Clodius, P. 73–75, 80, 141, 178f.
Coriolan(us), s. Marcius
Cornelius, M. 118
Cornelius, P. 184
Cornelius Balbus, L. 79, 82, 85, 194, 207
Cornelius Cinna, L. 62f., 104
Cornelius Dolabella, P. 21, 71, 87
Cornelius Lentulus Spinther, P. 180
Cornelius Scipio, Cn. 113
Cornelius Scipio, L. 30, 43
Cornelius Scipio, P. 113
Cornelius Scipio (Africanus), P. 30, 35, 42f.
Cornelius Scipio Aemilianus (Africanus), P. 35–38, 47f., 75, 132–134, 146, 149, 155, 205
Cornelius Scipio Nasica, P. 46, 134f., 141
Cornelius Sulla, P. 61–71, 78f., 94, 100, 104, 141, 173f., 188, 190
Cornelius Tacitus, P.? 21, 89, 95, 104
Cotta, s. Aurelius
Crassus, s. Licinius
Curiatius, C. 134f., 141
Curio, s. Scribonius
Curtius Postumus 202

Dareios 176
Diodor(os) 111
Diophanes 148
Dolabella, s. Cornelius
Domitian(us) 181
Domitius Ahenobarbus, Cn. 55, 157

Personenverzeichnis 233

Domitius Ahenobarbus, L. 183
Drusus, s. Livius

Ennius, Q. 20, 103, 197
Eppius, M. 183
Eratosthenes 135
Eukles 181
Eumenes (II.) 153

Fabius Maximus Aemilianus, Q. 132
Fannius, C. 50, 205
Flaccus, s. Fulvius
Flamininus, s. Quinctius
Flaminius, C. 141
Fufius Calenus, Q. 87
Fulvius Flaccus, M. 48, 57, 102, 152, 155, 168 f.
Fulvius Flaccus, Q. (Praetor 215) 113
Fulvius Flaccus, Q. (Praetor 181) 131
Fulvius Nobilior, Q. 131

Gabinius, A. (Volkstribun 139) 206
Gabinius, A. (Volkstribun 67) 73, 175, 180
Glaucia, s. Servilius
Gracchen, Gracchus, s. Sempronius

Hadrian(us) 180
Hannibal 30, 34, 42, 135
Hanno 114
Herodes 181
Hirtius, A. 188, 198 f., 207, 211
Hostilius Mancinus, C. 45, 148 f.

Iulia 177
Iulius Caesar, C. 17, 21 f., 24, 29, 43, 66, 72-87, 91-95, 99, 104, 143, 177, 181-205, 207-210
Iulius Caesar, L. 60

Iunius Brutus, D. (Konsul 138) 135, 141
Iunius Brutus, D. (Praetor 45) 87 f., 208, 211
Iunius Brutus, L. 104
Iunius Brutus, M. 43, 79, 84-87, 198, 207, 211
Iunius Pennus, M. 57

Josephus 82
Jugurtha 51 f.

Kleomenes (III.) 145

Laelius, C. 37, 134, 146
Lepidus, s. Aemilius
Licinius, Sex. 134 f.
Licinius Crassus, L. 57
Licinius Crassus, M. 65, 70-72, 74, 104, 178
Licinius Crassus, P. 131
Licinius Crassus Dives, P. 145
Licinius Crassus Dives Mucianus, P. 145 f., 152
Licinius Lucullus, L. 134
Licinius Macer, C. 71
Ligustinus, Sp. 34, 130 f.
Livius, T. 34, 112 f., 152
Livius Drusus, M. (Volkstribun 122) 50, 162
Livius Drusus, M. (Volkstribun 91) 58-60, 66, 94, 169 f.
Livius Salinator 158
Livius Salinator, M. 168
Lollius Palicanus, M. 71
Lucilius, C. 29
Lucilius Hirrus, C. 183
Lucullus, s. Licinius
Lutatius Catulus, Q. (Konsul 101) 164
Lutatius Catulus, Q. (Konsul 78) 179, 194

Mamurra 194
Mancinus, s. Hostilius
Manilius, C. 116
Manlius Vulso, Cn. 27
Marcellus, s. Claudius
Marcius Coriolanus, Cn. 206
Marcius Philippus, L. (Konsul 91) 59
Marcius Philippus, L. (Konsul 56) 194
Marius, C. 51–53, 61–63, 164f.
Marius Gratidianus, M. 63
Matienius, C. 134
Matius, C. 86, 195, 199f., 203, 205
Messius, C. 177f.
Metellus, s. Caecilius
Milo, s. Annius
Mithradates VI. 61, 69, 71, 116f., 194
Mucius Scaevola, P. 45f., 145f., 148, 156f., 163, 166
Mucius Scaevola, Q. (Konsul 95) 57
Mucius Scaevola (Augur), Q. 58, 205
Munatius Plancus, L. 80, 88, 211

Octavian(us), auch Octavius, C. (seit 27 Augustus) 85–88, 194, 199, 202, 204, 206–209, 211
Octavius, M. 46, 152f.
Opimius, L. 50f.
Oppius, C. 79, 82, 85, 194, 207
Orestilla 179f.

Pansa, s. Vibius
Papius (oder Aponius) Mutilus, C. 171
Papirius Carbo, C. (Volkstribun 131) 47, 152, 155, 205
Papirius Carbo, C. (Volkstribun 89) 60
Papirius Paetus, L. 195

Paullus, s. Aemilius
Perseus 35, 132
Philipp V. 35, 122, 130
Philippus, s. Marcius
Piso, s. Calpurnius
Plancus, s. Munatius
Plautius Silvanus, M. 60
Plutarch 145, 149, 174
Polybios 17, 27, 33, 38, 40, 111–113, 135
Pompaedius Silo, Q. 171
Pompeius, Q. 133
Pompeius, Sex. 78, 199f.
Pompeius Magnus, Cn. 70–82, 91, 116, 141f., 175–178, 181–183, 185–190, 199
Pompeius Strabo, Cn. 60
Pomponius, T. 114
Pomponius Atticus, T. 143, 177, 202
Popil(l)ius Laenas, P. 54, 166
Porcius Cato (Censorius), M. 17, 30f., 118f., 130
Porcius Cato (Uticensis), M. 79, 91, 183
Poseidonios 112
Postumius, M. 114f.
Postumius Albinus, A. 134
Postumius Rabirius, C. 73
Ptolemaios X. Alexander I. 17
Ptolemaios XII. Auletes 73, 178
Pyrrhos 107

Quinctius, L. 71
Quinctius Flamininus, T. 130

Roscius, Sex. (Vater) 173
Roscius, Sex. (Sohn) 173
Roscius, T. 174
Roscius Capito 173
Rubrius, C. 50
Rutilius Rufus, P. 58

Salinator, s. Livius
Sallust(ius) Crispus, C.   20, 25, 99, 174, 179
Sampsiceramus   177
Saturninus, s. Appuleius
Scaevola, s. Mucius
Scaurus, s. Aemilius
Scribonius Curio, C.   76, 183, 185
Sempronia   205
Sempronius Gracchus, C.   20, 29, 45–52, 55, 58, 93, 102, 141f., 145, 148, 151–153, 155–158, 163, 169, 188, 205
Sempronius Gracchus, Tib. (Vater der Gracchen)   43, 131
Sempronius Gracchus, Tib.   20, 45–48, 52, 54, 75, 93, 102, 141f., 145f., 148–156, 163, 188, 205
Septimius, C.   183
Sergius Catilina, L.   74, 179
Servilius, Q.   59
Servilius Caepio, Q.   134
Servilius Casca, C.   115
Servilius Casca Longus, P.   207
Servilius Glaucia, C.   52f.
Servilius Isauricus, P.   80
Sextius Calvinus, C.   55
Sigulius Labeo   209
Suetonius Tranquillus, C.   180, 191
Sulla, s. Cornelius
Sulpicius Galba, C.   152
Sulpicius Galba, P.   130
Sulpicius Rufus, P.   60f., 141
Sulpicius Rufus, Ser.   143, 183

Tacitus, s. Cornelius
Tarquinius (Superbus)   154
Terentius Culleo, Q.   167
Themistokles   206
Thorius, Sp.   162f.
Thukydides   20
Tiberius (röm. Kaiser)   175
Tigranes III.   116
Traian(us)   123
Trebatius Testa, C.   200, 204
Tullius Cicero, M.   20, 30, 38, 40, 43, 65, 71, 73–75, 79, 83f., 87f., 94f., 99, 103, 116, 140f., 143, 173f., 177, 179–182, 185f., 190, 192, 194f., 198–203, 205–210
Tullius Cicero, Q.   140f., 143

Valerius Antias   113
Valerius Flaccus, L.   63
Valerius Laevinus, M.   122
Valgius, C.   65
Varius Hybrida, Q.   60
Vatinius, P.   180
Velleius Paterculus, C.?   127, 175
Vercingetorix   189
Verres, C.   30
Vibius Pansa, C.   182, 184, 207, 209f.
Villius Annalis, L.   183
Vinicius, M.   175
Viriathus   36

In Karte 3 auf S. 126 lies statt Gravisca: Graviscae

www.ingramcontent.com/pod-product-compliance
Lightning Source LLC
Chambersburg PA
CBHW050903300426
44111CB00010B/1364